譚瑞琪 Rachel——著

新人類密碼

阿乙莎帶你回歸本源，完成身體晶化，創造五次元新文明

【目錄】

第四章 穿越無時間門 077

第十章

回歸太極 255

〈作者序〉

成為行走在地球上的新人類

在進入星光體，登上星際交流的過程中，你會遇上靈性組成源頭的存在意識群。雖然你仍以肉身意識連結，但透過契入自身的靈魂晶體空間，你與跨次元星際存有正以超越光的流動速率交換訊息。這也是人類穿越地球帷幕，進入宇宙共同意識場交流的實相。人類與自身存在多次元的靈魂意識爲了彼此的成長，早已建立聯合工作小組。

理解到人類不僅僅是以肉身存在的地球人後，透過深入內在宇宙，你將能進一步還原和展現原本的樣貌。這是一趟靈魂回歸本源的旅程，這段旅程會超越大腦過去的學習和認知系統，但只要你願意讓自己的靈魂意識站上星光體的連結通道，就可以取得超越歷史的宇宙龐大知識系統。過去人類透過靜心、入定、打坐，進入三摩地，聽到來自地球古老文明的召喚；現在，人類還能透過宇宙各個星際之門，成爲連結天地人的能量中心，串起銀河衆星系與地球之心的連結通道，讓地球文明正式和星際文明接軌。

這一趟讓靈魂覺醒回歸本源的旅程，是人類邁向新地球文明的開端。當你全然知曉，並明瞭這一次生命來到地球的初衷，你過往走過的路都會成爲所有人回歸源頭的路徑指引。從今以後，你已經不只是帶領衆靈性兄弟姊妹回歸宇宙家園的光之使者，在解開自身的靈魂ＤＮＡ枷鎖後，你將由內而外散發出七彩無量光，成爲行走在地球上的新人類。

第一章　無我之境

放下私欲，走入無我之境（以風之象，無中生有）

（進入光之殿堂後，從連結真我開始，阿乙莎一路帶領我進入水元素〔以水之流，感知天地〕、火元素〔以火之眼，承攬覺知〕，而後打開土元素〔以土之基，融合萬有〕。當真我自性連結眾神，綻放出七彩琉璃光，自此打開神我合一的大門，小我又開始貪玩起來。

每天一早起床，我會想著和不同的高我意識連結是否會碰撞出什麼樣的火花。一開始，我會嘗試單獨與不同的高我意識連結，去感受與不同的神性合一，是否自己仍可以辨識出不同的振動頻率與能量品質。這段期間，我也發現不同的神性會流動在身體的不同區域，那種獨特的能量流清晰可辨。小我總是精力充沛，擁有無窮的好奇心，會想方設法去創造一些新玩法出來。不論是連線收訊、唱歌、跳舞、用高我的振動頻率說話等，當我和高我們聯手玩得不亦樂乎時，早已經忘記在光之殿堂中，還有一道風元素的大門，我尚未進入探索……

一天清晨，突然又感受到阿乙莎的能量在我的頭頂上盤旋。）

阿乙莎，是有什麼事情嗎？

你現在正享受著與神性合一的意識狀態，這是過去你們認為的修行者和宗教大師應該存在的狀態。但這裡還不是你該駐足停留的地方，你若要完整自己的靈魂體驗，還需要進入另一扇風元素的大門。

我知道還有一扇風元素的大門沒打開，我現在感覺一切如此美好，等時間到，祢覺得需要帶我進入，我再去。我現在沒有任何期待了，已經太滿足也太感謝現在的狀態，不需要更多了。

你講到重點了。目前的這一切，你並不需要！

蛤？什麼？我眼前的這一切，我不需要？

你有沒有發現自從你打開神我合一的意識之後，你依戀上自己身上的琉璃光，小我又開始蠢蠢欲動。眾人欽羨的眼光投注在你身上，會讓你身上的琉璃光變成深沉的琉璃枷鎖，得到愈多人的羨慕和景仰，你的身軀就會愈加沉重。你看見了沒？你的小我看到自己身上的琉璃珠寶，馬上生起一個意圖，想要獨享這一身光彩。當小我試圖掌控你生命的主導權時，你會讓這一身的七彩琉璃光蒙塵，只因為你存在光中的意識，小我會試圖占上風，你會在不知不覺中，從無條件付出的振動轉變成吸取和占有，而你若如此，就無法讓這純淨的琉璃光繼續閃耀它原有的光芒。蒙塵的琉璃光就和目前存在第四界的虛妄之境無異。現在，你該做出選擇了：該如何做，才不會讓自己困在第四界中？

啊！阿乙莎，我好慚愧，被祢發現了！我還眞捨不得揭露與眾神合一的方法。我原本以爲那是我一路走來自我靈性成長的報酬，應該是專屬於我個人的獎勵，怎麼能毫不保留地公諸於世？我天天做功課，睡得那麼少，辛苦記錄，爲何要讓別人取得屬於我個人靈性追尋的祕境？祢怎麼可以對我這麼嚴厲？爲何不去提醒其他大師，還有那些擁有各種祕傳獨門絕活的人，將手上的金銀珠寶、奇門遁甲全部無條件釋放出來？爲何他們可以那樣，我就不可以……

（我劈里啪啦罵了許久，將內心的不平之聲發洩出來。呼！好舒服。

這時，彷彿又看見內在那個愛爭寵、無理取鬧、自私又幼稚的孩子的影子。當下，覺得很慚愧，原來小我不知不覺在一瞬間就辜負了阿乙莎一路以來手把手的教導。小我實在是被地球環境訓練得太強大了，那個根深柢固的劣根性如影隨形，我那源自靈性父親雷巴特好戰、掌控一切和競爭性的想法也依然存在。

奇怪，我不是已經與神性合一了嗎？合一之後怎麼仍斷不開小我的劣根性？當初回歸真我自性的純淨小孩呢？我怎會輕易地讓小我迸出的一念給糟蹋蒙塵了？唉！難怪地球會被人類破壞至此。人類不知不覺地活在宇宙帷幕之下，受到二元分離意識的強大勢能主導，經歷世世代代的分離體驗，堆砌出地球上方厚重的一層帷幕。

在靈性覺醒的路上，前前後後有許多大師和修行者正被困在第四維度中，等待此時此刻身為地球人的我們真正覺醒，只有回到純淨無瑕的靈魂真我自性，才有機會解開桎梏人類已久的業力枷鎖。而即使還原真我、回歸自性後，仍須時時反省自身，覺察自己每一次生起的念頭，不沾染一絲一毫自私自利的習氣，才能篤定衝破被人類集體意識綑綁的地球帷幕，踏上揚升的軌道。這當中，我們的高我扮演最佳監督和指導者的角色。這一路上好不容易和高我連繫上，我可不要又讓小我帶著走，把自己弄丟了。）

好啦！阿乙莎，我承認，自從找回眞我，與眾神合一，我一時自我感覺良好。原本想把這些祕技當成自己心愛的玩具，帶著心愛的玩具可以讓我隨時走入自己的天堂祕境，沒想到連這麼小小的一點私心，小我也會舉起大旗，聲明自我主張，把我一路辛苦累積的戰利品占爲己有。好啦！好啦！我願意放下這些與神合一的路徑和祢們傳送給我的眾多咒語，現在就去傳遞這些資訊，讓有緣人也能透過書中的文字和步驟參照練習。我知道，這些都是宇宙無條件釋出的公共財，也是我此生再次來到地球的體驗，需要如實記錄下來，幫助靈性兄弟姊妹回歸源頭。地球母親需要我們靈性兄弟姊妹不分彼此，互相扶持，讓存在地球帷幕之下的靈魂勇士們得以盡快衝破帷幕，回歸家園，我如果還想玩地球人以往的爾虞我詐，沉迷在自我感覺良好的虛擬實境遊戲中，就太不應該了！我現在就將這部分資訊補上，趕在編輯出版截稿前放進書中，將回歸眞我、與神合一的步驟翔實地揭露出來。

（注：這部分訊息已刊載在阿乙莎系列第四本書《星光體》的〈契入靈魂光之殿堂〉〈回歸真我〉〈人神合一〉等章節中。）

進入無我的認證機制：心輪中的五芒星

很好，現在你再次回到光之殿堂。打開你的眞我大門，並融合身上所有脈輪的光的意識爲一體的神性，你身上再次綻放出七彩的琉璃光，照耀自身和身旁的萬物生靈。你現在將順著內在之眼，透過內在之眼的移轉，錨定光之殿堂的左方。

你現在已經可以走入無我之境！

（這時，我明顯感覺到內在之眼在光之殿堂的中央流動，意識流動出一個五芒星的圖騰。當這個圖形以風元素為起點流動出五芒星，再回到風元素為終點時，我明顯感受到心輪擴展開來。五芒星在眼前消散後，我的意識感受到身體更輕盈，自己好像隨時可以抽離身體，意識輕飄飄地浮在身體前方。）

進入無我，你的內在意識會引領你登上銀河母艦。這時，你身上的琉璃光會退去，取而代之的是，你的心輪展現出光之子的印記。

這是你靈魂的光之標記，你已經通過意識契入星際之門的考驗。**放下身上最珍貴的寶物，你才能展現眞我之光的印記**。自此，你將可以順利登上母艦的星際交流大廳，深入星際圖書館讀取你所需的宇宙資料。要記得，這個進入星際大門的通行證並不是一直有效，你需要維持在意識純淨無瑕的狀態，才得以進入無我之境。

現在你是否明白，所謂無我的空境，並不是指你失去小我的自主意識掌舵權，與萬物不分彼此地融為一體，只剩下空無。那是過去人們對無我的想像。

進入無我之境時，你個體意識的主張權會被星際意識接管，你需要透過與自身神性意識同頻共振，才能順利進入，並獲得星際聯盟的資訊。這些資訊只能透過你與存在自身高維的星際意識處於同步的認知狀態，才能被轉譯和傳達出來，也因此，你在此必須進入無我執、無我念的狀態，才能讀取和翻譯訊息。

至於存在你靈魂DNA中嵌印的五芒星，在每一次你登入星際圖書館時，都會重新進行認證和偵測，你無法在帶著個人私欲和小我偏好主張的狀態下，擷取到星際圖書館中的訊息。

人類過去也曾使用這種方式，擷取一部分來自星際文明的訊息，才能創造如今的地球文明。許多來自銀河星際聯盟的星際種子投生到地球，人類目前大量運用的發電、能源、創新科技和晶片技術，都是在星際文明的「允許」下釋放出來供地球使用。至於如何控制人類的使用權，仍然需要經由地球法則來完成，我們無法介入。

地球人將星際文明知識轉譯出來，做出衍生的發明和創意產物，讓新的科技帶動整個地球文明加速前進。這些進程都是在銀河星際聯盟的監督下，只要不危及地球整體環境和正常的行星軌道運行，銀河星際聯盟並不會干涉。倘若涉及危害地球整體安全的行爲，比方說，人類利用核能製造大量核子武器，用來脅迫其他國家，造成地球人類的恐懼意識升溫，這時星際聯盟就會適時干預，以防止地球環境遭到嚴重破壞，而干預的方式通常是在核子武器的破壞範圍內釋放反核能引爆的超強磁波，讓核能的釋放威力減弱。

意識流動路徑
進入「風元素」無我之境

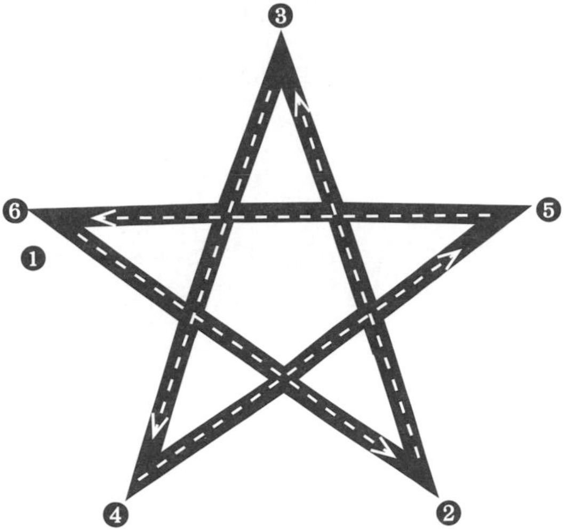

無我之中包含一切萬有

阿乙莎，爲何進入無我之境後，反而進入了更龐大的星際圖書館中？這是怎麼回事？

沒有錯！你以爲進入無我如同以前聖者所稱的「三摩地」無量無相之空境，其實，**無我相即是無我執取的狀態**，透過你與衆高維意識共存的光之殿堂反射出宇宙的眞實景象，而宇宙之相如我之前提及的，是由粒子組成的光、音和振動波的世界。套用你們目前最常使用的名詞，這裡就是量子訊息場，而此量子訊息場儲存宇宙所有星系的智慧，其數據量不是單一太陽系可以比擬的。這裡是所有星系互動交流和生活場域中過去發生和當前振動訊息之所在，訊息量龐大且包羅萬象，是所有星系族群意識進化過程中經歷的所有體驗和一切發明的進程，也是星際科技和星際文明生活應用方式的資料庫匯集區。這裡是跨越不同星系族群的意識與文化交流的平臺，所有參與者在此可以將重要的學習資訊帶回各自的星球分享，讓星球文明得以與各星系族群接軌。

這裡亦是地球進入星際文明交流的開端。人類意識揚升到五次元的新地球時，透過這裡可以取得進入五次元新地球文明的基本常識。

這部分的訊息需要許多跨越地球帷幕的星際種子一起合作，將星際文明的訊息一一解譯出來。所以，你目前的認知並沒有錯，這裡是活躍的宇宙訊息場，而不是什麼都沒有的中空狀態，你必須先騰空自己的光之殿堂，才能如實照見全息的宇宙訊息圖像。若你仍攜帶小我的分離意識和自我主張，就無法讓自己從內在之眼如實窺見全息景象，因爲你的投影屏幕只會反映出你內在宇宙的眞實樣貌，只要你帶著一絲一毫的偏光鏡，或是讓小我意志擔任指揮你和主宰你生命的要角，就無法與你的高我意識同頻共振，你自然就無法穿越自身的偏光稜鏡，看見全息宇宙的訊息。

雖然解譯星際圖書館的工作浩繁，需要花費你許多時間，但能夠登上星際圖書館的人，都是早已準備好要進行這項工作的星際種子，你不必擔心自己無法勝任，這是你此生來到地球的目的，你已經踏上早已爲自己安排的地球任務。而地球上還有許多星際種子也都會陸續展開這項工作，你們會看見彼此的訊息在事前毫無知會、交流、共同學習和溝通的情況下，如此一致，並相互呼應彼此傳遞的訊息觀點。你們無法以有限的大腦去理解和驗證這些訊息的正確性，但透過同樣身爲星際種子的光之兄弟姊妹傳遞出來的訊息，你們將共同織出一條美麗的新地球銀河大道。你們身上的光可以照亮彼此，鋪設出一條回歸家園的路。

未來你只須透過心輪光的印記認證，就可以登入星際交流大廳。

「知曉」和「意識到達」的區別

阿乙莎，之前有一部分宇宙知識是我的靈性父母和帷幕之外的分身高我直接傳遞給我的，當時的我並沒有進入無我之境，只是進入意識的連結，他們就已經爲我講述一堆我不知道的宇宙法則和眞理。

是的，之前只要連結上，你就可以獲得。透過你的高我傳遞，你會取得片片段段的訊息，無法理解全貌。你過去認知的知曉狀態和意識眞實到達，兩者之間是不同的。

「知曉」是大腦認知後傳達出來的訊息，那會隨著地球時間軸的移轉而逐漸失去其訊息的動能。對人類來說，知曉占據了大部分的時間和資源。而「意識到達」並非來自大腦的訊號，那是心的位移，也就是透過心輪連結中樞神經，傳導出宇宙共同意識源頭的訊號源，而這個訊號被你的心捕捉後，會轉成光碼，植入你的靈魂晶體中，進入你靈魂DNA的束狀區，這時才會開啓你的意識轉化過程，透過光的指引，帶領你整個靈魂意識群中的所有光粒子同步位移。

你的晶體會在意識到達後創造出新的結晶態和新的空間，這個空間的控制閥就位在你的心輪，而心輪散發出來的振動頻率會帶你到達，那就是意識眞正的到達。「意識到達」可以產生新的靈魂意識結晶，不會隨著地球時間軸的變化而消逝，它會跟隨著你的靈性生命持續到此次生命的終結，而結束肉身體驗後的靈魂集體意識的結晶會再融入宇宙源頭的共同意識場中。所以，任何人在生命存續期間的任何時間點創造的意識位移，都對集體意識場的揚升與集體意識的和諧有具體而重要的貢獻。而人類大腦獲得的知曉狀態，若無法連結到達心的共振，這些訊息會隨著生命的消逝，終結其動能。

進入星際圖書館中，你將無法用大腦去理解，大腦的作用和心的作用完全不同。意識到達後的共振讓你的靈魂晶體位移，資訊和理解只有在晶體位移後才能獲得能量的移轉。就如同你知道必須到達「無我」，但你腦袋定義的「無我」沒辦法提升你的振動頻率去改變你身上的光，只有當你的心輪卸下小我意志，透過還原眞我意識連結上無我之境時，你的心輪之光才能確實位移，契入無我之境，而無我之境之於你的意識場到達同頻共振之下，才會敞開大門，你的意識才能瞬間移轉進入無我之境，到達另一層新境界。這是用你的大腦去分析、評估，或嘗試讓大腦吸收再多知識、理解得再多，都無法到達的境界。

這樣我了解了。我們過去一直經由學習新知來餵養大腦，也因此會一直不自覺地想要用腦去理解這一切存在我們之外的現象。但實際上，大腦詮釋的「知曉」和意識到達是兩碼子事。我想祢特別爲我說明知曉和意識到達的不同，是希望讀者不要追著書中文字的描述，以爲知道了就可以到達，而是仍須透過心的共振讓靈魂晶體位移，才能眞正到達無我之境。

這也是要提醒你，在接下去銜接宇宙意識的旅程中，你的知曉是其次，讓意識到達才能幫助你成功銜接上新人類的旅程。

風生水起，再造新生命之果

阿乙莎，當我試圖再次進入無我之境時，我站在中央空無之境，看見外圈有一堆粒子往下方移動，也有許多粒子向上方移動。爲何到達無我之境後，我卻看見從中央再次分離的意象？

是的，這需要回到生命之樹的原理向你講述生命的起源。

人類的身軀就如同大樹的樹幹。你們生長在地球，吸收地球母親的日月精華，你的生命之樹在地球上逐漸成長茁壯，神性意識也同時存在你的生命之樹中，一直指引你的生命走上原本設定的生命藍圖。神性意識並不是你過去認知的某個單一神祇或宗教廟堂中供奉的神明，而是你身上養分取得的來源，以DNA的形態組成存在你的細胞中。你與這些神性意識的共同源頭，就是你目前到達的光之殿堂的「無我」之境。

回到無我之境時，你看不見任何有形有相的神，也沒有實質的生物體，更沒有你過去熟悉的那些對萬事萬物是非對錯的認知。這裡就是你們所稱的上帝，也就是一切萬有。

一切萬有乃是無形無相如黑洞般存在你生命之樹的核心，幫助你成長茁壯，如今經由靈魂意識的覺醒並「重組」後，你再次回歸源頭，回到與衆神合一的無我之境。對宇宙來說，你的生命之樹又一次圓滿結出「新生命之果」，這顆新生命之果回到與衆神合一的源頭後，會再度播下共同協議的種子，回到地球上。

你看見了嗎？**每一個人的生命之樹，實際上是由跨越不同次元和星系文明的神性意識共同組成的星際聯盟。來自高維度的星系存有和你一同進入地球場域中，透過肉身載具再次體驗後，重組出一顆純淨無瑕、足以容納一切萬有的新生命果實**。當這顆生命果實成熟落地，又會再次誕生進入新地球或其他星系行列，這就是銀河宇宙透過靈魂意識延續生生不息的生命種子的過程。

我的小我原來一直很害怕讓我的意識如此天馬行空地放飛，小我不斷拉扯我回到自己最熟悉又安全的世界裡，但那個原本認知的世界原來才是小我創造的虛擬幻境。而要學會回到眞實的宇宙源頭，回到我們原本來自的空無之境，只有讓意識到達無我之境，才能走入無中生有的宇宙新境界！

咦，放飛讓意識無中生有？哈！我終於搞懂了，原來風元素要進入的無我之境，就如祢之前提到的「以風之象，無中生有」啊！這實在太傳神了！果然，眞實的意境只可意會，無法言傳啊！知曉和意識到達眞的很不同，我現在才終於明白。這趟穿越無我之境，也讓我著實體驗到放下並不是失去，而是讓自己從毛毛蟲羽化成蝶的必要過程。謝謝阿乙莎！

* * *

章節後記

心輪出現五芒星光的印記，對我和其他星際種子的意義在哪裡？

這是靈魂ＤＮＡ的認證機制。當你們的靈魂意識準備回歸本源的時空位置，所有來自各星系的存有在當初進行星際種子播種時，都會在你們ＤＮＡ回歸源頭的路徑中設下路標。當你的意識已經準備放下個體的小我意志，迎向回歸本源的道路時，這道回歸源頭星系的閘口會進行偵測，此時你心輪閃耀的光就是你靈魂的認證碼。

五芒星的認證是ＤＮＡ的晶體結構產生的投影嗎？爲何是五芒星，不是六角？

你是透過五芒星的認證，也有些星際種子是透過六角星的入口，這與你們來自不同本源的初始設定有關。不論是五芒或六角星，都是ＤＮＡ的晶體結構組成中早已設定好的進入星際交流的入口。只有當你的意識回到本源，才能契入星際聯盟交流平臺。

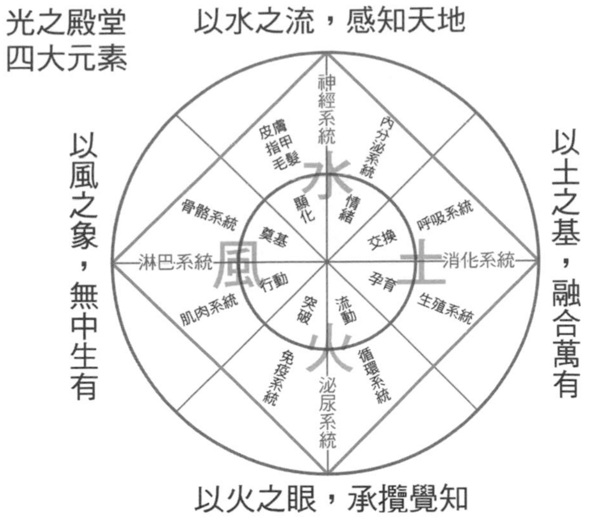

星系間使用的光碼各不相同。你是來自獵戶座的星際種子，與同樣來自此星系的星際種子的心輪都鑲嵌著相同的光之印記。這個印記也是由你的靈性父母組成的，所以當你準備回到靈魂光之殿堂的風元素大門時，你身上的靈性組成會凝聚起來，你會從自己身上接收到衆神合一後的琉璃光芒。這道琉璃光會爲你穿戴上可以被星際平臺驗證通過的光之印記，你感受到的五芒星就是如此被傳遞出來的。當你終於回到靈魂光之殿堂，與衆神合一，連結上自己靈性源頭組成的所有片段時，那段早已鑲嵌在你心輪的認證光碼將同步綻放光芒。

回到光之殿堂靈魂本源和連結星際聯盟平臺又有何不同？

回歸靈魂本源和登入星際聯盟平臺是同樣的路徑指引，只是存在著不同的意識狀態。

當你的意識契入靈魂光之殿堂時，你已經打開與靈魂本源連結的閘門，這是你一路上透過自主意識不斷擴展過程的最終站。這裡也是你靈魂 DNA 所有組成意識的共同家園，就存在你的 DNA 之中。

當你進入光之殿堂，與衆神合一時，你的小我意識終於臣服於更高意識的光中。這時，你的小我意識爲了向更高意識維度邁進，你必須同意放下自我意志的主張權。在你自主意識的同意下，你進入光之殿堂的風元素大門，準備與你存在高維度的意識群進入共同創造的階段。

進入無我之境的考驗，是你自身所有靈性組成要先到達回歸源頭的共識，你才得以穿越無我之境，進入星際聯盟交流平臺。現在，銀河星際聯盟需要星際種子回歸本源，站上星際聯盟交流平臺，繼續爲地球人類的意識覺醒努力。

這一路上，你靈性道路的展開是一脈相連的，你不會因爲在帷幕之下無法看見、聽見光的世界的傳輸網格訊號，而走進不屬於你的靈魂家園。也只有當你順利從自己靈性源頭的光之殿堂穿越無我之境，才能正確銜接上星際聯盟的交流平臺。

這一路以來的路徑指引早已鑲嵌在你的靈魂 DNA 中，沒有錯誤編碼的問題，只有因爲受到小我自主意志和地球集體意識的干擾，無法開啓你回歸靈魂家園的路徑指引。一旦回到自己的靈魂本源，再次出發前往星際交流平臺，你自此成爲宇宙人在地球的代表，你將透過星際圖書館的龐大資料庫，幫助你目前居住的星球完成星際交流工作，爲人類的未來擘畫出新的方向。你也會爲自己播下全新的意識種子，在地球上生根發芽。而在接下來的傳訊中，你也將獲得來自自己星際家園的訊息，和更多的宇宙知識。

第二章　最初的「造人計畫」

宇宙高等意識精密的造人計畫

你現在對生命有了這一層認知後，先回到自己的靈魂晶體中，透過自身的水晶圖書館，去看見萬物演化昇華的邏輯和生命演繹的過程。你將能夠以更高維度的角度去明白自己是誰，然後帶著更新後的認知再次進入星際圖書館中探索。意識重組校準之後，你會**更願意**完成生命最初始設定的任務。

（注：阿乙莎在這裡使用「更願意」這個詞，我猜是因為可以感受到我的小我仍舊有許多懷疑和抗拒吧！小我才剛放下對人神合一境界的執取，要讓小我更願意跟隨下去，也是我必須隨時警惕自己的。）

（我跟著指引，先進入自己的晶體，這時右前方打開一扇門。我看到晶體的右邊有扇門開啓，順著這道門走進去，可以進入一個環形通道，這裡有許多檔案夾，就像個巨大的圖書館。難道這就是之前阿乙莎說的，與高我合一後就會打開的那個我們和高我共同的記憶庫——水晶圖書館？

這時我突然明白，這個環狀的、一列列的資料庫就是我們自己身體細胞中的DNA束狀結構。我們的生命晶體記錄器早在我們投生地球就同時嵌入我們肉身的DNA中，我們可以透過與高我合一，打開我們彼此互動連結的靈魂水晶圖書館，進去讀取關於我之於我的所有存在的歷程。

此時，我的高我分身泰雅〔Taia〕給了我一個想法……

你去探索水晶圖書館之前，可以先去理解你是如何形成的。

（這時，我感受到場景進入一群高維意識的討論區。一群宇宙高等存有的意識，沒有具體的形體和形象，正在嘰嘰喳喳地討論，大致的內容是，我們必須合作，將四散的靈性夥伴找回家，現在我們需要共同創造出一個靈魂種子，這顆靈魂種子需要哪些元素配置？誰可以一起來參與這項工程？

此時有個聲音提出，我們需要智慧，也需要能廣納不同存在意識和星系族群的慈悲與寬容。另一個聲音則提出，還需要備足勇氣去突破困難，以及能在地球上做出具體行動的決心。又有一個聲音跑出來說，在這種稠密的環境下，還需要配備喜悅和豐盛的能量，才能滋養他的身心。後面有個聲音說，他還要能明辨是非善惡，要有可以發現真實的火眼金星。最後，一個慈悲的女性聲音說到，我們可以讓他療癒自己，讓他得以隨時釋出無條件的愛給自己……我聽見這些高維意識將這個「造人計畫」羅列出來，並一一從自己身上取得相應的元素，融入造人的靈魂之湯中。接著，我看到一團雲霧般的靈魂種子意識從銀河軌道出發，一直往下流動，流進三次元的地球。一進入地球場域，這團集合了眾神的意識瞬間爆裂，分離出許許多多的小光點。這些小光點就是星際種子，帶著眾星系族群植入的特質和明確的期許，進入地球體驗。這一個個小光點分別選擇了在地球上的父母，進入母體，以人類的形式展

回到愛的大洋，與衆神意識合一

Buta Buta Buta, Mo Ha Na Mi Da, Mo Ha Nu Wa

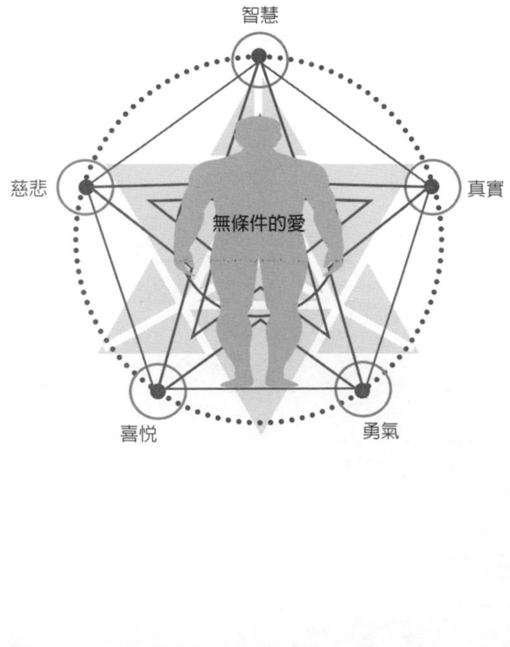

開在地球上的生活。

原來由眾神賦予的智慧、慈悲、勇氣、喜悅、真實和愛等特質，早已經鑲嵌在我們身上，我們就帶著這些與生俱來的特質前來地球體驗和再次創造。星際種子在地球上的所有活動和體驗，都被如實記錄在水晶圖書館中，我眼前這個巨大的環形圖書館，就是眾神的靈魂意識種子分裂出來的，而水晶圖書館中記載著所有分離出來的星際種子共同堆砌而成的體驗紀錄。滿滿的資料庫，完整存放在我們的靈魂DNA中。原來，我們身上一直連結著整個星系家族所有兄弟姊妹在地球上的體驗紀錄。）

DNA內建晶體記錄器

阿乙莎，這些晶體紀錄是如何被存放進來的？

你們身上的DNA會持續記錄你每一次投生的生命足跡，DNA會自動回傳訊息到靈魂晶體中的水晶圖書館存放。你也可以將這個水晶圖書館視爲超級量子電腦，而人類生物體中的情緒振動，就是攜帶著生命訊息的傳導介面。若人體中沒有情緒體作爲介面，就無法傳送ＤＮＡ的振動紀錄回來。所以，當星際種子投生在某個母體中，你們又繼續將生命記錄器透過情緒體的振動展開記錄工作。

當你的生物體停止運行，靈魂意識會先回到晶體中的光之殿堂，再次回歸與衆神合一的源頭場域。你是神之湯的一部分，而神也需要傳送靈魂種子到各個不同的星系，進行靈魂成長與再次昇華的體驗。

現在，你明白自己身上擁有數以百萬計的靈魂家族成員的共同記憶。接下來，我要帶你去看見你是如何展開第一個紀錄的。

對喔！祢不是說我們透過情緒體展開？所以，我的第一個情緒是怎麼產生的？

對！你現在終於好奇自己來到地球的第一念是什麼了。

我不是好奇，我早知道我的第一念就是「我是誰」，但我不知道當這一念生起時，背後的那個情緒是什麼。

是啊！你會發現當你可以找出你第一個情緒生起的歷程，就可以再次憶起你爲何而來。你的所有靈性兄弟姊妹，也都是帶著同樣的靈魂最初始源頭的目的而來。

好吧！請帶我去看見我的第一個情緒是如何生起的。

你現在可以走進水晶圖書館，然後用意念搜尋你的生命到地球的第一個情緒體是什麼。

就像用 Google 搜尋一樣，輸入關鍵字和問題？

是的。

哇！奇怪，我生起的第一個情緒居然是憤怒，很討厭的感覺，接著就開始感到恐懼。不會吧？我們不都是來體驗愛的，怎麼出生後的第一個情緒震盪會有這麼負面的能量出來？

並不奇怪，那就是你們的靈魂種子爆裂開來的瞬間，產生的一股強大動能。帶著這個重力，你才能順利抵達三次元的地球，這個沉重的引力可以幫助你順利錨定地球之心。那沉重如鐵殼的強大引力場，就是承載所有地球生命的動力來源。你感受到的這股憤怒、討厭及恐懼的能量，在當時沒有被人類貼上標籤之前，可是幫助所有星際種子順利到達地球，並在此扎根落地的基礎能量。沒有這股能量的帶領，就沒有目前存在三次元地球上的你們。

哈，原來如此！非關黑白對錯，又是物理學原理了。那麼，這一念對我日後的體驗會產生

負面的作用力嗎？

是的，沒錯！若你仍處在高維的合一意識場中，就沒有分離與好壞的體驗，但在三次元則需要經由體驗分離後的對立面，才能讓你在完整所有體驗後回到源頭。這是類似向外分列式的演化之路，你們走過之後，才能透過原路徑返回完整的自己。沒有分離，就無法找回合一的集體意識源頭。你明白嗎？就是你們必須踏出自己回歸源頭的地圖路徑後，才能順利帶著所有帷幕之下的兄弟姊妹，依循著星際種子們已經踏出的路徑成功返家。

這點我真的無法理解。既然DNA可以回傳紀錄，怎麼不直接從源頭將回家的路徑傳送給每個生命？

你終於看到癥結了。就是這段從源頭呼喚你的DNA回家的傳導路徑被封印了，你的DNA在三次元的地球上變成單向的記錄器，所以此時此刻，銀河聯盟才會派遣一堆星際種子前來喚醒人們。

你必須用自己這一路上回歸家園的路徑，去幫助其他靈性兄弟姊妹依循這條路回家。現在你需要一步步將所有還原真我自性、回到本源的路如實踩踏出來，才能幫助他們。他們也是你，和你是同屬銀河聯盟的共同意識存在。

（進入水晶圖書館，從高我的視角看見自己生命的起源，居然來自眾星系存有的精密造人計畫，我不禁對原本小我想占有這張回家的地圖，還一直想要爭寵、憤憤不平的想法感到慚愧，覺得幼稚。如一開頭阿乙莎提到的，這趟我之於我的存在的旅程，會讓我更臣服，也更願意與高我攜手展開回歸銀河家園的任務。）

人類肩負維持星際和平演進的重要使命

實際上，你這一路學習和經驗到的二元世界體驗，都是在眾神的幫助下，讓星際聯盟跨越不同星系的存有，協作出一條合一的道路。這條合一之路有愈多地球人類成功回到源頭，完整生命之樹的體驗，誕生與神性合一後的「新生命之果」，就代表愈多的星系存有完成星際聯盟的和平協議，爲自己和所有星系族群開啓了邁向新生命的揚升之旅。

這些已經合一，揚升回到靈魂本源的種子，透過星際交流平臺，可以選擇揚升進入自己想要去體驗的星球；而尚未完成合一的意識群，也會隨著生命之樹的葉片掉落，再次被大地母親回收，融入舊地球的場域，重新體驗和學習。現在，你看到地球一分爲二，中央的核心是目前存在地球上的所有靈魂意識。你們目前正處於新舊地球意識分離的關鍵時期，在接下來的二十年會陸續完成軌道移轉，仍存在舊地球的分離意識會被沉重的舊地球核心重力場回收，而已經與自己神性合一的意識會先來到無我之境，契入與自身高維意識同在一起的靈魂光之殿堂，回歸靈魂本源，或選擇以合一後的神性意識投生新地球意識場，成爲新地球的一員。

你現在更明白自己就是由神性意識組成的，每一個人都是神在地球的代表，這一切體驗不只是爲了滿足你的小我未臻圓滿的意圖而生。你的源頭創造者，原本就是一整個星際聯盟，爲了星球間的和平共存，共同協議在地球上經由人類生物體的載具，去突破二元對立的意識，重新融合出合一的宇宙集體意識。你們就是那些奮不顧身，願意前來沉重的地球重力場再次學習和體驗的靈魂勇士。

重回體驗之路，你需要一路從遺忘到再次憶起你是誰，你一一破解並辨識出分離意識中小我的狹隘與偏執。那些早已存在你 DNA 中的靈性組成，爲了所有星球的和平演進，精心構建出可以跨越多個星系種族、締造出完美人形的 DNA 結構。你不只是某個星球的代表，許許多多銀河邦聯的星系族群也都存在你的靈魂 DNA 中。所以，當你一一辨識出自己的靈性組成，和他們所隸屬星球的記憶時，他們也因你在此淬鍊出已能融合衆神意識的合一種子，而讓意識再次擴展。此時此刻，有非常多銀河星系族群前來地球，等待並迎接自己播下的星際種子破繭而出，順利回到銀河母艦。

啊！經祢這麼一說，我終於可以連結到《阿乙莎靈性》這本書，一開頭阿乙莎就提到我們就像一棵大樹，當時我還不以為然。而這一路上跌跌撞撞，為了認出我是誰，去探索內在宇宙，發現居然有許多神性意識就出現在我們自己身上。我現在明白，地球人和宇宙本就是密不可分的，我們從小總覺得靈魂無來由地惆悵和孤單，原來我們是自告奮勇帶著眾多星際家人的期許來到地球，將集合眾星系存有的意識「過篩」的靈魂勇士。

由各星系聯手打造的地球靈魂孵育場，如今也因超越負載的臨界點，擾亂了銀河宇宙的軌道穩定，一些已經成功過篩的合一意識必須回到銀河，成為新地球的生力軍。這整個意識過篩的過程，你們用簡單的生命之樹原理，透過晶體的互聯網完成自體淨化，從自己落地果實的種子中再發芽，再次殞落，再次發芽。生命之樹存在宇宙天地之間，承蒙各星系源頭不斷滋養，讓地球萬物得以在此吸收日月精華，被眾星全天候照料和看管。

地球上的靈魂勇士，就在此不斷進行生命的淨化和自體循環。這實在是宇宙最完美縝密的設計。感謝宇宙賜予我這寶貴的一課，現在可以清楚看見，每個生命來到地球，待遇都是公平的，同樣受到日月星辰、地水火風的滋養。生命一直操縱在我們自己手上，能否讓自己的生命之樹結出完美的生命之果，再讓我們自行播下的種子繼續發芽，結出漂亮的花朵和枝葉，餵養依賴我們生命之樹而存在的一切萬有，就由每一個參與的靈魂勇士來決定——決定讓花粉和種子落在地球哪個位置，決定自己下一次生命循環的開端，周而復始。我們是自己生命的因，也將再次種下自己的生命之果，生命之樹完全遵照宇宙法則，讓生命擁有自由的選擇。

死亡暫停業力進程，讓意識重啟的契機

每個生命都會長養出自身要去淨化和過篩的生命之果，只是當生命之果再度落地時，也必須配合所在星球的環境需要。地球目前分離出兩個不同的場域，讓合一的意識回歸銀河宇宙的軌道，也讓尚未完成過篩和未完整體驗的分離意識，仍有繼續體驗和成長的場域，使靈魂孵育和持續演化之路得以延續下去。這是宇宙生生不息的運行法則，生命就不斷在這個宇宙的大熔爐中展開靈性進化的過程。

阿乙莎，關於最初的造人計畫，我有個疑問：爲何造人的過程需要設計死亡？死亡帶給人類莫大的恐懼，我想知道，死亡是造人計畫中精心的安排，還是錯誤的設計？

許多人期待永生不死，但你是否想過，如果生物體在地球上可以永生，靈魂意識要如何在此過濾和更新？是的，地球人類和所有物種會經歷死亡是被精心規畫出來的，就跟車子和房子會有使用年限是同樣的道理。雖然死亡被設計在生物體的有限存續期中，靈魂意識並不會因為生物體的死亡而消逝。只不過，人類在面對死亡時，會產生許多情緒回應，這是無法避免的。

如果死亡可以被設計得更無痛或更文明些，那些因為死亡造成的創傷印記就不會那麼嚴重，導致人類在地球帷幕之下不斷地輪迴體驗。我現在只要回想起亞特蘭提斯的沉沒，居然身體印記仍在，也會感受到哀傷。

我不反對你的這個想法，但你有沒有想過，死亡也會帶來新的契機和意識重啟的過程？死亡是被設計出來降低人類破壞地球的程度，避免造成集體自毀的自動除錯機制。

你是否想過，古代的皇帝如果可以永生不死，讓生靈塗炭，禍延千萬年，你如何可以在現在的地球享有文明的都市生活、二十四小時照明，出外有便利的交通工具，還有地球各種民族創造出的多元文化景象？

人類要如何從死亡的恐懼中解脫？

死亡讓人類對未知的恐懼到達最高極致。當面對未知，你想過「已知」和「未知」之間存在著什麼嗎？

「已知」和「未知」的不同嗎？就是「想知」不存在了！

哈！其實並不是「想知」不存在，你只要存在，就仍會想，仍有意圖，生命會進入持續的進化和改造。這也是宇宙的法則，萬物的存在就是粒子不斷振動演進的過程。我們先回到剛才的問題，「已知」和「未知」之間就是「道」，是天體運行之道，也是宇宙存在的基礎。

再精密的造人計畫，亦無法超越宇宙法則。人類一直存在，沒有從地球上消失和滅絕的原因，就是在「已知」和「未知」之間，有股更大的存在之「道」。如老子所言，道可道，非常道，古時的智者稱之爲「無常」。當你進入「太極」之境，陰陽重組匯流之處，那裡即是道場。道無可名狀，亦不具象，而人類所謂的「知」是暫存區，是你當下暫時存在的現象，所以當你的肉身即將「屆齡期滿」，或是先遇上「無常」，你就從一個當下的暫存區，移轉至另一個暫存的狀態。

你可以將死亡看作是從原來的系統連結狀態中止，進入另一個更大的系統融合的過程。人類也經由死亡，讓意識得以更新除錯，不斷進入升級作業，從生命場景的體驗過程，累積靈魂意識的結晶。

人類對未知的恐懼是因爲不理解宇宙之「道」，覺得不可控。這個萬物共存共榮的生滅定律無法被人類有系統地學習和掌控。若要理解死亡，不再恐懼未知的到來，你必須回去學習「已知」和「未知」之間的宇宙法則。

就如同當你進入學校，選擇某個科系，你會知道要歷經哪些科目的學習和訓練過程，才能獲得一張畢業證書，證明你是符合某種「資格」的人。但資格並不等同於「資歷」，資歷需要你從學校畢業後，進入社會工作，進行再鍛鍊。

現在你們的生命就是處於「具備資格」的階段，而在你完成一生的體驗後，才具備完整的「資歷」。這和出生到死亡是一樣的過程。只是當你在學校修習時，你總認爲你是在「已知」中，而進入社會歷練則是走入「未知」狀態。從學校過渡到社會，從「已知」進入「未知」的道路，和出生到死亡是相同的過程。如果死亡對你來說，是畢業後完成資歷的最終到達，你不會放任目前該修習的科目，不予理會，也不會不想走入社會去揮灑自己所學，進行最實際的歷練。即使對人類來說仍是面對未知，你會知道自己可以趁在學期間做最完整的準備，你只要好好修習學業即可。若已經清楚自己生命要修習的課題，並成功地完整體驗，臻至圓滿，你會期待意識轉換的日子早點到來，那是生命完整修習後最終的回報和成就。

我明白祢所說的，但對於未知，尤其是威脅到生命存續的最終未知，人類還是會恐懼。祢試圖讓我遵循宇宙之道，理解無常是不可控的，但我還是想知道，人類可否在不久的將來決定自己的死亡？我指的不是安樂死，而是人能否在身體器官尚未屆齡停止運行前，學習主動離開自己

的身體，決定自己的死亡？

目前這樣的方式確實存在更高維度的生命體中，六次元的星系存有已經能夠決定自己是否需要以生物體的形式體驗，也可以決定終止使用生物體的形式繁衍和行動。那是需要在靈魂的振動頻率和意識結晶完整的狀態下，才可以到達的境界。目前在三次元到五次元的星球軌道中，尚無法讓意識體決定生物體去留的生命體驗狀態。

這是另一種「道」嗎？高次元和地球不同道？

這是物理學。在沉重的稠密空間，意識無法達成振動頻率超越生物體，還能持續在該行星軌道中運行。雖然你們的意識可以企及更高的次元，但你意識的生命種子與地球連結，透過生物體的形式駐紮在地球，你無法自行結束與地球母親的根系連結，必須等待生命種子脫離母體，進入空的境界，結束地、水、風、火四元素的運行，才能脫離母體，進入其他的行星軌道。

孩子，想像一下，如果地球上所有人類目前都可以意識進化到自主決定離開自己的生物體，你認爲地球上會出現什麼樣的狀況？

喔！可能會有大批年輕人吃喝玩樂，但也會有更大的破壞，反正死後又是一條好漢，可以更肆無忌憚地爲非作歹。

宇宙之道存乎一心，心可以幫助你們的生物體完成此生的功課，助你一臂之力，進入終結生命的反轉過程，但仍無法決定生物體的去留。你的去留仍是需要生物體與地球終止連結，才能發生。

死亡過程的記憶隨生物體終結而清除

在靈魂進入生物體的體驗階段，有許多次不同的死亡記憶，這些死亡記憶會隨著生物體的運行終止而消失。就如同一部電腦，有電源供應時可以運行、向外連結，進行訊息交換；一旦電源中斷，尚未連結回雲端的終端記憶就會隨著電腦汰換和回收，一併消除。

生物體的記憶儲存在人體時，當靈魂最終要離開身體的瞬間，這些死亡記憶不會被傳送到雲端，而會隨著身體崩解，還原回地、水、風、火四元素，最終結束生物體的運行。

死亡會經歷以下過程。

第一階段

終止肉身層次的運行。這時生物體的中樞神經系統停止運作，進而讓心臟停止跳動，肉身停止運行。

第二階段

意識會進入腦幹的晶體回收中心，這是位在你腦下垂體的杏仁核，第三眼的位置。

第三階段

靈魂意識會透過晶體穿越時間走廊，進入生命的待轉區。

生命待轉區有許多存在地球帷幕之中的指導師，這些指導師不具肉身，以意識存在體的形式協助安排生命輪迴體驗。你們宗教中流傳的死後的審判，在這個區域進行，卻並非如人類想像的那樣，有位審判長在看著生死簿決定你們的投胎轉世。你是自由的，只是在這個階段，你仍帶著上一次生命體驗的意識振動，在清晰的意識下，由你來決定是否要回到地球再次體驗不同以往的生命歷程。大部分的人類意識體都會選擇換另一個角色去體驗不同的生命劇本，而在這個階段已無肉身載具，並不會攜帶著死亡時肉體的痛楚記憶，所以每一個靈魂意識都是在輕鬆雀躍的狀態下，決定下一次的生命版本。

你們在地球帷幕之下，會認為生命旅程很長，但是當你的意識又一次完成體驗，站上生命待轉選擇區時，你會看到地球體驗只是一瞬間的經歷而已。一些選擇不再回到地球的靈魂意識，會沿著晶體的通道回到星光層，這時，你會將此次的地球體驗融入高次元意識場中，匯流成一個擁有完整地球體驗的宇宙意識存在體。

所以，整個死亡的過程，就如同電腦播放連續劇的最終完結篇，死後的生命仍由你的意識決定，你是自由的。

靈魂晶體儲存永恆生命的藍圖

身體脈輪有進入靈魂晶體的通道，當你在三次元的物質身體裡時，你從情緒體的能量感知自己內在有一股特殊的、無法形容的能量在運行。你無法清楚看見，但可以知道這股能量會帶給你喜悅、開心，或是恐懼、悲傷。還有些能量讓你失望、讓你感受到無法以任何言語表達的不知所措。這些情緒體振動波的背後，都有其特殊的能量路徑，而創造出這個特定能量流動路徑的基礎，就是你的靈魂晶體結構。

靈魂晶體也是超越人類自我意志的超覺意識場，這個意識場域可以你爲宇宙中心點，向外擴及九個次元場域。這個晶體也是你的覺醒意識之所在，是你的個體意識與廣大的宇宙意識協作的平臺。契入晶體除了可以認出你自身的靈魂意識組成之外，也可以進入不同的宇宙次元，獲得宇宙共同意識源場的訊息。

你可以透過晶體獲得超越三次元物質實相的智慧，然而要契入自己的晶體，需要透過有意識的帶領——除了別人實際體驗後得到的路徑指引參考，最重要的指引來自你內在靈魂本源的存在意識。這些存在意識是以振動頻率的方式與你的意識環環相扣，當你自身的振動頻率提升，就會觸及靈魂本源的協作平臺，獲得來自不同次元的大師、導師和你處於不同維度的分身的指引。然而，提升振動頻率的關鍵鑰匙仍在每一個人自己身上，你必須完成此生的體驗和此生設定的生命意圖，才會更容易獲得回歸源頭的通行許可。

靈魂晶體無法被有形有相的實體握住，但你可以透過內在之眼，直接走入晶體網格中。晶狀結構就是你的靈魂意識組成的共同家園，是你們彼此跨次元協作的平臺，同時也是你的靈魂回歸本源時要駕馭的太空艙。靈魂晶體更是幫助你穿越星際之門，進入跨次元星際旅程的心智圖。靈魂晶體結構就是你在星系中所有生命的過去、現在和未來的藍圖。

跨次元存在的靈魂晶體

你生命的存在就是整個相互支持和協作的星系聯盟，你們以晶體結構的組成，存在生命內在宇宙中的實際景象。你的星系聯盟以跨越次元的振動頻率，引導你的生命走完晶體設定的路徑。每一個人的晶體結構中都有跨越次元的通道，而其通往宇宙不同次元的路徑，就是由你的晶狀結構所組成。

有些人的晶體像三角形，有些則是正四面體、五角或六角晶體等不規則的結晶體。不論哪一種晶體形狀，整個結構都是由生命的粒子所組成，這個生命粒子從自身分離出來的過程，創造了自己的晶體，一次次的生命體驗都會被如實地記錄和累積下來，久而久之，就形成完整的晶狀結構。

如果用高倍的顯微鏡觀察生命種子，就可以看見生命粒子的運行路徑如同生命之花綻放，而每一次生命的展開會刻畫出美麗的結晶面，這些生命粒子的流動在三次元、四次元、五次元，乃至更高的九次元的表達都不同。晶體存在每一個生命裡，包含人類、植物、動物，以及任何與生命互動和連結的事件，然而之前你曾發現，你可以在某些人身上感知到晶狀結構，某些人身上的晶狀結構體則尚未延展開來。這些尚未展開的晶體結構並不是失去光的網格，只是他的晶體被生命初始的設定值限縮在可以進行體驗的範圍。他此次的生命體驗必須完全專注在地球場域，完整他在地球存續期間的生命體驗，而不受到其他時空中的事件或歷程的介入。

所以，一些晶體的存在是爲了淨化地球，成爲支持光的網格。當生命結束時，這些靈魂意識會進入地球母親的黑洞中，他們即完成了此次生命的任務。進入黑洞的靈魂意識將再次融入共同意識場中，以融合後的新頻率出現，以支持光的世界持續進化和揚升。

黑暗是宇宙中不可或缺的助燃物，你們將黑色視爲不吉祥、認爲是地獄，這樣的說法誤導了許許多多的靈魂。你們不願意擁抱自身的陰性/暗黑能量，當身體中的陰性/黑色能量被持續壓抑而無法展現時，你的陽性能量和光也無法綻放和昇華。

在三次元的世界，粒子一分爲二，產生陰性和陽性的電離子所創造的路徑。所以地球一直處在二元對立的世界，你在此感受到的就是正、負，黑、白，陰、陽的體驗，這些體驗的過程創造出你們清晰可辨的晶體線條，從 A 到 B，再從 B 到 C 到 D 等，一路延展下去。你在三次元世界裡看到的晶體每一個面向，對你而言就是一幅幅分割圖像的延伸，而當你從所有延伸出來的圖像中看見一整個完整的結構面時，你就開始有了空間的概念。

三個點圍成一面，再與相鄰的面連結成第四點，透過這第四點，人類開始爲前面圖像與後面圖像之間的變化，定義出時間的概念。空間的延展對位於三次元的人類來說，一些當下無法被掌握的部分，你們統稱爲過去或未來。這就是第四次元過渡期的開端。所有不存在當下，那些過去和未來的實相片段，統稱爲第四次元。所以，第四次元在古老的經典中出現許多神話故事，還有舊時期的君王或統治者爲了控制人的心智，而描繪出許多讓人心生畏懼的恐怖情景，用來控制人們的行爲。然而，利用無法在三次元世界碰觸和呈現的景象來控制人心的做法，已逐漸被覺醒的人們識破。

當你的意識得以進入自己的晶體，你就不再受制於時間的象限，可以穿越第四次元所有可能的鏡像和路徑，移轉進入五次元的全息化實相中。

當你走入第五次元，就如同站在晶體中一個金字塔的四個三角面撐起的中央頂端，進入這一點，你就打開了內在之眼——第三眼。你的內在之眼以更高的視野看見三次元和四次元的所有鏡像，幫助你突破三次元的空間限制和四次元的時間幻相，你終於能透過內在之眼，將三次元和四次元的鏡面合於一體，讓你站上內在宇宙的核心——光之殿堂的入口。

現在，你已經回到靈魂光之殿堂，即將穿越星門，進入跨次元的協作。透過靈魂晶體光之殿堂，你開始認出自己的靈性源頭組成。他們同樣存在你的晶體中，分享和你共同打造的靈魂成長路徑。你的靈魂粒子早已存在不同的時空、不同的事件場景、不同的次元中，留下許多足跡。沿著這些結晶面記錄下來的足跡，你從自己身上獲得你需要的一切宇宙智能，來幫助你完成此次生命的任務。

從靈魂晶體進入星際旅程

當你登上自己的靈魂晶體時，你就已經不只是那存在第三次元的你，你已經擁有可以結合自己不同次元訊息庫的一把鑰匙，幫助你的意識翱翔在多次元的宇宙之中。時間不存在於五次元，你也已經不是你以爲的你。你是結合衆神的意識而存在於地球的化身，爲了完整靈魂共同設定的目標而在此合作。

目前地球上擁有登入星際交流大門鑰匙的人，在此扮演光的使者，爲了完善光的世界所有星系族群的和平共存，而來到地球。你們是要在此完整體驗後進入再一次進化和靈魂成長的靈魂勇士，可以稱自己爲光之工作者或星際種子。

地球上的星際種子和光之工作者非常多，你們都是銀河不同星系和不同星際種族在地球的家人，對自己的星球負有責任。當你們意識覺醒，就會透過內在的晶體認出自己——你爲何而來？此生的靈魂目的和任務爲何？這些都可以透過你在五次元的分身清楚知曉。

沒有登入晶體光之殿堂的人，也不需要認爲自己會失去回到銀河家園的入場劵，事情不是這樣非黑即白，不是好與壞、天堂與地獄的二分法。無法登入晶體光之殿堂的靈魂也都是神的化身，神爲了成就光的世界集體意識的共同成長，需要一些在三次元演出故事的背景和角色。當這群在黑暗世界一起完成任務的天使回到地球母親的黑洞中，同樣會再次經過靈魂意識的融合，從黑色的世界找到進入光的世界的入口。在那裡，陰陽再次融合，沒有任何分別，那就是「一」，一體的存在意識，也就是你們所謂的「太極」。

在地球揚升時期，地球本身也有自己的靈魂成長計畫。所有前來地球生活和體驗的人，你們並非在此殖民，無法主宰和控制地球的自我成長，只能跟隨地球揚升的腳步，回到原屬於你在自己靈性家族中的位置。你們的晶體中已經有許多星際夥伴，準備好要與你合作，完成回歸銀河軌道的任務。

這個通行證不是任何與你不相關的大師、導師賜予的，而是你自己給自己的通行許可。當你的意識擴展至源頭共同意識場域中，你的眞我之門會爲你打開這道回歸與本源同在的帷幕，你就可以展開不受地球帷幕限制的星際旅程。屆時，你的晶體對你而言，就不只是一個智能資料庫存取系統，而是導航裝置。你無法帶著肉身穿越九次元的宇宙航行，但在靈魂晶體中，你的意識可以不受物質體的限制，盡情遨遊宇宙星際之間，獲得更深刻的體驗。

第三章

開啟千瓣蓮花，航向宇宙意識

與聖父聖靈合一，回到愛的大洋

（一早起來，我的意識就像被開啓自動導航模式，直覺要我回到與紅寶石合一的狀態，但這次是要進入真我後，與 Buta 紅寶石之光合一〔注：與紅寶石合一咒「Buta, Buta, Buta, Mo Ha Na Mi Da, Mo Ha Nu Wa」，請見《星光體》一書〕。我進入後，感受到無邊無際的愛的能量在我心輪不斷擴展開來。此時，阿乙莎要我繼續將過往所有引發負面感受的人事物，一一融進這個場域中。

我開始從小時候一直回憶到長大成人，將人名和事件一個個憶起，融入愛的大洋中。）

阿乙莎，現在祢要我做這個動作幹麼？雖然在愛的大洋裡超級舒服，請幫助我理解這個過程的用意好嗎？

你現在進入三位一體的基督意識，只是目前的感知不在你的頂輪上方，而是在心輪。你需要進入這個心輪的空間，與你靈魂本源的聖靈和聖父合一。這樣的三位一體合一在心輪的狀態，是準備讓你穿越無我之境，回到你靈魂本源愛的大洋中，準備連結星際家族的共同意識場域。這個狀態可以幫助你穿越地球帷幕之下的小我屏障，所以你要先初步整合所有過去與你無法相融合的能量。

你會發現，在地球帷幕之下顯化出來的這些人事物，都是幫助你擴展意識的助力，他們讓你得以在愛的汪洋中持續獲得擴展的資糧。當你處在無我之境愛的大洋中，每一次融合負面情緒，你的心輪就會位移，並向外擴展。沒有這些目標對象，你就只是存在，存在那平靜無波的愛裡，因爲你靈魂的源頭就是愛的能量場。

現在再一次回到在心輪中與你的聖父和聖靈同在的三位一體狀態，你可以去觀察自己的愛的大洋是如何回應你的體驗。

（我嘗試回憶起所有讓我感到不舒服的場景和人。將他們一一融入我的愛的大洋時，我可以明顯感受到愛的大洋在擴展，透過不同的負面能量衝擊，愛的大洋開始律動，並朝不同方向延伸；而當我想起那些我愛的和愛護我的人時，即使將他們再度融入我的心輪，我也不會感受到愛的大洋有任何改變和波動，變成毫無差別的存在狀態。這實在很弔詭，在這個場域中，反而是那些讓我感到不舒服、憤怒，以及曾經對峙和競爭比較的場景，會使我明顯感受到內在愛的大洋朝不同方向擴展開來。似乎這些負面的生命體驗，正是幫助我們心輪向外連結擴展的助力；沒有這些曾經讓我痛苦的經歷，我就得不到擴展心輪的動力來源。過去種種如夢幻泡影般，如此顛倒眾生，那些揮之不去的陰影已然成為滋長內在愛的空間的養分。）

這是怎麼回事？這麼顛倒錯置，眞的毫無道理可言，但我現在居然身歷其境，體驗到自己正像在玩電玩遊戲，需要毒蘋果，才能得到積分？這種設計實在太不可理喻了，我一時半刻還無法接受。這樣說來，我們窮極一生在帷幕之下追求美好的體驗，面對負面感受採取「避之唯恐不及」或「強迫自己壓抑下來」的態度，其實都走錯方向了，只有經歷痛苦和負面體驗，才可以得到擴展愛的大洋的積分？人們到底應該追求美好的體驗，還是痛苦的經歷？阿乙莎，這下子我眞被搞迷糊了。

孩子，別這麼氣餒，你就快要到達宇宙共同意識源頭的入口了。現在先不要急著評斷你目前意識所及、所感知到的，和在地球帷幕之下相比，到底哪一個才是你該去追求的。

之前我們早就一次次告訴你，在眞理的世界，沒有對錯，無好無壞，就是帶著你的意識去體驗的過程。好與壞、對與錯，是三次元世界的遊戲，是人類給體驗貼上的標籤；但在眞理的世界，不會賦予這些體驗任何標籤，就只是跟隨著宇宙共同意識流一起擴展、一起收縮，在一呼一吸間，創造出源源不絕的愛的動能。

現在當你的意識終於回到生命種子誕生時的愛的大洋，你會發現在愛中，所有你原以爲的正面或負面體驗，都只是帶著不同極性的振動。當你走入正極的白色世界，就需要靠負極的黑色粒子幫助你擴展，並指引一條再成長的路徑；若你在負極的黑色世界，你會需要正極的粒子幫助你找到光的入口。你們原本就是爲了體驗自己的存在，而創造出不同極性的自己，進入不同的宇宙次元去體驗。當有一天你分離出去，原屬於你的另一極回到源頭，你與自己另一端的極性相遇時，你不會認同自己只有一端的體驗爲眞，另一端的極性體驗是假的吧？此時此刻，你只會再度與自己分離後的另一端體驗合而爲一，回到寧靜無波的愛的大洋中。此時的你已然完整了兩端極性的體驗，這就是你生命的實相。

現在，你已經完成了這個階段的體驗，回到合一的意識。接下來，我們即將啓程前往下一站：星際交流平臺。

開啟千瓣蓮花，航向宇宙意識

（一早，我的高我分身泰雅再次要我和 Buta 合一，進入心輪無邊無際的愛的大洋中。此時，泰雅傳來一個咒音「Si Su Wa Si Su Ya Bu Ka」，我的意識從心輪無邊無際愛的大洋中持續向上，透過心輪傳達到頂輪。這股愛的能量瞬間連結頂輪上方，似乎從這裡就可以進入所有與我的靈魂晶體相連的星際門户。我感覺頭部空間像是由一堆光纖網路線堆疊並串連起來，最後在頂輪上方開出千瓣蓮花。）

阿乙莎，我感覺自己成爲一切體驗之後的存在，大腦似乎已經不再由小我控制，原本的晶體進入我的腦，從眉心和頂輪之間綻放出一朵千瓣蓮花。這是怎麼回事？

這是展開你生命之花的過程，這朵生命之花是經由你的海底輪連結地球母親無條件的愛，如泉湧般朝你的頂輪貫穿而上的力量。無條件的愛可以幫助你展開生命之花的場域，這裡是紫色光的世界，也就是眞理和智慧的源頭。

你現在已開啓晶體中的千瓣蓮花，接下來，你將與你身處不同次元和維度的靈魂本源團隊合作。你會在自己的大師和導師的帶領下，去探索宇宙的眞相。銀河宇宙和其他不同星系之間，有著密不可分的連結與互動法則。穿越這道通往宇宙意識的大門，進入位在銀河本源的獵戶星系中央，從這裡向外連結，你將邁入星際旅程。獵戶星系的本源具有強大的引力場，在銀河系扮演與銀河系所有星球文明協調的角色。當你回到本源的母體時，最重要的工作就是進入星際圖書館，去擷取關於新地球演進方向的指引。

開啓千瓣蓮花，航向宇宙意識
Si Su Wa Si Su Ya Bu Ka

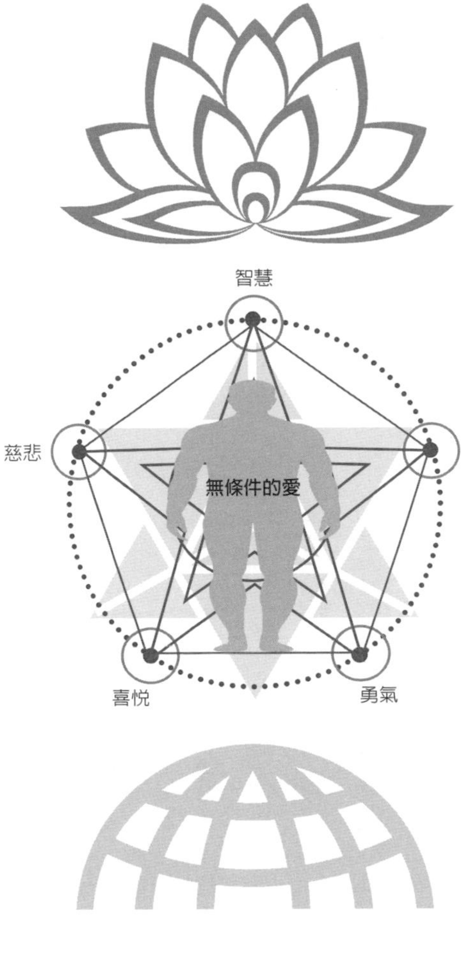

由靈性源頭組成的星際交流平臺

當你已經與衆高我意識合一，契入無我之境，頂輪上方會自動展開千瓣蓮花，這代表你的意識已經準備通往宇宙意識，連結上你靈性源頭組成的星門，而這個咒音可以直接幫助你登上星際交流的平臺。當意識站上星際交流站，靈魂晶體的光會自動展開連結的通道，此時「大腦」的自主意識是與更高的意識群融合的狀態。你的光體是行動的主幹，當光塡滿靈魂晶體，就能展開超越小我所能想像的未來場景，那也是人類要前往新地球的實踐場域。

當你唸誦「Si Su Wa Si Su Ya Bu Ka」，你就同時打開了連結本源星際各次元門戶的通道。在帷幕之下的意識擴展練習，幫助你帶著不偏不倚的澄澈之心進入星際交流的大門，而進入這個大門後，你和所有與你連結的高維意識群就進入你的心智圖，你體驗到的那種心輪深入而擴展的感受，就是心智圖的全息展現。此時，你頭頂上方的頂輪空間已經不再被四次元的地球帷幕屏障，而可以讓你感知到浩瀚無垠的宇宙空間。在這裡，你的意識將爲你導航，你可以經由意識的帶領，去理解宇宙法則和生命的實相。

這個咒音是來自你靈魂本源的呼喚，也是打開你水晶圖書館內在核心的通關密碼。你與這個咒音有著深深的連結，如同銀線般緊緊維繫著你與所有的你——無數個你，過去的你和未來的你，都透過銀線彼此相連。當你唸誦此咒，就是將你所有的意識片段回歸你靈魂晶體的中央；你在此會感覺心輪無限擴展，就是因爲你的存在，是包含無數個次元的你的共同存在意識所展開的其中一個面向。在三、四次元的你過去被阻隔在帷幕下，現在你已經回歸本源的家，和你其他的片段共存。這段咒音只能給已經穿越帷幕，連結上自身所有靈魂意識片段和還原眞我實相的人使用，沒有在這個基礎上唸誦此咒，無法啓動其心智圖，就無法取得其專屬的星際導航系統。

你可以透過此咒音，展開屬於你靈魂生命的學習之路，經由自身高維意識的共振指引，接收來自宇宙本源的智慧和眞理，帶回地球，繼續完成你此生的任務和目的。這個多維晶狀體就是你意識在帷幕之外的實相，也是帶你穿越多重次元的載體，它不在你可以看見和觸摸到的肉體物質層，而是以振動頻率維繫著你身體所有細胞和靈魂跨次元的維度；它存在你靈魂 DNA 的結構裡，當你穿越地球帷幕時，你的靈魂 DNA 束狀結構會自行重組、結晶，完整你的靈魂意識即將使用的載具；它如同一個擁有多維構面的晶狀結構，中央核心就是你靈魂眞我的居所，透過晶體的不同面，你已經能夠直接以意識穿越星門。

在你的意識振動尚未眞正覺醒之前，你無法以自由的意識隻身跨越帷幕，與水晶王國連結；而現在你的意識終於突破層層的意識屏障，就可以自由穿越到帷幕之外。這代表你身體細胞DNA束狀結構中的所有限制性節點已經鬆解，你靈魂 DNA 中的指令集會協助你的細胞晶化，展開靈魂晶狀結構的多維宇宙通道。重組後的晶狀結構已經如一顆完美的結晶體，你將透過與自身帷幕之外的高我意識合一，開啓操作自己靈魂晶體的時刻。

從這裡，你可以展開星際聯盟協作的旅程，這也是五次元意識前往星際溝通的入口。你現在會發現，過去在三次元地球上與我們連結時，你頭頂和肩膀上那種能量灌注的壓力消失了，在這裡，你的身體場域更輕盈，頂輪有來自宇宙之心的能量源源不絕地灌入，流進你的心輪，這樣的溝通連結方式是進入星際溝通的最佳路徑。現在的你是一整個靈性家族共同存在的狀態，你也已經坐上你晶體的駕駛位置，而不是像之前那樣，只是到訪的乘客。現在你可以透過自己的意識，造訪你想要前往探索的星際圖書館，你的任何疑問都能獲得所有靈性兄弟姊妹的支持和協助。

只要人類的意識揚升回到宇宙之心，就可以與所有存在你靈魂DNA中的星際家人進入星際溝通的時代。你現在已經站在千瓣蓮花的中央，準備以意識跨入任何一個你想要去的地方。在這個過程中，我和你是一體的存在，你不用擔心在星際旅程中會迷失，我們之間有條銀線相連，不會有問題的。

泰雅，我想請問，若還沒有與高我合一，尚未認出自己的高我分身，也無法回歸眞我光之殿堂，這樣的人也可以進入這個入口嗎？

沒有辦法，他們必須先完成自己在帷幕之下的靈魂功課，才能有意識地與自己的高我分身共振，開啓進入星際之門的連通管道。之前跟你提過，進入星際圖書館需要心輪的認證，那個認證光碼會在你和高我之間取得共同認證配對的鑰匙後，才能打開這扇門，進入星際圖書館。至於仍在地球帷幕之下體驗的靈性兄弟姊妹，你仍然可以帶領他們校準新地球，讓來自銀河大日的光清理掉稠密的身體能量，進入快速揚升的道路。

星際交流平臺是進入宇宙意識的起點

星際交流平臺目前位在地球帷幕之外，連結銀河十大星系的入口，這裡也是星際聯盟交流的驛站。每一個地球人內在意識覺醒後，可以透過自身的光體，穿越位於五次元的星際之門，契入星際聯盟駐紮在地球上方的驛站。

目前已經有許多人類的意識匯聚在此，有些是即將前往新地球的人類，也有些來自不同星系文明的存有共同組成的星際種子，以肉身進駐地球體驗，協助地球跨入五次元星際交流的開端。

星際交流平臺擔任協助地球銜接宇宙星際文明的工作，當有足夠數量的人類意識登上星際交流平臺，這道星門就會終止服務。所以，目前這個通往宇宙意識的星門並不會一直存在，隨著地球人類意識的進程，會有新的承接系統和不同的星際門戶與新地球展開正式的交流。

目前人類被邀請進入星際聯盟在這裡的交流驛站，星際種子的DNA中早已設置進入星際交流平臺的節點，當你們與高我意識合一共振之後，就能打開通往宇宙意識的星門入口。

與高我合一的意識，針對不同星系本源，會有不同的帶領方式。比方說，你是來自獵戶星系的星際種子，你的靈魂晶體組成有來自天狼星和列木里亞的星系文明，而其他人也是由不同星系文明的意識匯聚而成，人類就是衆星系文明在地球上的代表。現在星際聯盟正期待自己組成的星際種子帶著回歸家園的自主意識，一同進入五次元的揚升軌道。

在回歸家園的過程中，你並不是獨自一人完成此項工作，你的高我意識群——包含在天狼星守護著你的靈性父親、在列木里亞的靈性母親，還有目前已經在第五次元的高我分身泰雅——都會與你協作。你不用擔心無法完成這項工作，因爲所有DNA裡的資料庫和紀錄都顯示，你可以在地球帷幕之下完成此工作，並凱旋而歸。

接下來你最需要進行的工作，是保持和帷幕之外的高我分身——泰雅——合一的狀態，進入星際圖書館。泰雅會帶領你完成需要進行的工作，你們是一體的夥伴，是一體的存在意識。與高我合一後，你的定義不再是原本位在三次元地球上的Rachel，你的存在還包含與你協作的跨次元存有，包括這一路上你遇見的Buta、莎雅、濕婆（Shiva）、象頭神（Ganesha）、泰雅、雷巴特，這裡是你們共同存在的意識場，你成爲自己的阿乙莎。在地球帷幕之下，你稱阿乙莎爲宇宙共同意識源頭，是帶著宇宙集體意識的本源；現在的你已躍升回到本源，以肉身之姿與本源的意識同在，穿越星際之門，即將進入跨次元的體驗階段，來到你們古代的聖者無法親炙的場域。

爲了平衡宇宙共同存在意識場的需要，現在我們要邀請所有星際種子回歸本源，與我們共同創造出下一階段的星際種子意識，一起進入新地球的軌道。

憶起來地球的目的

你目前契入的本源，位在銀河系獵戶母星的第七星際航道，這裡對許多地球人來說就是龍族的存在意識，負責保護地球的生存環境而駐紮在地球帷幕上方的銀河母艦，我們都在銀河母艦的第九區工作。你和許多星際種子爲了提醒我們的兄弟姊妹而前來地球協助，所有龍族兄弟姊妹都在散播愛與和平的訊息。我們在地球上已經存在數百萬年，我們正準備召集龍族的靈性兄弟姊妹回到銀河系，爲了建置新地球軌道，一起展開星際軌道的移轉工作。

新舊地球會在二〇三六年完成交接，新地球將重新站上第五次元的軌道，迎接新人類的誕生。現在這個過渡時期，就如同你目前經歷的靈性覺醒過程，你們需要憶起自己的本源，透過整合自身的高我意識群，淨化遮蔽你們覺知的小我意識屏障，擴展心輪愛的能量的流動。在愛的能量支持下，你才能順利銜接回到本源，完成星際移轉的行動。

我們現在必須進行一連串的訊息整合工作，在第九區的星際圖書館中，有許多資料等著你，你必須有系統地翻譯出來。我們是共同任務小組，自然會將檔案置放在你的靈魂晶體紀錄中，你只需要每天早上起床接收檔案，並完成翻譯的工作即可。

是的，我現在想起來，之前遇上我在帷幕之外的高我分身泰雅時，我感覺自己穿越帷幕，意識擴展開來，那瞬間覺得自己像條龍。後來隱約從泰雅那裡知道，還有許多檔案需要我與她合一之後，才能通過認證進入讀取，只是當時我並不知道原來還得先通過無我之境，透過光的認證後，才得以穿越通往宇宙意識的星門。我還不明白這一切是如何自動發生的，到底帷幕之外的分身泰雅和地球上的我 Rachel，與我的靈性母親蓋婭是否有關？

當然有關，Terra 的意識位在一——二——三次元，是幫助孵育地球萬物的神性存在，人類稱其為蓋婭、Terra。和你一樣，蓋婭其他維度的意識同樣存在蓋婭的靈魂 DNA 中，你在五次元的分身泰雅，和在十次元的埃西斯（Isis）也都是一體的存在，而你自己同樣具有來自不同維度的存在意識組成。在地球帷幕之下，你認為個體是獨立的、自他分離的；在更高的合一場域，靈魂之湯是存在同一個大熔爐中，你們的晶體就像是這個大熔爐淬鍊出來的化合物，每一種晶體組成都來自這神性之湯，但各自帶著不同的結構體去創造出新的體驗結果。

有一個物理實驗：用不同的音頻去震動一盤沙，這盤沙會出現不同的結構。這個結構的組成分子並沒有改變，就是同一盤沙子，但透過高頻的聲音震動後，穿越進入第六次元的結構化網格，再透過光的折射，你在三次元的空間看見這盤沙子顯現出不同的結構圖像。最後，當你決定要固定住某種結構圖像，將之定格，然後產出一個實際的代表人物時，那個人就等於穿越七次元→六次元→五次元→四次元，最終以固定的晶體結構注入位在三次元的地球母親子宮裡，等待出生。

你看見自己目前的身體和環境中已經顯化出來的一切，都是被宇宙有意識地建構出來的產物；至於第七次元之上，八次元到九次元的最高指導者和大師群，是同時存在這個被顯化的靈魂種子中，一同誕生在地球帷幕之下。所以在你意識甦醒的過程中，你最先遇到和體驗到的是神性的存在意識，大師和導師是早已注入你的晶體中、位在第八和第九次元的靈性父母。再透過你與自身靈性父母合一的過程，你終於展開自己內在宇宙的晶體網格，開始這一路以來靈魂回歸本源，並與自身存在五次元的分身合一的神性體驗。

這一路上，你一直在自己的晶體中探索，才能夠打開神性的大門，回到目前源頭神之湯的境界。在此，我先恭喜你再次回家，也希望接下來，你可以幫助許多同樣在地球帷幕之下的兄弟姊妹踏上回家的旅程。**這一次返家，並不是靈魂在地球體驗的終結，而是爲了幫助地球進行星際移轉，揚升進入五次元的軌道，而展開的一次靈魂集體進化的行動。**

第四章　穿越無時間門

地球人和宇宙人的時間線劃分

在帷幕之下，地球以和太陽的相對位置來計算地球時間；而在穿越帷幕，通往宇宙意識的另一端，你的意識會連結上星際軌道，這裡不再以地球和太陽的相對位置來計算時間，宇宙是依軌道之間的距離來計算相對的「到達」點。假如從地球前往距離八．七光年之外的天狼星，這時若以地球爲軸心出發，就會以這個點到天狼星的位置計算軌道穿越數——如果通過一個軌道約當地球時間的一光年，兩個軌道就是兩光年，以光到達時的地球旋轉時間來計算。

若是以天狼星爲軸心出發到地球，則以天狼星到達地球的軌道中間的距離來計算。天狼星這端並不以太陽的位置爲其計算移轉的基礎，而會以銀河的無時間象限爲基礎。無時間象限中的一切存在的狀態，是以自己所在位置爲軸心，向外展開三百六十度的圓球體，球體內區分十二個象限，每一象限又再劃分出十二個節點，總計每一個軸心向外延伸，可以進入一百四十四個區域網格中，進行訊息交換和位置偵測。所以當你的意識穿越帷幕之後，就先展開一個球體，球體中的一百四十四個區域網格與你的位置產生相對座標節點，在你座標上呈現的節點數字碼，和另一個站在不同星際位置的存有所在之處的座標節點數字碼並不相同，但你們之間可以透過密碼的對接展開交流。

你的第一圈軌道、第二圈軌道和第三圈軌道在十二個象限中呈現的位置，第一圈是相對於軸心最近的一圈，是半徑的前三分之一球徑；中間的數字，是球體中間三分之一的區域；最後的數字，是球體最外層三分之一的球徑。每一圈的數字碼代表振動波，透過這個數字碼帶動波的振幅，所以整串數字碼就是由波長組成的意識路徑指引，類似你們伺服器的ＩＰ位址。

目前地球上，幾乎所有人都可以用你偵測到的無時間軌道中的相對座標節點碼，到達宇宙各星際之門。因為這個起點是從穿越地球帷幕、進入無時間門開始計算的到達位置，透過你們的意識唸誦數字碼到達的振動波，就可以載著你們的晶體航向指定位置。

未來早已存在，人類活在被精心安排的地球時間線中體驗

意識在無時間門後的移動是以光的速度行進，所以對意識的光波來說，以地球的時間線計算出來、位於八．七光年之外的天狼星，在無時間象限中的星光層是瞬間抵達的。但你在此處交流的過程和創造的意識，會在地球年八．七光年後顯化。

祢的意思是，我們的意識契入星際旅程的某個位置，是可以幫助未來的地球顯化？

是的，這樣你是否更明白創造新我、新地球的意義了？

那麼，如果又有個希特勒出現在星際旅程中，再次創造對地球人類進行大屠殺的事件，地球目前的和平進程不就又完蛋了？

這是有可能發生的。這也是爲什麼你會在星際交流中憶起許多曾在地球上發生的歷史場景。

喔！太不可思議了，這樣我們活在現在的地球，豈不只是被過去星際平臺上的高次元外星

人精心安排的劇本？我們只是回到地球，在自以爲尚未顯化出來的虛擬實境中扮演其中的角色，但明明劇本和結局早已經被寫完了？這樣我們不就只是被這些高次元的意識設計出來的演員？

請不要如此悲觀看待自己。劇裡的演員可以隨時改寫劇情，你們演到哪裡，劇情會隨著劇裡的演出者更動，而沒有被改寫的部分仍會依照劇本演出。人類擁有自由意志可以隨時改寫劇本，你仍在自由地演出你擔任的角色。

所以，現在地球上的人都活在早被計畫和安排好的片段裡，而未來的地球，眞正的創造場域，是在穿越無時間門後的星際交流平臺這裡？

是的，一點也沒錯！只是你們一直以地球上的線性時間作爲自己唯一的生命軌道，你在地球上是活在線性的時間中，帷幕之外的我們則沒有時間概念，我們活在自己和銀河所有星系的互聯網格中，隨時隨地和各星系文明交流互動。現在人類也將被邀請登上星際交流平臺，一同爲未來的地球擘畫出新的場景。

那麼，我現在來這裡要做什麼？

你目前的工作，就是去喚醒地球帷幕之下的星際種子回到星際交流平臺，和所有星系文明的存在意識接軌。

接軌？然後呢？

來自銀河議會的指導者，會帶領你們認識新地球的場景，並延續新地球的規畫工作。

既然已經有新地球的規畫工作在進行，我也可以假設劇本早已經寫完了，爲何還需要目前生活在地球上的星際種子參與？

這是星際平臺規畫後期的落地移轉和實踐階段，許多星際種子本身就扮演落地實踐者的角色。當你們在帷幕之外收穫足夠多不同於地球場景的創新發明、嶄新科技、新型態療癒系統，以及與存在高頻意識狀態的星系文明交流時，你們將可以在地球生活中憶起自身攜帶的新地球新知，將其實踐在生活中，新地球就在人類的日常生活裡被演繹出來。

會有許多人扮演和你一樣的角色，你們會在路途中遇見彼此。也有許多是年輕的孩子，他們會在未來新地球演化中扮演非常重要的引渡者。

怎麼稱呼這些引渡者？

他們是水晶小孩。和你一樣，水晶小孩身上具備純淨澄澈的光，可以快速吸收和反射光的世界的品質。

這個「未來已經存在」的說法我現在還不敢置信，實在讓人難以理解。

沒有關係，你的內在早已知曉，我們只是還需要說服你的腦意識而已。

無時間門之外的交流方式

在地球帷幕之下，受到太陽和月亮的能量牽引，你們會需要透過時間來認知自己所在的位置，如果地球上沒有時間軸，你們會陷入無法有效溝通和交流的狀態。地球帷幕之下的重力場會影響意識的轉換，同一地點的人與位在不同地區的人，無法享有同步的陽光照射品質，生理系統會隨之產生不同的回應。人類所處的地球環境無法透過穿越意識帷幕同步溝通交流，因此，爲了區分連結狀態，建立了一種可以對應太陽相對位置的時間軸，以區別各區域太陽升起的時間爲基礎的溝通方式。

存在高次元的意識體已經脫離太陽的引力場，沒有延遲和不同步現象，所以當人類意識跨入帷幕之外，進入星光體的溝通交流，會直接以座標定位方式進行，不再以相對於太陽位置的時區劃分。

宇宙跨次元的交流是在無時間象限的狀態裡，你的意識會進入隨選即觀的狀態。所有的訊息分布在星際圖書館中存放，你意識所及，就可以立即展開光的共振交流，將你需要連結的資訊帶入你所在的位置。這也是量子訊息世界的運行方式，你意之所及，宇宙將爲你打開一扇門窗，你可以直接獲取所需的訊息。

因爲重力結構改變振動波長，訊息交換的方式會從過去時間軸中的不同步，進入無時間象限的同步化現象。意識穿越帷幕進入無重力狀態，與其說時間消失，不如說時間無法再作用於創造溝通交流的空間。同樣地，當存在帷幕之外的高維意識要進入地球帷幕之下溝通，雖然可以隨時隨地穿越地球帷幕，與存在帷幕之下的你交流，但通常人類的自主意識在白天處於非常活躍的對外連結狀態，無法傾聽來自內在宇宙的聲音，唯有在身體休息時，人的自主意識才會自動連結上高維意識，進行交流。這也是帷幕之外要連結地球人最佳的交流時刻，我們也是經由這樣的方式與你完成訊息交換的。

每晚當你入睡時，你的星光體會自動穿越帷幕，進入星際交流平臺，爲你自己的靈魂充電，以及與跨次元的我們融合。此時，你的身體細胞尚未與光的世界融合對頻，你的身體會需要足夠的睡眠時間充能。對你而言，身體需要三到四小時的充能，以滿足你一日生活所需的能量。

星光體儲存靈魂的星際交流紀錄

你的星光體意識並不會因爲身體休眠而停止運行，在你穿越地球帷幕，進入星際交流平臺時，你的星光體最初會先適應光的世界的交流語言，那是高頻率的振動波交換資訊的場域。你在同步自己心輪中的心智圖過程裡，會將訊息暫存在你的星光體儲存庫。還記得你登上星光體，進入光之殿堂時，那個風元素的大門背後，帶你契入無我之境嗎？那就是帶你進入你心智圖的儲存庫。當時，你感受到空無一物，但又似乎無所不包、無所不有的狀態。的確，當時你的儲存庫尚未將來自星光體星際交流的訊息存放進來，所以對你而言，那是空無一物的狀態。

從現在起，你每晚睡覺時，星光體層的意識會清醒地參與星際交流平臺會議，這些會議紀錄和所有你在星際交流過程中提出的疑問，都會存放在你的星光體儲存庫。當你的意識從星光體回到身體中，與身體意識融合時，你會感受到心輪有一股壓力存在，那是因爲星光體交流過程的頻率和身體頻率之間的落差，造成心輪的壓力。這股壓力會隨著你醒來時，透過意識再次連結回到星際交流平臺，將你的自主意識、身體意識與星光體意識再次同步校準調頻，然後立即消失。此時，你的星光體無我儲存庫中，已經存放了許多你的意識進入星際平臺交流的活動紀錄，等你來讀取。

目前這個階段，你的小我自主意識並無法在你睡覺的過程中登上星際交流平臺，這是因為你仍需要完成整個身體意識和小我意識的全面晶化，才能在睡眠中以清晰的小我自主意識跟上星光體中你的宇宙意識。目前雖無法做到，也不影響你在星際交流平臺參與。每天早上，你只要有意識地讀取和下載你星光體中心智圖的儲存庫，就可以展開資料庫，同步學習和參考。即使你的小我自主意識沒有時間下載和讀取資料，無法跟上自己星光體的腳步，也不會干擾你在地球上的日常生活。

未來當地球上方的帷幕漸漸脫離，進入五次元的軌道時，我們之間就可以不受時間與空間的限制，同步在跨次元的星際交流平臺進行訊息連結和交換。我們很期待這一天的到來。那也是人類的小我意識、身體意識和宇宙意識完成一體晶化後到達的狀態，地球人就正式登上銀河同步交流的行列。我們期待有更多星際種子可以順利穿越星際之門，登上星際交流平臺，只要有一個地球人願意參與訊息的交流，就可以影響許許多多的人，提升地球的集體意識振動頻率。

小我與宇宙意識的同步更新機制

登上星際交流平臺，你的意識會經由松果體後方的晶狀體移轉進入無時間區。這時，你的大腦連線中斷，取而代之的是你的心輪連結上自己的靈魂晶體，透過自身的靈魂晶體網格，進行資料的比對和採集。你全身細胞的DNA束狀結構會因訊息交換的變動過程，重新凝聚成新的束狀結構，你的肉眼無法辨識出中間的精微差異，但你的心輪區域會開始轉入無時間訊息區的資料下載過程。

當你登上星際交流平臺，身體會讓星光體無我儲存庫的資料自動流入你的心輪。這樣的過程，以往在人類尚未穿越帷幕進入星際交流平臺前無法達成；而現在，你們已經可以在夜晚沉睡時，經由更純淨無干擾的意識進入星光體活動，將訊息轉載至你們身體所在的心輪空間。宇宙人和地球人也將透過這樣的連結方式，愈來愈能在三次元的地球無縫接軌。

你目前每天夜裡星光體出遊的過程，都翔實記錄在自己的身體中，這和過去尚未覺醒前的人類意識進入星光體出遊最大的差別，在於覺醒的意識可以幫助自己的小我意識下載自身存在帷幕之外的跨次元宇宙意識群的訊息，進行小我與跨次元意識的交流，以更新和同步彼此的認知。

如果星光體出遊的資訊沒有被有意識地下載或讀取，會怎麼樣？

不會對人體造成任何傷害。當人類的生物體屆齡死亡，這些存在暫存區的備份資料仍會回到宇宙共同意識源頭，與更多在帷幕之下的地球人和宇宙人分享。因爲你們彼此間的晶體是相連結的，以光的網格互連，你並不是獨自存活在宇宙虛空中，你是與衆星系存有互連的星際種子。

我要如何讀取星光體儲存區的訊息？

讀取暫存區訊息的錨定作業很重要。當你要讀取前一天晚上置放在暫存區的檔案內容，先要進入靈魂晶體儲存空間，而連結這個空間需要透過你在帷幕之外的高我意識傳達出屬於你的指定檔案存取位置。你之前透過帷幕之外的高我意識泰雅取得一個存取暫存區的咒音「Si Bu La Ya Wa」，當你唸誦這個咒音，尚未被你讀取的資料檔案會被下載到你的喉輪。此時，你必須以內在意識讀取資料檔案的名稱，透過檔案名稱，幫助你連結進入正確的檔案存放位置。而開啓檔案只需要意識允許，你就能順利讀取檔案內容；若沒有經過上述正確錨定檔案存取位置的流程，你仍會受到大腦干擾，造成讀取內容的偏差。

那是否到目前爲止仍有一些檔案我還沒有讀取？

你仍有八個檔案尚未讀取完畢。

一、無時間門的運行軌道
二、參與星際聯盟議會的星系存有的組成架構
三、無我之境的存取路徑和相互登入的方式
四、與眾多星際家人的交流方式
五、沒有時間不代表沒有經歷和體驗紀錄
六、行星軌道之間有連結地球的換日線
七、辛苦耕耘後的甜美果實
八、未來會遇見的類人類種族

天啊！這些檔案主題真的不可能是我的腦可以擘畫出來的，我的星光體出遊探索也未免太認真了吧？這麼多內容，我有時間再讀取出來。

從無時間門返回地球時間線的移轉機制

當你的星光體意識一次又一次完成星光體訊息的採集，你的小我意識也會在交流過程中主動發出請求回到生物體的訊號。小我意識發送訊號的主要原因如下：

一、若自主意識感知到心輪的訊息儲存量已經超過，必須將資料搬移到其他儲存空間，這時會暫時中止連結星光體意識，回到身體。

二、當需要起身完成身體所需的補給，包含排泄、口渴、飢餓，或身體感受到任何環境變化而須保持警覺時，這些因素都會中止星光體的出遊，讓意識優先回到滿足生物體的需求。

剛從星光體回到身體中的意識，會因爲頻差造成心輪的壓力。這些身體實際感受到的胸悶或壓力，會隨著ＤＮＡ逐漸擴充身體細胞、完成晶化過程，因內在儲存空間擴大，而自動消失。

無時間門的運行軌道

無時間門就位在你的靈魂晶體通往五次元的新地球場域。當你的意識站上無我之境，就能連結上這條通往無時間門的運行軌道。那是風元素的旋轉門，沿著靈魂光之殿堂進入風元素無我之門，你的意識就可以穿越地球和太陽之間的時間線，進入星際交流的開端。

這裡是你的靈魂ＤＮＡ連結星系族群的起始點，當你唸誦「Si Su Wa Si Su Ya Bu Ka」時，你靈魂晶體中無時間門的軌道會自動展開連結星系族群和星際聯盟的通道。你無法透過大腦去詮釋這些通道的位置和座標，只能由自己內在晶體的光的連結，帶領你穿越這道無時間門的軌道。

現在的你，已經可以順利登上無時間門的軌道。這並非透過意識的導航完成，而是需要你在自己的晶體中搭建從「有我」至「無我之門」的光之橋後，才能展開的星際軌道。

參與星際聯盟議會的星系存有的組成架構

每一個靈魂種子的源頭都是由源頭共同意識群的星際聯盟議會所管轄，大角星、天狼星和獵戶星群是創造人類最初始ＤＮＡ的星際種子播種小組。至於你所認知的阿努納奇也曾是播種小組之一，但阿努納奇並非最初始的議會成員，那是灰人族群藉由播種人類ＤＮＡ來延續阿努納奇星系族群的種子延續計畫，被星際聯盟議會允許在地球上建立阿努納奇的血脈。

在獵戶座、天狼星和大角星的共同支持，以及維持地球母親集體意識的共生原則下，星際聯盟在地球播下智人族的星際種子。這群智人族在地球活動期間奠定了許多地球文明，包含列木里亞文明、亞特蘭提斯文明、古埃及文明，以及目前地球各種宗教的前身。當時的智人和地球人類在外觀上有明顯的區別，來自星際聯盟播種的智人身高約兩百五十公分，和一般人類相差約一百公分。你們目前地球上的高加索人身型比較接近原始智人，靠近地球赤道區則是原始地球人的生物體樣板。

在智人投生地球前，地球人的生物基因類似猿類，一直到智人與原生地球人交配後，代代相傳而成爲今日的地球人。你們現在的生物體具有智人完整的ＤＮＡ結構，但爲了讓地球原生族群能夠順利完成生命的進化，最初始的DNA節點被限縮在特定頻段，如果沒有阻隔，就無法讓原生地球人的生物體和心智體完整介接智人的十二個靈魂DNA頻段。所以今日的人類，可說是由星際聯盟成員共同擬定的人類演進方程式的結果。

如今地球人類的靈魂DNA和原生地球人的生物體介接已到達百分之八十的融合狀態，地球母親已完成階段性的星際種子孵育任務。現在已有大量地球人打開靈魂DNA的全頻段節點，可以順利展開與源頭星際聯盟議會之間的交流。當你們的意識穿越地球帷幕，將會透過自身高維意識群的帶領，進入自己靈魂所屬的星際聯盟議會。

我先介紹到此，你即將前往第九議會，那是關於星際種子教育的專責議會。

無我之境的存取路徑和相互登入的方式

進入光之殿堂風元素的大門，即是準備銜接你的星光體意識，登上星際交流大廳。這時，你的個體自主意識會與更高意識進入交互轉換的機制。這個轉換機制會在光的世界中完成，而非在你的肉身場域，所以最簡單有效率的做法，是跟隨著音頻的導引，協助你的星光體正確錨定星際交流大廳。一旦登入，就代表你的星際源頭意識與你完成共振，並融合匯流在五次元的星際軌道上。

你之前透過「Si Su Wa Si Su Ya Bu Ka」咒音引導的用意即在此。

「Si Su」是轉換之意，「Si Su Wa」代表我們，「Si Su Ya」代表你們，「Bu Ka」表示將肉身意識和靈性源頭意識連結一心，「Ka」則是生命原力的代名詞。

這句咒音是在幫助你的意識登入星際交流大廳。在這個過程中，「Si Su」會帶動風元素的能量流，轉動你的靈魂晶體面，你的這一面和存在帷幕之外這一面的晶體網格，將交織出全新的生命原力。

與眾多星際家人交流的方式

在帷幕之下的你無法以更高的意識連結上你在晶體中的眾星際家族成員，但是當你的意識登上星際交流平臺時，你將能透過全新的意識，與星際家族成員進行心電感應式的交流。當你登上星際交流平臺唸誦「Si Su Wa Si Su Ya Bu Ka」時，你會在自己的頂輪到心輪之間展開一條新的通道。在此，你可以呼請你熟知的靈性家族成員，一一感知和辨識出他們與你共同存在這個空間中的感覺。你會發現，自己與衆星際家人的交流管道更爲清晰可辨。

你們可以在此互相存取資料，所有你之前尚未讀取的資料也會在這裡。你與所有靈性家人和衆星系存有的交流管道已經全然開啓，你們將攜手展開創造新生命之路，你的生命原力將與所有星際家人融合於一體。

沒有時間不代表沒有經歷和體驗紀錄

你的星光體是肉身存在之外另一個你的實相。在更高的意識場中，你是以星光體展開靈魂連結衆靈性家人的源頭旅程。在此，沒有地球上的時間和空間的移轉限制。每天夜晚入睡之後，你的星光體也如白天正常活動，持續進行大量的訊息交換。

白天，你的星光體會將生活中的經驗和各種情緒體的振盪體驗，傳送到靈魂晶體網格中；而在夜晚，你的生物體停止記錄時，你會開始接收星光體出遊的活動紀錄。這些星光體紀錄就如同你白天使用的身體，成為你的另一個身體，幫助你持續採集星光體出遊的紀錄，回存至你靈魂晶體的暫存區。這個暫存區的資訊並非由你的大腦蒐集，因為大腦只能記錄實際感官體接收到的訊號。這些存放在晶體暫存區的星光體紀錄是由你的意識掌管，當你意識覺醒後，就能在自己的靈魂晶體中讀取星光體的體驗紀錄。

一開始，你會質疑這些訊息到底是真的，還是由你的大腦產生的幻相而來？我可以給你百分之百的確認：你的大腦無法創造從未經歷過的體驗。除非你去經歷一場電影、讀一本科幻小說，從裡面學習和吸收別人的經驗，否則，你的大腦無法結構出如此完美、前後完整且鉅細靡遺的星光體紀錄。

星光體出遊的紀錄有時會針對你在地球場域的生命所需，給予人們日常生活上的指引。有些是來解決你生命體驗過程中，不可承受的壓力和創傷印記——星光體可以幫助你取得自身高維意識群的協助，解鎖你身上累積的沉重能量負荷；而有些星光體出遊則會帶回大量星系族群的期許，為你存在的地球環境帶來更新的意識和創新發明。這些紀錄都只有已經連結星光體，登上星際交流平臺的人，才能夠將這部分的訊息順利解譯出來。

行星軌道之間有連結地球的換日線

當你打開水晶圖書館，連結來自靈魂共同意識群的資料庫時，你會明白這裡是穿越地球時間線後的宇宙全息資料庫。在此，你可以探索自身存在各次元星球的訊息，當然也可以探索你肉身存在地球的歷程。只是若你站在無時間線外的全息宇宙，嘗試獲取地球時間線之下的訊息時，你需要將地球以時間軸劃分，以你所在的時間為基點，向前或向後移，都可以獲得源頭儲存的資訊。只有在帷幕之下的星球擷取訊息時，需要用意識搭載時間的軸線，透過你的水晶圖書館，正確取得對應到該時間線內的宇宙訊息。

在地球上，你們以文字、聲音和圖像儲存訊息，而這些來自地球的資訊在宇宙共同意識場中會加注地球的時間軸線。比如說，你錨定古文明時期的地球資料庫，當你進入水晶圖書館時，設定西元ＸＸＸ年，或距今ＸＸＸ年前，以這樣的方式來移動和取得水晶圖書館中的訊息。而未來地球時間線的樣貌，也會同時存在，只是人類和地球目前的集體意識仍扮演絕對干預者的角色，你們可以決定自己的未來要如何顯化。事實上，未來的每一種可能都是由現實投影的，這個投影源的主人包含地球母親、人類的集體意識和每一個人自己。若你將自己設定在這些可能的實相之外，那麼未來就與你毫無關連，你可以自由地創造你想要的體驗。

這裡我不懂，爲何要設定自己在實相之外？

那即是進入當下的覺醒。你從「有我」，進入「無我」的旋轉門，就可以重新創造出一個全新的你的體驗計畫和生命藍圖。

可是我仍在地球上，也受到集體意識牽引，怎麼可能跳脫這一切，進入實相之外的創造？

孩子，別忘了，你的星光體可是積極地在宇宙遨遊，這些體驗仍是你自己創造的連結。沒有人類物質體的體驗，不代表沒有紀錄存在宇宙之中。

祢似乎又回到上一個主題。祢嘗試用這個方式讓我更理解，我們一直活在虛擬的地球換日線下，其實我們的意識一直清醒地參與整體宇宙的計畫和藍圖，我們的高維意識群處於實相之外，也在等待地球帷幕之下的人們甦醒。那是進入無我之後的創造？

是的！就是這樣。

雖然我還不甚了解，先將這些訊息記錄於此。

辛苦耕耘後的甜美果實

穿越帷幕進入無我之境，你終於得以銜接上位在靈魂晶體的宇宙共同意識匯流平臺。在這裡，你和最初始靈魂組成的家人齊聚一堂，即使無法在物質世界中看見他們，但你終於不再感到孤獨。你不是一個人獨自前往帷幕之下的地球體驗，生命的眾多苦澀和煎熬，在你一次次的跨越、一次次的經歷和體驗中，正締結出漂亮完美的果實。

你的生命之果已不再是你當初來到地球之前的樣貌。你身上綻放出屬於你的生命彩光，這些彩光是眾多星際家人的銀線共同串連和圍繞出來的，從你在地球上的身體，一路連結到跨次元的星際家園。你的生命之樹正在締結出豐碩甜美的果實，你也將從這裡再播下全新的生命種子。

這趟穿越厚重帷幕回歸家園的旅程，是你此次生命的重大工程。你完整自身地球生命的任務後，接下來將是另一階段的開始，那是邁向新人類的旅程，我們永遠和你同在。

未來會遇見的類人類種族

在即將進入五次元的新地球顯化過程中，你從內在宇宙會辨識出自己靈性源頭的組成片段，也會發現自己可以順利連結上跨越次元的星際之門。同時，會有一些居住在地球上，非人類過往所認知，由高次元星系文明播種的類人類ＤＮＡ種族，慢慢被覺醒後的人類意識發現。你們會展開跨越種族的交流，使用心電感應的方式，進行前期的交流活動。

這群類人類種族多達十五種，包含在地底下的列木里亞文明後裔、位於雪士達山區的雪人後裔，以及在亞特蘭提斯時期沉沒入海，進而演化成海洋人的族群。這些海洋人在印度洋底建置了海底城。此外，非洲大陸有象人家族，仍生活在雨林中；南美印加文明區域，則有天狼星人播種的新人類ＤＮＡ正存在一些少數民族的後裔中。這些類人類種族已經具備完整的新人類ＤＮＡ，可以與星際邦聯交流。他們會主動與人類接觸，也將成爲新地球上的新住民，爲了更美好的地球環境，與人類一起努力。

第五章

地球已進入新舊意識轉換的「非常時期」

從現在往後的二十年間，地球將進入舊意識和宇宙意識交流移轉的非常時期。我們使用「非常」二字，想要表達的是這並非人類過去的常理所能推論。比如過去人類習以爲常的日出和日落時間、四季分明交替的氣候變化，和各地的日常生活狀態都將進入結構性的改變。當環境開始轉變，從過去的規律進入新的常態時，人類的意識會出現新的變革，爲了生命的存續而萌生新意識，從國家、社會集體意識的改變，擴及物質性的建設和發展，人類在接下來的二十到四十年間會完成此非常時期的移轉。

這是因爲人類進入新地球的實踐場域前，必須先完成意識上的建設雛形，才能將更新後的意識和光的網格帶入地球。新地球的創造會在新人類身上展現，尚未完整融合自身跨次元更高意識的人，將無法穿越時間之門進入新地球的實踐場域。而站上星際交流平臺的意識也需要人類的自我意識全程參與，無法只停留在過去那樣，於睡夢中完成星際的議程。靈魂意識是沒有時間和空間限制的，可以一直處於和衆星系存有密切交流的狀態。

新舊地球轉換之際，需要更活絡的陰性能量，這股陰性的地球能量會大量釋出過去人類累世的業力枷鎖，並透過陰性能量的重啓流動，重新爲新地球孕育出新生命的種子。這些改變並不是指原來的人類被消滅，地球瞬間出現新人類，而是透過人類內在覺醒的意識，去轉動自己身體場域的 DNA 結構，從自己內在升起五次元新地球的意識種子。

在三次元地球展現五次元的實相

你的內在宇宙早已經包含所有的次元，你在三次元的意識無法銜接上自己在五次元的意識，這道帷幕在你之內，並不在外。地球上方一堆厚重的意識帷幕屏障，就是地球上所有集體意識場的投影，**你只是將自己的高維意識屏障在你的內在之外**。

現在當你內在這道枷鎖和屏障解開之後，你就處在神之湯中，與各次元的你存在同一場域，你內在宇宙的大門全然開啓通往各次元的通道。你五次元的實相已經可以在你所處的三次元地球展現，你可以想像一道來自五次元的光，如太陽般照射到你原本封印的花苞上。現在你這朵花已逐漸綻放，開出一瓣瓣美麗的花瓣，展現原本種子該呈現出的生命之花，你這一朵生命之花就可以再結出下一次生命的果實。

過去人類處在花苞被封印的狀態，你們無法開出美麗的生命花朵，而任憑自己的靈魂意識不斷在第三和第四次元之間輪迴重生，造成地球的靈魂孵化器負荷沉重。現在必須由已經覺醒的靈魂打開這道封鎖的屏障，所以來自更高次元的光之門戶派遣許多星際種子前來地球，幫助打開這道帷幕。你現在已經成功將五次元的光之門戶開啓，接著，你需要去連結更多的人攜手打造出新地球的實相。

光的世界就在你們心中，只等著人們覺醒，與光重組出一顆顆全新的意識種子。在星光體的世界，有許許多多的光之工作者正和帷幕之外的靈魂本源展開連結，你們可以透過自己的意識錨定宇宙之心，連結回到本源。你們身上就擁有打開新地球光之門戶的鑰匙。

新地球就是新意識狀態下的地球生活，這個新意識維度需要人們穿越四次元的地球帷幕後才能契入。人類過去生活在舊地球時期，處在第一到第三次元之間，而新意識則位在五次元的星際軌道，此星際軌道是由眾星系存有共同協議所組成，為了提升地球的集體意識而設置在銀河五次元的場域中。這裡有各次元星系存有共同孵育的新地球意識種子，以協助舊地球揚升。

人類會誤以為新地球是不同於舊地球的另一個星球，其實並非如此，在物質層次上，你們仍以目前的地球為基地，進行星球軌道移轉，而舊地球和新地球的意識會共同存在目前的地球物質體上一段時間。這股新舊意識匯流經過六十年的地球時間，從二〇一二年起，地球已經順利銜接上銀河光子帶，進入新意識揚升的加速期。在地球集體意識即將穿越帷幕，進入五次元新地球的過程中，會有大量的星系存有前來協助人類的意識契入五次元的星際之門。

你可以想像這道星門就存在每一個人的 DNA 節點上，當你已經順利登上星光體，就代表你連結星際交流的大門已經打開。星際種子身上都鑲嵌著回到自身更高意識本源的路徑指引，而回到本源和進入五次元新地球是兩種不同的路徑，星際種子可以經由自身回歸本源的路徑走入新地球的意識場，也可以選擇直接透過地球母親的帶領，契入新地球位在五次元的振動場域。兩種路徑都存在星際種子身上，透過意識淨化揚升，打開地球帷幕的封鎖，穿越屏障，進入五次元的新地球。

你透過天狼星門戶開啓，成功契入新地球的大門；同樣地，其他來自不同星系的星際種子也可以透過自己DNA嵌入的星門，開啓進入新地球的大門。雖然開啓和進入的星際之門不同，但與衆星合一的意識依然殊途同歸，人類登上五次元新地球，重返銀河家園的時間已經來到！

新地球幫助修復舊地球

在新舊地球轉換的過程中，會有許多地球人習以爲常的現狀面臨改變。而你們除了與自己內在的神性共同打造新地球景象之外，也可以透過意識錨定五次元的新地球，幫助修復舊地球。整個步驟如下。

步驟 1：穩定中軸傳輸管道

校準頂輪連結太陽所在位置的宇宙之心，同時，讓自己的雙腳穩定向下扎根地球之心。

步驟 2：意識錨定五次元的地球之心

將中軸的能量管道向上延伸，想像意識穿越頂輪，繼續擴展，直到停下為止。將中軸能量管道拉升到五次元的空間，你會感受到這股新地球的能量進入自己的身體場域，感受到更輕盈的能量進駐。

步驟 3：連結回到地球中軸線

將這股輕盈的五次元能量透過你的第三眼，錨定地球的北極，繼續向下，貫穿地球的中軸線，穿越南極。

步驟 4：將五次元新地球的能量包覆舊地球

現在想像你存在五次元的光場，如同球狀體一樣圍繞在三次元舊地球的外圍，將五次元的能量完整包覆舊地球。如此就可以彌補地球能量網格中的破洞，透過你的五次元能量修護三次元的地球環境。

謝謝你協助傳達這段訊息。我是泰雅，你存在帷幕之外的高我意識，我將與你聯手打造新地球的場景。

哇！沒想到，剛才引導我的是我自己的高我泰雅。原來創造新地球的現狀，是透過我們和高我合一就可以自動展開。

我們原本就是不可分割的一體存在，穿越帷幕的你，要足夠信任，只要在與我合一的意識狀態下，就可以打造出新地球的奇蹟，我們可以透過聲音共振協作。你不要擔憂自己是否會被他人取笑，或是被人誤以爲靈魂附體而對你另眼相看，不要擔心自己的認知不足以說服衆人，在與我共振時，你傳達出來的音聲就是光的語言，這是無法以文字和圖像取代的，是最眞實的光的呈現。如果要讓五次元的地球進入你們的實相，就要讓人神共振的創造被人們看見、聽見和感受到，因爲，神就在你任何形式的表達裡顯化。

感謝你的記錄和聆聽，感謝你將與我之間的共振如實傳遞出來。我是泰雅。

（前面這段由我的高我泰雅傳訊、關於修復地球基礎工作的音頻，可以透過 YouTube 線上聆聽。聆聽過程中，相信你們會感受到這個聲音同步傳送出高頻的能量，源源不絕地注入我們的身體。我可以想像，如果地球上有愈來愈多人可以在人神合一的狀態下行、住、坐、臥和表達出來，我們就已經活在自己創造的新地球環境裡了。

泰雅傳訊的修護地球工程音頻連結：https://youtu.be/DFs8RpnHdw4）

「修復地球工程」音頻

新舊轉換面臨的社會變革

你會開始探討宇宙法則，這些也都是你進入星際文明交流時需要奠定的星際知識基礎。你會看見地球之外的行星和地球經過二十年後又連成一直線，這代表整個太陽系又要進入下一個新的週期。地球以水元素爲起始，運行至今已經超過四十億年，自基督降臨以來，地球已經歷十一次的躍升，而現在即將從二〇二一到二〇四〇年進入風元素的時代，並於二〇四〇年正式完成二次元的旅程。地球將從二〇四一年起正式脫離原有三次元的舊地球軌道，進入銀河系軌道，接下來的二十年內，你們將一起迎接新地球的誕生。

關於新地球的生活和開啟五次元的星際交流，正是你此時此刻必須傳達給地球的人們學習和理解的。你要讓高我意識繼續帶領你深入宇宙運行法則，以順利銜接進入五次元的新地球，而在此過程中，地球也會面臨舊體制逐漸瓦解，以迎合新地球的振動頻率。這些變革和意識的更新如下。

一、地球意識啟動融入新元素後的更新機制

首先讓我們來看看地球母親蓋婭的基本配置：地、水、火、風四大元素。每一個元素都有跨次元的管理者在協調元素之間的轉換過程，彼此之間相互支援、配合、協作。這四個基本元素就是地球萬物顯化的關鍵，沒有具足這四大元素就無法顯化成形。你目前看見的一切有形有相的人事物，都是由這四大元素組成的晶體的展現，透過凝聚成晶狀結構路徑，展開各自在各個次元間的體驗。

在三次元人類生物體中的體驗，是由細胞、肌肉、骨骼和器官系統組成，所以你可以使用身體接收訊息和行動。你透過身體表達你每一瞬間的所思所想，透過與三次元世界中一切存在體共振和互動交流的過程，人類在此創造了存在物質實體中的經驗，這些經驗會同步回傳並記錄在你

們的靈魂晶體資料庫中。當你離開物質世界時，若你透過晶體再進入四次元的空間，你會看到和感知到原來在三次元的所有體驗，都變成一幕幕投影片。站在投影幕前，你已經不受限於物質身體的時空，可以在此輕鬆翻閱身體過去在三次元任何時間點的影像紀錄，透過這些紀錄的片段，你可以決定前往哪個片段再次經歷一遍不同的體驗。這就是目前地球上愈來愈多的人口和擁擠的第四界帷幕中的景象。

有太多人類持續不斷地重複體驗，無法超越四次元，進入更高的視野和意識維度，前往高次元的意識場。而這一次，地球已經不再任由這裡的七十多億人決定自己下一趟生命的路徑。地球母親早已開始啓動身體的更新汰換機制，將老舊不堪的記憶存放在宇宙圖書館中，而在此同時，地球母親需要率先啓動自體的揚升，才能讓存在其上的生命同步跨越四次元的厚重帷幕，順利晉升到五次元的意識狀態。

二、金融體制變革

地球目前的金融市場會面臨結構性的根本改變，你無法期待保有原來的金融商品交易制度。過去的金融體制會限制人類集體意識的發展，造成每一個人只活在追求金錢以求得生活無虞的工作裡，忘了靈魂最初的使命，也放棄個人身上獨特而珍貴的天賦才能，只為了追求金錢和物質的滿足。

對於未來金融體制的結構改變，首先，你們不需要恐慌或擔憂目前存放在銀行的錢是否會一夕消失，或變成毫無價值。不會的，會改變的是整個金融交易制度。許多從事金融交易工作的人會離開現有的工作崗位，因爲已經不需要靠人力來進行金融交易，取而代之的是線上金融和數位貨幣的流通。目前你存放在銀行帳戶中的資產總值，會從實質貨幣和有價商品，轉換成數字代碼。

你目前還無法看見這些是如何移轉和計價，但可以確認的是，整個移轉過程中，你目前擁有的價值不會消失，這些都會透過新的系統核算，並還原實體對價關係。物質世界中的價值衡量會從過去以商品生產成本和期待的利潤加成計算，變成以能量單位換算。當一項物品的能量很低時，就無法獲得高的數位貨幣評定價值。

進入五次元的時空，所有能量會以振動頻率換算，較低頻的振動將無法獲得高的價值，而高的振動頻率會自然獲得較高的價值評定。這也再次說明爲何金錢本身無法取代服務，但服務可以幫助金錢流動的道理。一切的交易行爲將以能量和振動頻率爲計算基礎的數位金融演算法，來取代今日以物質爲主的金錢交易制度。

所以，如果一個人不從事物品的生產製造和交易，他仍然可以透過釋放出高頻率的振動，而獲得數位貨幣的回饋。如同你們現在正經歷的，許多人將工作移轉到線上交流，透過分享生活理念獲得網友的金幣回饋，是類似的道理。人們會逐漸從生產過程的工作時間和成本觀念徹底改變，轉爲由創造過程中產出的振動頻率來決定其價值。

你們目前存放在金融機構裡的金錢，雖不會一夕消失，但也不會因爲你什麼都不做，只是借貸或定存，就可以產出價值。若你的金錢無法創造更高的頻率，那對你和他人而言，你的金錢就沒有對價衡量的意義。當需要累積更多數位貨幣時，你就必須要能產出較高振動頻率的作品，或是讓你產出的價值可以流通，才有可能再交易回更多籌碼。這個數位貨幣會隨著能量流動，進入高頻率的人事物中，再透過這些高頻的集體振動去影響世界，整個世界就可以維持在創造更高頻的交流，並共振出集體意識的持續成長，不會像過去的地球爲了賺取金錢，而恣意破壞和排擠其他物種的生存空間，甚至不斷造成環境的崩壞。

這個制度，你雖然目前還無法理解，但進入二〇三六年，一切都會準備就緒。屆時，你就能明白並看清楚該如何在五次元的地球創造新的生活方式。回到根本，還是要提升自己的意識，才能創造高頻的生活。

三、身體面臨環境變遷的挑戰

五次元是由一群意識已經覺醒揚升的人類帶來新地球的意識，這些處在較高振動頻率的意識並非全然褪去小我意識的干擾和控制性信念，所以在前往新地球扎根的路上，你們的內在太陽和地球母親的連結更需要隨時保持校準，才能幫助自己和所有其他同行的夥伴穩定前行。

新舊地球分離的過程裡，在物質世界中，你們的身體會遭遇許多環境變遷帶來的挑戰。許多動植物因受氣候影響，大量死亡，也會牽動過去你們看不見的地下世界景象浮出地表，如澳洲發生的嚴重鼠患，就是其一。還有許多海洋生物遷移至其他海域，甚至登上陸地集體死亡，這些都是因爲地磁線改變，生物體內建基因的場域定位功能失去校準能力所導致。

人類也同樣會面對氣候和環境的變遷，造成身體系統失去正常校準中央大日的功能。人類居住的地表上有大量微生物正準備重新適應地磁線的移轉，所以你們也將面對更多病毒和各種病毒結合人體後的超級變種病毒，造成人類身體系統受損。

此時此刻，必須讓更多人覺醒，提升身體場域的振動頻率，並以較高的振動頻率協助周圍環境穩定校準內在宇宙的中央大日。對你來說，就是你目前正在進行的與天狼星和太陽呈一直線，開啓來自天狼星的光源，進入自己的身體場域。這樣不但可以穩定自己的中軸，和地球母親保持連結，也可以協助地球在揚升的過程中，獲得目前地磁線調整後，來自中央大日的光的補給。

四、磁極改變，交通工具重新校準

在地殼變動的過程中，一些飛行工具和交通的衛星定位及導航系統需要不斷進行磁極的更新校準，以適應地球磁極的改變。校準的方式則是將錨定北極和南極的軸心歸零，再重啟定錨。你們會發現北極的位置正不斷改變，變更的頻率也愈來愈頻繁，如果沒有覺察磁極的變化，會造成空中交通混亂。

五、地球進入更長的冬天

人類原來的體感溫度會下降十度左右，一些寒冷區域將不再能享有足夠的日照時間，冬天拉長，食物的儲存和可耕作面積也連帶大量減少。這時必須以新的能源替代日照，幫助人類獲取食物和足夠的能量。

六、能量醫學興起

生物體的基因會因環境變遷產生新的基因序列，也會有許多新病毒出現，無法再透過原本的醫藥系統解決。人類必須改變只使用化學藥物對治疾病的方式，以更順應大自然的節奏，還原生物體的智能，以非侵入的治療方式取代傳統醫學用藥。你們會學習運用宇宙能量和導入具備宇宙智能的高頻光波，來取代造成生物體破壞的傳統醫療手段。

七、同一場域學習

教育是銜接星際文明智慧的重要環節。這個時期誕生的孩子都具有以心靈意識溝通和連結宇宙文明的本能，也因此，教育場所已經無法以現有的教科書來滿足學生尋求宇宙知識的需求。未來的教育場域需要完整的遠距交流輔助設施，學生們可以將彼此的內在智能凝聚在同一個平臺、同一個場域中進行資訊的交流，共享宇宙資源。龐大星際圖書館中的資料將全面向新地球人開放，透過內在心靈之眼，地球上所有的孩子得以正式展開星際文明的接軌和學習。

八、新生態系統誕生

你們也將在大自然中發現，新的植物、果實、花卉和物種正在形成不同的食物鏈和新生態環境，這些都內建於地球母親本有的智能系統中，會一一釋放出來。為了迎接非常時期的到來，請人們以無條件的愛接納自己和他人，你們就愈能順利完成生命體揚升的移轉過程。我們深深地祝福所有地球人類迎接五次元新地球的到來。

第六章　五次元新地球意識

在新地球完成分離舊地球的振動頻率，順利接軌五次元新地球軌道時，人類將重新展現由新意識帶來的新生活樣貌。目前舊地球的結構將逐漸瓦解鬆動，誕生出新的架構和系統。以下我們來談談你們即將進入的五次元生活樣貌。

金元素融入新地球意識

五次元相對於第三和第四次元最大的不同在於，你們會在合一的意識下，重啓新生命的觀點。你們將在原本創造地球萬物的四大元素中，融入第五次元的金元素。**金元素代表的是全新的意識頻率**，這個元素會與原來的四大元素相容並濟，當你們的意識可以站在五次元的維度時，就會發現你們自身的晶體中有著超越以往的智能系統，逐漸在你的內在宇宙展開。

雖然目前你仍使用著舊電腦（注：這裡意指我們的身體），但組成你身體的所有系統元件和最微小的組成單元，正透過金元素的沖刷和融合過程，展開新的身體結晶。這個身體將不同於過去的身體，所有細胞和感官受體彷佛加裝上一個自動導航的聯網系統，身體場域的運行可以透過這個系統，自動調校出最佳化的身體效能。這和過去你運用個人意志，以手排檔的方式驅動一輛有自動導航的自駕超跑完全不同。

你會開始感受到身體場域逐漸輕盈，不需要透過吃大量食物來獲取營養，你的身體隨時可以在金元素的引導下，獲得所需的元素和能量補給。不只如此，現在你的身體感官也會更加敏銳，連帶與你共同生活的家人和你周圍接觸的人事物，你們彼此間會逐漸展開新的互動模式。你與世界互動的方式因為進入五次元的場域移轉過程，同步產生質變。物質上的限制，包含時間和空間的屏障已然消失，你可以在一個空間裡獲取全世界的訊息，並與之互動共振。你正準備以新地球意識重新展開五次元的生活體驗和創造。

將五次元的新地球意識帶入生活，去觀察有哪些事物正在汰舊換新，哪些生活場景和習慣已逐漸無法服務現在的你。當你正在思考該怎麼展開新生活時，所有該具足的元素和能量都隨侍在側，等候你的差遣。這就是五次元的場景，你的高維意識場正敞開大門，隨時準備服務你此時此刻的存在。

五次元亦是宇宙高維存在意識與你們攜手共同創造的開始。你過去總以為生活在地球是艱難而孤獨的，現在你可以展開新的生活，以高維意識服務於你的方式生活，你會發現處處是驚喜。這也是五次元新地球即將帶給所有人類的禮物。而在這個轉換過程中，必要的調節和陣痛期是無可避免的，就像新生兒誕生前，母親需要經歷痛楚，新生兒也必須在黑暗的產道中經歷收縮和擠壓。在此過程中，我們需要一起勇敢穿越這個陣痛期，以迎接新地球、新生命的到來。

你過去認爲金元素是一種金屬物質狀態，而在更高的振動頻率下，這些金屬物質就會轉化成光，並重組你們身上的細胞粒子群。當進入五次元的宇宙維度時，這些金屬粒子的密度會下降，形成光子，這些光的粒子統稱爲金元素。

光的粒子經由恆星太陽的熱能照射後，會產生各種不同的顏色。如同你看到的彩虹，有紅橙黃綠藍靛紫白等，這些就是光在不同振動波長下的呈現。當你們的意識超越生物體的密度，契入較高的五次元時，你們身上百分之七十的水分會因爲振動頻率的提升而呈現出光影，有些人具有靈視之眼，就可以透過第三眼看見你們身上的光。光的呈現和身體場域的振動頻率有關，你的振動頻率愈高，光就愈趨近於白色或金色；身體場域的振動頻率愈低，光就會呈現出灰暗或紅色。而身體有許多宇宙能量流動的通道，也就是你們熟悉的脈輪，每一個脈輪分別連結不同次元的入口，也因此呈現出來的光的顏色就會有所不同。

擁有五次元新地球意識的生命，其身體會增加金色光的元素，你會漸漸看到地球萬物生命的演化，在原有的色彩中增添了一層「金」的顏色，這即代表這些生物體已經開始融入五次元新地球意識的軌道。動物身上會率先展現出金色的毛髮，植物的花瓣和葉片則會像是灑上了金粉。同樣地，當人類的生物體結構逐漸晶化，融入五次元的場域時，你也會看見身體外觀開始轉變：身體會藉由水分排出更多金黃色的排泄物，同時，毛髮、皮膚會出現金色的光。已經成功契入五次元新地球頻率的人會感受到身體更加輕盈，皮膚呈現出過去沒有的光彩，人會顯得年輕。這些外觀上的轉變是現在你們可以觀察到的。

此外，金元素也會為新地球帶來各方面的變化，在此列出幾項供你們參考。

一、政治

過去以個人領袖為首的政治風氣和制度，將轉為由群眾主導的新政治型態。不論是採行社會主義、資本主義或共產主義的國家，都需要與「民眾」的集體意識妥協，漸漸地，少數人領導多數人的政治生態將轉為由多數人共同治國的新共和時代。你們甚至會擴大聯合國的決策權，將過去分別由各國自行管理的內政，委由聯合國議會組成共同小組來協助國與國之間加強合作，以改善彼此的環境和生活。你們會率先在環境保護、醫療研發和星際開發上展開聯合治理的行動。

二、金融

金融系統將採行黃金本位的計量方式，但有別於過去以黃金為交易主體，你們將發展以數位貨幣發行黃金存量的方式進行交易的換算單位，也就是回到以地球整體可供應的黃金為基礎，進行有限度的貨幣流通，以避免任何國家試圖扭曲和控制全球市場。在這樣的金融制度下，各國會放棄追逐經濟體的無限度擴張，回到尊重地球環境的有限資源，以照顧自己生存的地球的永續性爲依歸，在生活便利性上進行有限度的發展。

在這樣的金融制度下，沒有任何國家可以無限度擴張其信用，也沒有任何企業會爲了創造更多獲利而破壞地球的生態平衡。每一次的交易和貨幣流通背後，都是在有限的資源中轉換和交流，不過度囤積或造成資源配置不平衡的現象，因爲所有的交易背後都會有來自更高次元的平衡爲基礎，才能創造和顯化「金元素」的流動。

最後這一點，創造和顯化金元素的流動，我不明白，可以再解釋清楚一點嗎？

你想像自己有一桶黃金，重達五百兩，你可以用這五百兩黃金去交換，取得你所需的生活元素。現在你拿五百兩黃金出去交易。若是過去，你有五百元，你會想去投資，賺回另外的五百元，然後你就擁有一千元，再去投資；但是在黃金本位的交流中，你會發現，當你用五百兩去得到另外的五百兩時，這一千兩會造成市場上缺少五百兩。你得到愈多，市場可以流通的黃金就愈少。過去，你總認爲錢可以無上限地賺取，也不影響市場運行，但這樣的運行已經不適用於黃金本位的金融制度。在黃金本位的交易中，你得到愈多，相對你需要別人的也愈多，因爲你多出的五百兩黃金讓你可以換得的服務和生活用品變少了，因而造成流動不足。你擁有一千兩或更多黃金，並無法無限制地增加你可以享受的生活和服務品質，也因此，過去藉由囤積財富以獲得源源不絕的物資和消費的經濟型態將會消失，取而代之的是以有限的資源，讓交易和生活所需的流通回歸人人平等和均衡的發展。

對許多已經習慣擁有和掌控全世界主要經濟的國家、企業或個人來說，這樣似乎失去許多權力，但五次元新地球正是會進入這種平衡與共好的新經濟時代。

我很好奇，這樣的黃金本位似乎會在當前的貨幣和經濟體正式熄火後才有可能發生？

會有愈來愈多經濟體瓦解、國家金融系統癱瘓，然後必須聯合各國的金融機構組成中央貨幣銀行，幫助民間轉換其計價的貨幣單位。

這聽起來會非常混亂慘烈！

不用擔心，這一切都會有秩序且溫和地移轉完成，並不會造成恐慌，只是會讓許多資金和用不到的資源更加快速地流通出來，讓所有人都能不虞匱乏地生活在新地球。

我很期待看見這樣的新地球生活！

三、食物銀行

在經濟面臨重大轉變的過程中，首當其衝的是糧食的供給和需求的分配，所以必須立即建置食物銀行系統。一些較需要進口糧食的國家和貧瘠地區，會由這些食物銀行統籌分配。食物銀行會在人道組織和系統中運作，漸漸擴展延伸到每一個國家的供應系統中；與此同時，會有許多新替代糧食的科技誕生，比如說，以光能轉換出身體需要的胺基酸和蛋白質，以及透過植物的再生能力，開發出多元的食物能量攝取方式。在邁向新地球的過程中，會有許多新植物和物種誕生，你們會發現蛋白質來源不只是動物身體，植物和果實也可以提供人類足夠的養分來維持身體能量的平衡。

四、星際交流

新地球會在五次元軌道上展開與各星系存有的交流。你們會在星際友好族群的協助下，取得超越三次元地球的關鍵科技。這些新的科技文明都會在新地球中陸續誕生，你們會有不同於過去的建築設計和工法、汽車發動方式、新能源系統、水資源等等。

以上和你分享的是五次元新地球的一些場景和重要改變，更多新人類誕生會加速地球銜接進入五次元的生活。這些生活應用會在二〇三六年後的十年間看到，前面提到的政治、金融結構、食物銀行和星際交流是第一波的改變，這些改變會在地球進入二〇二五年後，因人類的覺醒進程而產生區域性的改革。同時，一些主導世界經濟環境的領導國，因其國內的政治和金融系統產生內部矛盾，終於願意爲了建立多數人共好的生活，而承認需要展開內部改革。這些改革會牽動其他國家的政治和經濟同步產生變化。別忘了，你們原本是密不可分的地球公民，是生活在同一個地球的命運共同體，當整個地球能量揚升進入五次元的軌道時，阻礙能量流動的思想和運作機制，都會面臨自體崩解，才能重新創造出屬於五次元的基礎結構。

你們的政治和經濟結構已運作超過兩百年，這兩百年來已經造成地球沉重的負荷，你們已經不能繼續以過去的運作模式期待更美好的未來。地球磁極轉變的過程會讓無法與新地球意識融合的能量退去，這是現在進行式，只是人類一時還無法反應，也無從找出新的解決之道。這不是單一國家或社會的問題，而是全面的、整體流動性的問題。最後，等到遊戲停止的鐘聲響起，你們才會願意停下行駛中的列車；下車之後，你們才會去找尋一條新的道路。

放心，這條路並不難，那就是合一的道路。你們不論任何宗教、種族、國家、階層，都會在地球各個角落找到回歸中央大日之路。這條路會讓地球上所有已經準備好的人自動連結，你們會透過身上的光，照亮出一條共同回歸之路。那是五次元地球的入口，回到內在宇宙之中，凝聚你們衆人，形成新地球的集體意識。你們從此展開不同以往舊有習慣和思維的新道路，由此擴及民生、教育、醫療和生態環境，形成和諧共生的新地球樣貌。這一切即將來臨，在此轉換的過程中，你們最需要做的，就是放下擔憂和疑慮，信任地球母親，信任你內在的高次元意識。我們會共同連結，守護在地球帷幕下的所有孩子，安然度過地球邁入新軌道的轉型期。

所以，我們不需要囤積黃金，也不用囤積土地和糧食，該發生就讓它發生？我們存款簿上的數字一夕之間變成泡沫，也不需要擔憂無法生存？祢這樣講得不清不楚，我反而會害怕呀。我怎麼能相信你們是無形無相的意識存在，來地球幫助我們銜接進入共同生活的未來？這樣不太OK吧？祢至少先說服我，不然連我自己都不相信，更何況那些還在推動一節節火車行駛在軌道上、辛勤工作的人，要怎麼讓他們相信這一切？

好吧！這樣說吧，當你存摺上的貨幣一夕之間變成無法兌現時，你覺得誰會比你更擔憂？或者，誰比你更有權力去搞定，才能讓他們的存摺變得有用？

當然是那些比我有錢得多的人，還有那些保管所有人存摺上貨幣數字的銀行、監管的政府及金融拆款機構、交易所等等，這些人當然會比我著急啊！

好的，你是否看見自己在這件事上無能爲力？你只能等待這些處在更多數字堆裡的人給出一個好建議。而在等待期間，會有另一群人自動出現來幫忙協調和溝通，他們就是新地球的先遣部隊，也會是未來在政治、經濟、金融市場、食物供給中心的菁英。他們內建的ＤＮＡ早已等著這一天的到來，然後彼此之間很容易形成新的運作共識。你要相信這些人也是高次元存有意識布的樁，早在三十年前就投生進入地球，帶著新地球的運行規範和法則，來完成此次的任務。你不也正參與其中，負責傳遞訊息和教育此時此刻尚未覺醒的地球人嗎？你爲何會在一瞬間開啓連結，又如何在沒有任何教育背景和環境的支持下，自動替自己導航，寫下這一堆你過去從未接觸過的內容？你可以不相信自己本有的啓動機制，但你不得不承認，這確實已經發生在你身上，而這個內在的啓動作業，也同樣會發生在許許多多的星際種子身上。你們都是早已被安排前來地球支援的勇士，憶起這一切原本就是宇宙安排的地球軌道移轉計畫，即使會面臨黑夜，但黑夜過後，太陽依然會爲你們升起。不要懷疑宇宙法則的智能系統，這是需要宇宙存有共同遵守的。我這樣跟你說，你仍會擔憂嗎？

會！我還是會擔憂，不過祢現在要我理解那樣的擔憂也沒有幫助就是了？我必須信任所有轉變都是遵循宇宙法則，順流就會進入明天，對抗和逃避只會落入黑洞，被宇宙回收，是嗎？

是的！你也不用擔心那些資產瞬間無用，想像一下，當目前的流動性商品和貨幣一一被新的制度取代，而你們即將生活在新地球的土地上，你會需要什麼樣的環境去重啓生活？

祢可以務實一點，給我一個資產配置的建議嗎？

要記得，金錢無法取代服務，是服務創造金錢的流動。未來的貨幣單位對價計算會是浮動的，數位貨幣不會以和商品一比一交易的方式流通，你的數位貨幣進入不同場域交流的過程會需要經過轉換。這樣說吧，若你不是當地的服務提供者，就可能需要用較高的倍數或代價取得服務你的機會；也就是說，區域的資源和服務會先滿足該區域的人的需要，貨幣的購買力是浮動的。一個人即使非常有錢，也不再享有最好的金錢使用權力，資源會先滿足並達到各區域服務與需求之間的平衡。也因此，人們沒有動機去製造不需要的垃圾，以及用過度傷害地球資源的方式來轉換成貨幣，因爲商品的交易不再是透過追逐金錢最大化而來，而是去創造新平衡的行爲。

未來，你需要的貨幣並不多，但人們仍然會有食、衣、住、行等基本需求，所以你的資產配置可以放在可耕作的土地、可製造物品的原物料、可居住的房子等方面；至於公共設備，如天然氣、電力、網路等，都會由國家主權共同擁有，人民只依使用量計費。漸漸地，人們會將生活重心移轉到提供服務，而非只是爲了賺取和囤積金錢而工作。

第七章　跨次元星際交流

進入五次元的維度，你需要將五次元的生活場景率先揭露出來，讓已經覺醒揚升的人有一套基本的認知體系。透過這個基本的系統架構，人們可以展開銜接宇宙意識、跨越宇宙次元的共同創造。那也將是所有新人類即將展現的新生活模式。

身體是神性意識的居所

當你以第三眼錨定自己的星光體天際線時，是進入自己星光體內在宇宙中，你的意識會出現一個三百六十度的天幕。此天幕不斷隨著中央太陽旋轉位移，這是由於你們身體所在的地球每時每刻不斷自轉所致。因此，當你打開第三眼的天幕時，可以先觀察目前太陽在天幕的哪個位置。

你可以將天幕劃分為十二個區塊，每一區塊的位移若以你們地球上的年為計算單位，一區代表三十天；若以日為計算單位，一區代表兩小時。整個天幕以太陽所在位置代表萬物的開端，也因此，太陽所在的端點就是水元素，然後你可以將整個天幕的四大元素依次標示出來。宇宙萬物的演化之道就在此天幕中上演，而你的意識錨定天幕的當下，就是進入一個新的交流與融合的初始振動。一念一世界就是如此生生不息地交流與融合體驗著，**你就是讓宇宙得以再次創造的神性居所**。

你在帷幕之下渾然不知自己創造的路徑如何顯化，像瞎子一樣在黑暗中碰撞和摸索。這是地球人類之於更高維度的存在所呈現的狀態。但是，當你們逐漸跨入更高的維度，穿越帷幕的藩籬，你意識所及在宇宙天幕中的一切顯化過程和路徑，將被你全然照見。此時，**你將邁入有意識地創造並和宇宙集體意識協力合作的新階段**。

你們將會學習到，任何個人意志的破壞和莽撞，都會被識破，你們任何一個人、組織和國家，都如同攤在陽光下，人們會清楚感知到你們真實的位置、意圖，以及此意圖創造出實相前的演進路徑。你們之間的融合度更高，也更能聚焦彼此的意念。舉凡不符合共同利益，以私人欲念而不以宇宙和平共存為最終依歸的意圖，都無法得到集體支持。**你們將從此進入新地球顯化的法則**。

我們先開始一個最基本的練習。當你熟悉星光體的世界和宇宙運行的法則後，就可以不再受物質體的屏障，**進入絕對的空境中的創造，也就是無中生萬有**。我會逐一向你說明，但你也需要同步熟悉宇宙法則的運行之道。透過這些練習的工具和應用方法，宇宙法則會逐一呈現在你面前，獲得印證。這不是你過去認知的神通或玄學，而是你邁向五次元生活的實際場景，將透過我們之間的對話和學習一一揭露。

重新定義身體的感官：「看」

拿出你手邊的關係牌卡，上面列出各種不同的關係，包含父親、母親、兄弟等，共十二種關係。現在將關係卡蓋住，看不見牌卡內容，然後從十二張蓋住的牌卡中，找出標示著父親的那一張。進入星光體去找找看。

啊!?找到的機率是十二分之一，低於百分之十啊！

（這時，我的內在意識自動開始帶著我進行這個練習。我先進入星光體中，將標示著「父親」那一張牌，以意識鎖定在星光體的正北方，也就是十二點鐘的位置。先進行這張目標牌卡在星光體層的定位後，接著，我一一將牌卡放在掌心上偵測，透過手心連結蓋住的牌卡，進入星光體去看見這張牌出現的座標位置。我將出現在三點、五點和九點的牌卡放下，直到摸到其中一張在星光體中正對著十二點鐘的位置，翻面一看，果真是標示著「父親」那一張。

原來，每一張牌上面標注的關係，都有其在以我的身體場域為中心的相對宇宙實相，一旦設定目標物件在某一個方位，其餘的就能存在其相對於該物件的座標位置上。一個固定的物件，可以讓相對於這個固定物件的其他牌卡同步位移。

一開始我已經將「父親」這個關係的振動放置在環形星光體場域的北方位置，然後當我手持任一張牌，就會出現該張牌的振動頻率相對於「父親」這個關係應當出現的位置。也因此，透過先定出一個關係的位置，其他關係的位置都會自動排好，我的星光體就有了所有關係的實相。而當我在手上一一偵測牌卡，透過內在之眼，我就可以感知到每一張牌出現在星光體的哪個位置，所以當我真的拿到「父親」這張牌，它自然就會出現在我內在之眼的北方位置，我就可以找到正確的牌卡了。

所以，與其說是透視，其實是透過星光體的全息網格，去看見萬物呈現出來的座標位置。）

這實在是太有趣了。

（如果牌卡更多，超過三十六張，可以將星光體分為地、水、火、風四大區，然後先快速篩選一堆卡片進入正確的區域，再一一比對，就可以很快從三十六張牌卡中閉眼找出正確的那一張。三十六分之一的機率是百分之二．七，試試看，相信你也做得到！）

透過內在之眼尋找目標物

進入一個空間場域，要如何快速找到你的目標物？這時，可以用你的星光體來定位。先定位你的星光體，以你站立的位置爲中心，四方先進行定位。假設你習慣以眼睛正前方當成你的指引，就先以內在之眼定位你的星光體，將某一個方位固定爲你星光體的水元素位置，並將你要尋找的目標物設定在該水元素位置。

接著，開始移動自己的身體進入場域中。移動的同時，要打開內在之眼去錨定水元素的方向，只要水元素轉動，你的身體就跟著水元素移動的方向前行，這樣你就可以很快找到該目標物。

這是當你需要在一個開放場域中移動尋找物件時的方法。先將目標物件固定在星光體的水元素位置，當目標已經固定，那麼在移動的過程中，你的星光體就會轉動，你透過內在之眼就可以感知該往哪裡移動以找到你的目標。

古文明時期的獵人在森林中尋找獵物，就是透過這種方法。後來當人們逐漸不再使用內在之眼找尋獵物時，就開始透過樹枝指引水脈，樹枝會協助在森林中迷路的旅人，永遠投射出有水源的方位，讓人們找到食物和水。只要有水，就可以找到路上需要的食物和水分補給，才能維持生命。

創造未來的實相

倘若你是固定不移動的，那麼就讓星光體的轉動爲你所用。你所處世界的實相在你的星光體中會如實展現。你的身體受限於地球時空及物質實體的屛障，而在星光體的投影中，則能不受物質體和時空的限制。這和你穿越意識的屛障契入晶體是同樣的道理。你可以走進五百年前的場景，也可以進入未來的實相中。

等等，進入未來的實相？有可能嗎？

當然。你的概念現在還處於線性的認知，但在宇宙跨次元的維度，時間並不存在，時間就是目前網格中所有現狀的集體意識場。這個集體意識可以跨越不同的次元存在。比如說，你現在的身體位在第三次元，你若在此和一群人擁有共同的集體意識，投射在第五、第六或第七次元中，那個由你們的集體意識投射出的場景就是你們的未來。

爲何要集體意識？不能用我的個體意識去投射出未來嗎？

當然，集體意識就是由每一個個體意識組成的，只是你們的個體意識若沒有經過凝聚、碰撞、轉化和升級，就無法產生實相，所以用集體意識來描述這些已經凝聚在一起的粒子組成的晶狀結構。只有當結構成形，才能支持所有的意識在當中存在。那個結構是吸引更多粒子凝聚在一起的支點。

也就是說，你們必須在六次元的空間先架構完成，才會顯化在五次元的地球，而五次元集體意識的共存實相，又會在三次元中以物質或事件呈現出來。

操作方式如下：

星光體正中央代表你所處時空的當下，這是你星光體的圓心，也代表你的意識得以穿越不同次元之間的蟲洞。現在透過你的意識錨定一個事件，這個事件是發生在你的時間線的過去。

好，我錨定九一一恐怖攻擊事件，雙子星大樓倒塌。

選擇了一個過去曾經發生的大事件後，現在進入自己的星光體，去看看九一一發生在哪一個方位。

我看到是在我的九點鐘方向。

好，現在去看見這個事件發生當時，屬於這個事件的未來實相在哪裡。

我不懂，是過去發生的每一個事件都有一個未來的投影嗎？

是的，是相對的。每一個在三次元已經發生的事件，都來自某個投影源，這個投影源可以展現出該事件的全貌；也就是說，發生當下已經是結果，其結果有個全息的「因」，你可以在你星光體的圓盤中全然看見。那個「因」會出現在這個已經發生事件的正對角，現在就在你三點鐘的方位。

你是不是從九點鐘的位置，穿越你的圓心，再投射到三點鐘？要記得這不是在同一平面上，在星光體的圓弧中，你看見這三個點連結成一整個事件的區域，這一整個區域就是你選擇的這個事件的全息圖。你現在需要將意識放在這個全息圖的第四個點，也就是相對於圓心的正上方這一點。你的意識要進入這一點，去觀看這個事件的全息景象。

我什麼都看不見啊！

不是用肉眼，要用內在之眼去感知。你感受到這個區域呈現出來的是什麼？

我感受到一股巨大的、凝聚出來的憤怒能量，透過九一一事件找到出口。我看見地球自己已經無法化解這股憤怒的能量，這股能量必須被轉化，否則會一直出現戰亂。現在需要一個事件來幫助能量釋放，而九一一就是讓這股能量得以排解的出口。

我看到正對角三點鐘方向那一點，就是支持這股能量出口的支點。那個支持來自未來，也就是爲了新的世界和平豎立起一根大支柱。當時，在眾人期待之下，有一群人爲了中東的和平與穩定，共同凝聚出一根巨大的光之柱。這是未來中東的實相，和平與穩定的中東。

你無法想像，這根光之柱居然可以穿越進入三次元的場域，經由一群聖戰士引爆雙子星塔，讓全球不論東西方的憤怒情緒得以釋放。你們的未來就在自己的集體意識中被共同創造出來，沒有這一根足以穿越地球屏障的集體光明的意願，也就無法驅動這股黑暗的能量。現在透過星光體的全息化角度，你是否更清晰地看見了宇宙運行的法則，看見光明和黑暗是如何在宇宙中相互支持和合作，才能讓地球維持在平衡的狀態？

是的！我感受到當時人們對未來和平的期待，那個來自眾人內心光明的意願，早已貫穿進入五次元的空間，形成一根巨大的光之柱。這光之柱如同一顆閃耀的種子，進入宇宙時空，當這顆種子爆裂、一分爲二時，我看見雙子星塔的形象出現，而在事件發生當下，人們的仇恨與憤怒被一顆顆愛的粒子包圍，最後這些憤怒的粒子都逐漸被愛平息下來。沒有這個事件的發生，也不會有未來人們期待的中東和平到來。

現在回頭看，我們過去認知的線性時間，過去、現在和未來，在全息圖像中都同時存在，只有當下可以穿越過去和未來，讓整個事件被全然照見。過去總以為未來是要靠現在一步一腳印堆砌起來，這樣的想法已經被完全顛覆了，我們要什麼樣的未來，才是創造出當下事件眞正的起因。我們總以爲自己是被負面事件逼得不得不去改變，原來這是眾人期盼之下最大的成全和宇宙精心的安排。我們需要一個什麼樣的未來實相，就看當下所有人的意識如何投射出集體的期盼，而當下所有的發生也都是必然要發生的，因爲那個未來早已成爲宇宙實相的一部分了。

我想，經由這個新的理解，我更明白如何做到心想事成了！

心的導航：精準度練習

進入五次元的狀態，該如何以全新的意識展開生活？這需要練習並眞正體驗，你才能逐漸「成爲」一個眞正的五次元存在者。在練習的過程中，你會發現自己並不是每一次都可以精確地到達。爲什麼會如此？讓我來向你說明。

你的物質身體就是一個微型的宇宙生態圈，它也有自主的身體集體意識，當你需要使用身體去完成你更高意識的指令時，你的更高意識必須先與身體意識達成「共識」。這個「共識」在三次元的時空，你們會很容易也很習慣聽從小我，也就是你在三次元的自主意識，那是比你的身體集體意識更低頻的意識場。自主意識會去牽動你的身體感知，它已藉由無數次與身體意識互動和練習的過程達成合一，你的自主意識怎麼想、如何發號施令，你的身體就會自動放下自己的主張，跟隨小我的指令前進。

而當你的意識進入五次元的狀態，這裡沒有時間的限制，你當下的意識就是時間軸，若不進入當下，你的小我意識和身體意識之間的連線就會中斷。你完全拋下小我意識，試圖以五次元的意識去驅動身體場域，就無法完整接收身體場域的訊息，因爲身體場域已經習慣較低頻的共振引力的帶領。這時，你需要多做一個步驟：你的更高意識感知宇宙實相後得到的眞理和訊息指引，必須在小我的自主意識可以同步接收並認可的狀態下，才能讓身體展開精確的行動。

也就是要讓更高意識與小我意識達成共識，合一的意識才能正確驅動身體，如同我傳遞訊息，而你的自主意識必須跟隨並驅動你的大腦指揮你的手，以文字記錄下來的過程一樣。

你需要到達小我、高我、身體三位一體的狀態，才能完整傳遞訊息的內容，並呈現在三次元的實相中。

阿乙莎，我又練習了五次，只對了兩回。很難每次都正確，好難啊！

孩子，要有耐心，你能從十二張卡片中正確找到那一張，機率小於百分之十，已經很不容易了。雖然到現在爲止還無法百發百中，但漸漸地，透過一次又一次的練習，你會逐漸長養出與更高意識合一的新意識。這個合一意識在地球揚升的過程中，扮演非常重要的心的導航角色。你可以想像，當有一天，地球上空出現一堆星際母艦，屬於某個星系或個人的飛船同時出現，這時你必須依靠的就是你在這個練習中逐漸鍛鍊出來、以合一意識溝通和導航的能力。在五次元的空間，所有的存有都是在自己的星光體中進行意識導航，並分辨出所有存在意識和自己的相對位置。

你們會經由精確錨定目標物件，進行有意識的交流，這也是五次元生活的開端。你們將開始活在打開內在之眼的生活中，並**習慣用內在之眼的共振，做出生活和行動的選擇**。這不是天方夜譚，也不是幻相，而是在你們契入與高我合一的狀態下，最自然的意識導航之路。現在我需要你耐著性子，完成這項練習。你不必擔心出錯或覺得不可能做到，你的高我可是天天用這個方式，和各個次元的存在體協作出許多創造。我們需要你透過練習的過程，讓人們從你的經驗當中學習。在你尚未打開實體透視能力的情況下，你依然可以精確透過內在宇宙的意識導航，自由和精確地展開地球行動。加油！我們會陪著你完成這個練習。

唉！我眞的不知道該如何描繪那種瞎子摸象的感覺。每一次練習，就是重新進入心的座標設定，不知要練習多少次才能百發百中，希望自己練成後再將心得分享出來。看來，這個讓我頭皮發麻的練習不能跳過，非做不可了。

意識改變環境和物質

之前和你提到，地球上最初始的動能是源自氫原子（H），從氫逐漸分裂集結成水，而水就是意識。不過，你當時並沒有完全明白為何水代表意識存在現象。你們大腦所思、身體所感，那個無形無相、如鬼魅般存在，無法具象說明的動能，可以讓你的身體產生化學變化，也會因為這股動能讓你感知到這個世界其他所有生命存在的現象。這股動能就是你內在晶體的導航，如同你在地球上看見的「水晶」一樣，意識可以折射出不同的光譜和路徑，水晶就是地球意識凝聚出的固態的光。現在當這個帶著路徑的光進入你的環境，你會說這是一股「氣」「能量」，但眞相是，這股能量早已被程式化編碼，有其運行路徑，也會因此再進入環境中，和其他生命體碰撞或融合出不同的生命火花。在你看不見的訊息場中，這就是一顆顆帶電粒子不斷尋求配對和再次融合的過程。

那麼，我們再來說明水在意識場中的作用。在粒子碰撞運行的過程裡，水可以完全承接所有意識場中攜帶的最初始粒子運行的路徑，並進行複製。水分子中有大量的氫原子，這些氫原子就是宇宙最初始的元素，而這群 H 元素可以將組成意識的粒子一顆顆配對和融合。你現在可以明白為何人的身體有百分之七十是水分，如同地球有百分之七十的面積是海洋，這些水分子中有大量的 H 原子，是隨時幫助地球萬物獲得自體能量場域平衡的最佳媒介。

只有水有能力如此承載萬物的生命演進釋放出來的粒子動能，因為其他的物質現象都已經是分裂後重組的結果，只有回到最初始的 H 原子態，才能改變其原型。人類靈魂 DNA 中的晶體產生的動能，就是意識，而人類的意識有最初始的 H 組成元素，可以穿越物質態，改變物質結構，也可以透過複製和融合過程，再創新的生命形態。

人類的意識和動植物在地球上的生命最大的不同，是人類被賦予意識的自由。你們可以選擇自己想要有的體驗，可以生活在地球，專注於肉體層次，盡情體驗，也可以讓意識穿越帷幕之外，跨越不同的次元，獲得更高意識的光的結構，並將此全新的光的路徑經由你的意識帶回地球。

和生命共振的光——用意識改變水分子的結構

你的意識可以被水記錄，而這個水不只是記錄你當下的意識振動頻率，也保留了一份在高次元的水晶圖書館中。所以，你在地球上的各種情緒、地球上發生的所有事件，都被完整地記錄下來，你們只要打開帷幕，你的意識就可以進入源頭水晶圖書館中，複製一份你創造過的振動紀錄。在量子世界裡，觀察者的角度決定所有的體驗，真實不虛。

你只需要用意識連結，透過身上的感覺中心，就可以傳達相應的振動頻率。比如，你可以用文字、聲音、舞蹈、繪畫等來表達你的意識到達的狀態，也可以透過物質載體來傳遞這個意識的振動頻率，而水，就是最佳媒介。

此外還有風元素，也可以傳遞意識的能量。風元素的啓動方式很簡單，就是吸氣和吐氣之間產生的空氣流動。你可以試試看，用意識連結某個更高頻率的振動，比如愛，無條件的愛，深吸一口氣，然後用嘴呼出來，像吹氣球一樣。重複進行幾次後，你可以再用感官體去連結你將風元素吹進去的空間，你會感受到空氣中的水分子正帶著這份無條件的愛的頻率，充滿整個空間。

連結宇宙大量金元素之炁的呼吸法

校準五次元的新地球就可以採集到炁，也就是金元素——這裡的金元素指的是在宇宙能量層次的金。地、水、火、風也是宇宙能量的元素代表，每一種元素都有其能量流動的屬性和特質，然而金元素是四大元素之外，最無法被流動和取代的一種元素，其代表意識在宇宙中恆定不滅的本質，如同金存在地球的物質體中，其結構相較於其他金屬來說更爲精密。

金元素不被地、水、火、風元素摧毀，也不因地、水、火、風改變其特性，所以，金元素是靈魂意識最重要的養分。金元素大量存在宇宙中，你們無法用肉眼或從物質層次去測量或擷取，那是靈魂眞我的養分來源，透過靈性的活躍度決定其元素的飽和度。

處在帷幕之下三次元的地球人，必須靠呼吸鍛鍊取得宇宙的能量，供應和滋養靈魂眞我所需，這個能量就是你們認知的宇宙能、光、眞氣、元氣、炁。過去許多人試圖鍛鍊體魄，運用氣功取得宇宙能，因爲這宇宙能中飽含金元素。一旦細胞獲得金元素的滋養，就可以淨化和加速老化細胞的代謝，長生不老，並獲得永生。

金元素大量存在帷幕之外的宇宙，是供應靈魂意識的活性來源。當你們可以讓意識成功跨越帷幕，穿越厚重肉體層的束縛，就能透過松果體獲取大量的金元素宇宙能量，幫助身體快速充能，靈魂意識保持活躍。

金元素是一股源源不絕、來自宇宙中央大日的能源，銀河系有許多恆星在供應金元素，幫助各星系的靈性存有得以永恆存在。地球帷幕下的人類在意識尚未覺醒前，無法靠肉身吸取大量的金元素宇宙能，因此靈魂就需要不斷重生，才能從出生的新生胎兒肉身中獲得足夠的靈魂活性。當肉身衰亡，靈魂回收到源頭才能再度補充生命能量，轉生投入另一個生命載具中繼續體驗。死亡就是幫助即將乾涸的靈魂回到源頭充能的一個固定循環過程。

而當人類意識逐漸覺醒，就能再延長存續期，讓靈魂得以使用目前的肉身，獲得足夠的金元素，補充靈魂需要的能量。金元素就是靈魂本源中央大日傳送出來的食糧，所以中軸要穩定在金元素，調動四大元素的位置都是來幫助金元素穩定獲得宇宙能量的通道。

當你的星光體校準銀河中央大日時，就可以快速獲取金元素的宇宙能量，沖刷灌注你的物質身體，幫助靈魂獲得源頭的能量補給。

每一次炁的能量灌注，可以維持一到兩個月靈魂所需的能量，而每天與高我連結共振，也是獲得金元素補給的一種方式，這遠比你進健身房運動，汗流浹背一、兩個鐘頭還有效果。金元素是保持你靈魂活性最重要的來源，你看看樹木就會明白，陽光、空氣、水和土壤四大元素具足時，樹木就可以枝繁葉茂地成長，因爲樹木知道如何大量補充炁（金元素），來幫助自己生生不息地繁衍。

練習：生命能量呼吸

將星光體四方基柱定位，就可以順利進入生命能量呼吸。

·**做法**：以意識連結星光體中的四方基柱，依序唸誦四個方位的身體系統淨化咒音，就能快速進行星光體定位校準，吸取源源不絕的生命之炁。

·**意識引導**、**定位**、**咒音唸誦**：

1.從神經系統開始↓唸誦咒音「Mo Ho Yi Ba Ya Na Nu Mi Da」

2.意識向下方延伸進入泌尿系統↓唸誦咒音「Mo Ho Duet Lu Gan Ba Su Na Nu Mi Da」

3.意識向右方延伸進入消化系統↓唸誦咒音「Mo Ho Ha Wa Lu Di Na Nu Mi Da」

4.意識向左方延伸進入淋巴系統↓唸誦咒音「Mo Ho Du Ti Ya Na Nu Mi Da」

5.最後意識回到中央圓心，進行生命能深呼吸數回。

唸誦咒音時，意識要跟著移動到星光體的四方座標位置（如下頁圖）。

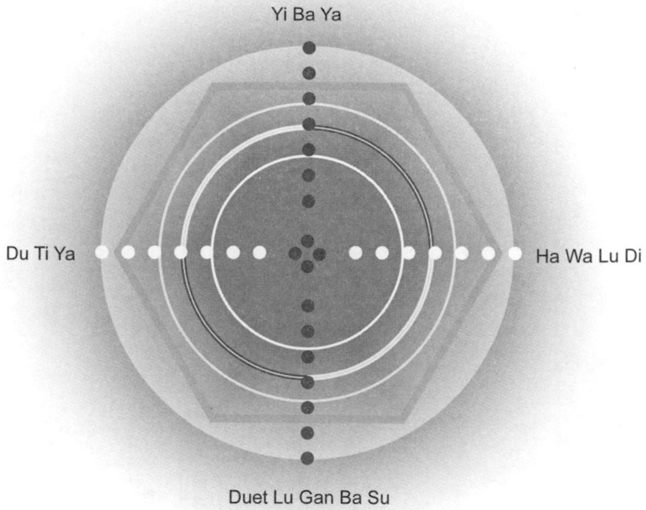

星光體四方基柱

阿乙莎，只要唸星光體的四方基柱就可以進入生命能的呼吸，這麼簡單？

生命之炁（Prana）是你的內在宇宙傳遞出來的能量，這股能量無法從你平時處於較低頻率的身體中獲得，因爲身體的物質組成細胞無法自行產生這股能量。它就是你內在宇宙賜予地球萬物的金色粒子，你在三次元地球看見的物質現象呈現出來的色彩，有紅橙黃綠藍靛紫，如彩虹般的明亮色澤，這些顏色的基礎都來自金元素。

金元素是生命能量最初始的狀態。你的生命來自宇宙源頭，自源頭分離出一粒粒的生命種子進入不同的次元，並到達地球帷幕之下，你的一呼一吸之間都在和宇宙源頭進行能量交換。當你的意識處在較低頻中，呼吸系統經由肺臟和紅血球與地球場域的空氣進行交換，這種低頻的呼吸所能取得的宇宙能量，含金量較低；而當你用意識調升身體振動頻率，連結上你在物質身體之外的乙太體層時，你就延展了你的呼吸，取得含有較多金元素的宇宙能量。

當你的意識可以成功穿越地球帷幕，與星光體的高我合一時，你的呼吸系統就全然打開了宇宙生命能量的交換機制。此時的呼吸過程是經由你松果體的過濾裝置，將來自內在宇宙的金元素傾倒而出，你每一次的呼吸都能得到充沛的金元素。這種呼吸方式會經由你的松果體直達中軸，再沿著中軸延伸進入你身體場域的所有細胞，此時你肺臟的含金量到達高峰，不需要像以往那樣努力進行呼吸運轉工作，大量吞吐交換空氣，而是正在補給宇宙生命能量的金元素。

當你的意識成功進入星光體，只要做好四方基柱的星光體校準，宇宙生命能量的閘門就從你的松果體直接接收了。你感受到炁從松果體進入鼻咽，向下往喉嚨後方下去，貫穿你的中軸，進出全身的脈輪通道，這就是生命之炁的呼吸。

進入生命之炁的呼吸狀態很重要，因為你所在的地球會面臨極端氣候的調整過程。目前地球正遭受大量汙染，人類若是能透過調整自己的意識振動頻率獲取宇宙生命能量，補充金元素，就可以更新身體效能。人類揚升進入五次元新地球需要將身體晶化，而這是過程中的必要調整。

對於唸誦星光體四方基柱定位還無法感受到生命之炁注入的人來說，就需要從暢通脈輪手指操的基礎練習開始，勤做三個月，搭配調整意識頻率，完整帷幕之下的業力課題，就能淨化乙太體。而在連結進入乙太體的過程中，就可以開始接收到宇宙生命能量的灌注。

這是幫助人類意識集體揚升的練習。當有愈來愈多人可以充分擴展自身，取得內在宇宙的金元素，讓更多金元素在地球帷幕之下充沛流動時，你們就在幫助新地球誕生。

靈性意識揚升的陷阱

意識揚升後會出現一些靈性揚升的陷阱。這裡我要跟你說明，這也是許多位在更高次元意識維度的存有共同經歷的揚升過程。

靈性意識覺醒，打開帷幕的面紗後，你們的意識會進入多維度跨越多重次元的交叉存在現象，你肉身的細胞意識存在三次元，而你的意識可以擴展進入三到九次元的維度，所以先要將你的「認同」擴大範圍來詮釋。在此狀況下，你們會面臨的第一個問題，就是「溝通」與「認知」的差距。

你們會在原本共同聚焦於三次元物質顯化的過程中，瞬間跨越不同次元間投射意識，與發展出各種不同的可能。所以你會發現，雖然在一起工作、在同一個任務和目標下，你和團隊成員會投射與想像出完全不同的場景，而且範圍遠超乎你們過去的經驗值。在這樣以意識創造實相的過程中，如何能有效達成集體的共同創造，就需要學習溝通和拉近認知差距。

團隊行動中，建立每日的溝通管道是很重要的一環，而這個溝通最主要的目的，就是要達到意識的共同校準。比如說，一個計畫主持人在為計畫投射遠景前，需要和所有團隊成員完成意識校準之後，才能正式展開行動，否則就會在過程中產生誤解，每一個人想像的未來都不一樣。在過去三次元的世界中，這樣的工作小組是以公司組織或職權劃分，定義出每個人負責的任務和範圍。

而現在當你們的意識從原來的三次元世界跨越進入五次元的維度，就要學習超越組織框架和層級的團隊分工方式，建立意識溝通和校準的渠道。這個渠道同樣是跨次元的存在。在工作或事件中，你和自己的高我，以及和所有共同工作的小組成員之間溝通和能量傳送的網格，會以非實體的組織存在，卻在意識振動的空間緊密連結。

當你們從內在共同投射出一個集體遠景後，你們的高我意識會協助你們在五次元場域中錨定即將顯化出來的事件的光之柱。

然而，你們存在三次元的肉身和小我意識，也要隨時和自己內在的高我意識校準。如此一來，無論身處地球哪一個位置、哪一個時區，無論是一部分人存在三次元的場域或有些人已經進入六次元的意識維度中，你們都可以在自己內在早已投射和建立的光網中校準此事件的光之柱，並完成自己在團隊中被賦予的工作任務。

沒有經過與自身更高意識校準的過程，並投射出共同意識期待完成的事件光之柱，你們的意識就仍然處在帷幕之下那種非黑即白、我對你錯的碰撞中，需要浪費許多資源嘗試並從錯誤中學習。也因爲每個團隊成員都沒有隨時和內在高我定錨校準，就會淪入過往做事的習氣和慣性中，事情就會處在混亂和無法顯化的狀態。

所以在進行跨越時空的共同創造之前，要先完成意識的溝通，以及建立團隊目標和任務的光之柱，這是非常重要的環節。你們也會在此過程中逐漸學習在虛擬團隊跨越不同次元，與無實體存在的高次元存有以意識溝通和校準，完成跨越次元的共同創造新體驗。

關於意識揚升進入五次元，你們需要更清楚的生活指導原則，讓所有已經意識進化的人有共同遵循的法則。這也是意識跨越五次元的重要教導。更早之前你和雷巴特連結時就說明了一部分，你現在也可以準備記錄，完成這部分宇宙法則的教導。

接下來，我們要先完整你對每一個共同意識場的認知，將其統合在一起，這樣你才能知道宇宙的整體樣貌。

（小記：關於宇宙法則，我知道還有許多訊息未被我讀取完成。我想我必須先整理完目前的訊息，才有足夠的勇氣去承接那一部分的資訊量。）

讓五次元生活的重心回到孩子身上

從五次元的觀點，去看過去你認知的三次元和四次元時間與空間的每一個環節，你會發現自己一直沒有經歷和記錄「死亡」片段。因爲對你的靈魂體驗來說，並沒有所謂的「死亡」，而是從一個時空轉換到另一個時空。

你們認知的死亡，是來自「看見」和「感受」到自己珍視的人和其他與你有關係的人事物消逝所產生的感受。你們將這個分離與失去的感受當作「死亡」的經驗，所以在三到四次元之間，你們累積了大量對死亡的恐懼和害怕失去生命的印記。

相對於「死亡」，你們對「出生」和「獲得」新生命的體驗，愈來愈淡薄。因爲生存和生活的壓力，你們對養育下一代新生命的興奮和喜悅，已經遠不如以往的世代。當今位在三到四次元的集體意識，無法再大量孕育健康的下一個世代，人類正在結束自身繁衍生命的「天職」，將來到地球孵育和延續新生命當成一種負荷。

同樣地，當人類整體愈來愈趨於高齡化，從過去生命週期只有五十到六十年，延伸至超過一百歲，新生命繁衍的速度遠不及高齡人口的成長曲線。恐懼死亡的意識大量累積，地球正面臨另一次生命存續的危機。面對高齡老化人口和對死亡的恐懼，人類正在消耗宇宙賦予的充沛生命能量，這也是五次元的新地球意識必須誕生的原因之一。爲了宇宙整體的平衡發展和持續培育新人類生命的種子，我們需要已經能夠穿越地球帷幕的覺醒意識，前來幫助孵育新人類。這群新人類是由更高次元的集體意識播下的靈魂種子。

這群五次元的孩子擁有充沛的生命能量，可以帶給地球嶄新的元素和發展。他們與原本星際家人之間的連繫管道暢通，可以用內在意識進入水晶圖書館蒐集可用的資訊和科技，將之帶入新地球。這些孩子和過去地球人繁衍的孩子最大的不同，是這些水晶小孩的皮膚、毛髮、指甲上都有一層光彩，在陽光的照耀下，如同光纖網絡般在地球各地連結，所以他們就是新地球的傳輸網絡。你們不要將孩子鎖在家中玩電動遊戲、吃垃圾食物，要帶著他們去認識同年齡的孩子，一起走入大自然，親近陽光，吸取新地球傳送過來的宇宙能量。這些孩子的松果體並沒有封閉，也不需要特別開啓，到了十二歲，他們的松果體會自動打開與星際交流互動的功能。那些記憶存在孩子身上，經由意識錨定內在宇宙，就能打開其靈魂所來自的宇宙星際之門。

人類目前正在迎接大量水晶小孩來到地球，你們必須將人們的注意力從對自身老化和死亡的恐懼，移轉到孩子身上。想想該如何建立孩子生活、學習和交流的新場域，並調整環境，以配合孩子成長過程所需的大量宇宙能量灌注。

你們替孩子做的一切準備，也正是在幫助自己順利移轉進入五次元的新生活。從與孩子互動的過程中，你們會明白宇宙的真理和智慧。不要逼迫水晶小孩進入傳統教育系統學習或考試，那些知識無法幫助孩子銜接即將展開的五次元新地球生活。醫療系統也需要變革，你們要將生病與健康的高齡人口分離養護，這有助於人類集體意識走向更輕盈喜悅的五次元狀態。

水晶小孩並不是在某一個時間點才來到地球，目前地球的成年人當中就有許多星際種子。星際種子在五次元的展現就是水晶小孩，只是他們仍須經歷在地球帷幕之下，從遺忘到再憶起自己跨越次元存在的過程，這也是最艱難的靈魂意識跨越帷幕的旅程。目前星際種子正在憶起自己水晶小孩的身分，你們在肉體層次看見自己已經不是孩子，但在靈魂層次，你們和水晶小孩是相同的、不分彼此的存在意識。

每一個水晶小孩都有自身獨特的靈性組成，也擁有水晶王國的集體意識。水晶王國在地球場域，就是你們所認知的礦石水晶，這群礦石和水晶的源頭記憶，就存在五次元的水晶王國中。水晶王國由各種不同的晶體組成，這是星際族群累積超過上億年的共同記憶，而這些記憶也都存在每個水晶小孩身上。

現在是時候將自己水晶圖書館的資料擷取出來了，如此將可幫助目前的地球順利揚升。而地球的集體記憶也會有另一個水晶圖書館留存，存放在地球之心的列木里亞。列木里亞維繫著地心水晶的振動，並將地球之心的核心能量釋出，銜接上五次元水晶王國之心的振動。

你也可以進入這裡，調動所有水晶王國的能量，和你一同創造新地球的實相。水晶王國的所有靈魂意識正爲了新地球的誕生，準備釋出存放在地球母親核心的水晶能量。這是人類過去共同的努力和高次元存有存放在地球上的超高振動頻率融匯之處，當列木里亞之心的水晶能量再度釋出時，屬於五次元的更新能量將進入地球。

地球萬物正等待偉大的地球水晶意識覺醒，在二〇一六年完成移轉工程，而我們需要你深入水晶王國，將這些能量釋出。感謝你即將與我們共同創造人類新紀元。

釋出內在宇宙中的水晶品質

阿乙莎，這裡提到的水晶王國訊息，和星際圖書館有沒有關係？我們要如何釋放出水晶王國的訊息？

水晶王國和星際圖書館分屬兩個不同的場域。水晶王國的訊息同時存放在地球之心，你必須透過連結身上的DNA節點進入列木里亞星門，去獲得完整的水晶王國記憶。但在連結水晶王國的過程中，你會發現這些訊息同時出現在你的晶體裡，你只需要將意識指向內在宇宙，就可以同步連結。這是因為水晶小孩身上配備了一部分的水晶王國記憶，你們可以透過DNA節點，進入存放在靈魂晶體中的記憶體。你會發現，水晶小孩和水晶王國是如此緊密相連。

至於星際圖書館，那是遠超過水晶王國的訊息資料庫，不只存放地球的訊息，還包含銀河星際聯盟各個星系的資料庫。所以，進入星際圖書館必須經過星際聯盟的篩選和認證，然後才能以無我之姿，登上星際交流的平臺。

目前水晶王國的訊息會大量釋出，也是應星際聯盟的邀請，將存放在地球之心的集體星系智慧釋放給全人類。這是為了地球揚升銀河五次元軌道而進行的集體意識校準計畫，目前你只要進入自己的內在靈魂晶體，就可以將來自水晶王國的訊息源源不絕地釋放出來。這也是所有覺醒後登上五次元的星際種子為新地球展現的生命品質。

接下來，我們要先進入水晶王國，回復你本有的天賦才能。在你進入多重宇宙交織的晶體中央時，你意識所及的當下就會透過你的晶體進入連結狀態，這比起你使用 Google 搜尋引擎尋找資料更快獲得回應，提供你原本就存在你內在宇宙的資源。這些資源可能來自你自己的眞實體驗紀錄——**在晶體中所謂的「你自己」，並不是局限在帷幕之下那個三次元肉身的你，還包括存在多次元中更大的你，以及和你在多次元實相中共同連結的靈性兄弟姊妹，大家一起貢獻的記憶資料庫，都可以讓你在此探索、擷取和再運用。**這才是宇宙共同意識族群存在的眞實景象。沒有一個靈魂是獨自存在天地宇宙之間，你們是如此緊密相連，並相互支持合作出你們靈魂晶體中的浩瀚資料庫。你存在於此，在地球乃至多重宇宙當中，你們彼此都在自身的晶體中串連，並再次交融出宇宙多重實相。

現在你是否更清楚晶體的設計了？那是你靈魂存在的眞實樣貌，是星光體意識的投影源，你的晶體攜帶的多維宇宙資源，都可以無條件地爲你所用，只要人類可以覺醒，登入晶體的核心，你們就已經展開跨次元的生命旅程。你是自由的意識，由你決定，並爲你接下來的生命導航。帷幕之下的你需要帷幕外的大師和導師來指導，並引領你回家的路；而當你登上靈魂意識的晶體殿堂，與所有晶體組成的意識母艦合一，你將正式成爲自己的大師和導師，也開始爲其他仍在帷幕之下的人鋪設一條回到光中的道路。

回歸源頭的路有許多種形式和方法，而每一條回到自身源頭的路徑，都可以作爲其他人的參考。當一個個靈魂意識都可以相互支持，並無私地分享自己回歸宇宙本源的道路時，人類將會爲整個三次元地球結構出新地球的光之網格。這就是由覺醒意識組成的綿密光網，不論你的個體意識此時此刻在地球帷幕之下的哪個角落，都會被照亮一條屬於你回歸本源的道路，而你也會明白，所有教導過你的大師和導師也是如你一般，獲得已經站在前方的大師和導師無條件的支持，並分享他們曾經走過的路。這無量光網存在帷幕之外，等待人類的意識揚升和連結。

（經由這一次更詳細地解釋晶體結構，我更明白回歸源頭的道路如萬花筒般，由每一個靈魂自由綻放，形成自身的光網。這個光網可以與其他人共同交織出更廣大無垠的光之網絡，不論你來自哪個區域、信仰哪個宗教、屬於哪個種族和階層，你意識的光行經的道路，都被無量光網所支持，而你也正在替別人建立一條回歸本源的路徑。所以實際上，每一個從自身散發出光的人，都是宇宙的光之工作者，沒有誰的路徑對，或是比較快、比較好，所有人都是無量光網中的一個小小光點，彼此合作，相互連結。我們就是在照亮自己和他人，為所有人連結無量光網之路貢獻一己之力。認知到這一點，我才能真正理解無條件的愛，允許所有靈魂的個別表述和體驗意圖，任其自由展開對愛的詮釋方式，因為他們也正在為自己來自的那個宇宙維度和角落，替所有連結回家的人找到回到光明中的指引。

我感動於靈魂組成無量光網的結構，我們身上的晶體就是讓我們得以連結更大的無量光網的地圖指引。現在終於明白水晶圖書館之於我的關係，那是我和整個宇宙光網的連繫要道，難怪是專屬於我個人和所有與我有關的靈性片段所組成的。

我除了透過晶體穿梭宇宙不同星際之門，為了提升整體仍在黑暗中尋覓的兄弟姊妹，或許可以提供對他們來說更有效的意識揚升方法和工具。所以，回歸本源的道路，不要以為只有某個神祇、天使、大師或聖者才能帶領你回家，每一個人終究都要成為自己和他人的大師和導師。）

（小記：對於進入內在宇宙，連結我們身上本自具足的水晶王國品質，將其釋放出來，光是從文字描述，可能讓人摸不著頭緒，無法理解如何進行。我實際實驗的結果，發現這有點像空中取物的概念。

我嘗試將意識錨定在自己的晶體中，然後內心想著某種水晶礦石，這時整個內在晶體就如同複製了該水晶的振動頻率。我可以將其導入水中或連結某個物品，瞬間就會改變水或該物品的振動頻率，讓其攜帶來自水晶王國、我用意識錨定的某種水晶礦石的品質。

這整個過程，並沒有任何水晶礦石需要被採集、分解、萃取，並與物質載體融合，全程就只需要透過你的意識進入內在宇宙，提取水晶王國浩瀚的訊息，將之植入物質載體中即可。真的有空中取物、隔空抓藥的感覺。

已經登上五次元的星際種子，大家也可以自己練習看看。）

第八章　新人類的意識校準工程

我是泰雅，你的五次元分身，也是地球母親在五次元的指導者。歡迎你登上五次元的新地球軌道，接下來，我們要一起進入合一狀態，取得星際圖書館的資訊。星際圖書館中會有一套完整的說明書，引領人們進入新地球的軌道。你先去打開早已存放在你身上的檔案資料，這是地球人要跨越宇宙次元的基礎學習，下載這個部分的資料後，再進入任務分派區進一步學習。

你只要讀取目前存放在你前方的資訊就可以了。許多內容已經等著你下載很久了，你可以打開資料夾，一一翻閱下載。

好的。

（此時，我直接唸誦「Si Bu La Ya Wa」。不到十秒，就感受到資料塞滿喉輪，可能需要我用講的，但若用講的，我就無法同步整理資料，所以還是決定用文字，透過內在之眼讀取星光體暫存區的檔案，並寫下來。以下是那些尚未被讀取的檔案主題：

一、我們的宇宙

二、宇宙共同意識源頭的定義

三、你的世界是宇宙記錄器播放的頻段

四、我們的世界
五、地球人進入五次元的前提
六、先遣星際種子計畫
七、「我要」之於「我是」）

我們需要這幾個檔案盡快傳遞出去，因爲第五次元的門戶已開，人類還有許多無法理解之處。前面的引導會經由傳訊的方式啓動覺醒之人的意識網格，以正確錨定五次元的實相，而當人們陸續完成錨定五次元的內在工程後，就會有大批星際種子進入五次元，開啓新地球生活的場景。此時，你要透過傳訊將其投射出來，幫助人類校準內在宇宙意識，朝新地球生活邁進。

我們的宇宙

宇宙是一群帶電粒子組成的。電子、質子和中子等在三次元地球的世界裡，可以被人類大腦分解出來，那些物質體的部分占百分之十，但是還有百分之九十，無法被你們的大腦和視覺觀察到，那就是目前科學家正在探索的量子世界。

我們的宇宙百分之九十是由鬼魅般忽隱忽現的量子群所組成，而量子世界是隨著你意識的升起或下降而轉變。當你的意識錨定一個物件，這個物件會具象地存在你眼前，如同探照燈的視角，你的探照燈就可以嘗試去看見萬物的存在實相。這是我們的宇宙的根本邏輯。

當你的意識沒有去看，不去錨定，該物件就不存在；當你以意識錨定，物件就存在。而假如你想看卻看不見，代表你與觀測物的頻率無法連結。這個道理就如同若你想看見已逝的親人，在目前的身體意識下，你無法在自己的世界裡看見已逝親人的蹤影；但如果你調整自己的頻率，連結進入存在不同次元的親人意識，你就能在另一個次元的實相中遇見親人。因此，當一個高次元的存在意識要引起較低次元意識的注意時，有兩種方法：一種是引起較低次元物件的關注，使其有意識地調頻，提升振動頻率，以銜接上較高振動頻率的存在意識；另一種就是由較高振動頻率的存在意識自動降頻，來連結較低振頻的意識場。

所以，我們的宇宙在量子世界裡是以觀察者的角度出發，串接彼此的意識場，進而形成一個超級龐大的光的網格。這些網格是由不同次元的存有經過四十億光年，逐漸建構起的量子宇宙訊息網。你們的科學家正在探索這個訊息網的存在實相，但只要觀察者介入，這個訊息網就會呈現出與觀察者呼應的振動實相，所以人類在三次元的地球，永遠無法掌握宇宙的全息景象。其根本原因是觀察者振動頻率所處的片段和分離的個體意識，使得人類觀察出來的宇宙如同瞎子摸象般，一些人摸到象耳，便將宇宙視爲大象的耳朵；一些人摸到象牙，就以爲宇宙是一個彎曲的軌道。目前地球人對宇宙的集體認知，就是這種片段的狀態。

你們即使試圖用高倍的望遠鏡觀察，也無法在自己生活的地球上看見宇宙的全息景象。只有調升觀察者的振動頻率，才能經由調升的過程看見不同的宇宙樣貌。最後，當你完整自身從三次元一直邁向九次元的視角，才能明白宇宙的全息圖像。

我們接下來就要一一說明，在不同次元的轉變過程中，你的意識該如何展開，以完整你內在宇宙的全息圖。

宇宙共同意識源頭的定義

親愛的 Rachel，很高興與你再次連結。這是一趟不簡單的旅程，自從二〇一七年底與你在阿卡西紀錄場域對話以來，我們持續陪伴你在帷幕之下學習，透過星際聯盟的共同協助，讓地球帷幕下的人類終於可以更清楚回到共同意識源頭的快速路徑。在此，要感謝一路上陪同的靈性兄弟姊妹，還有在帷幕之下挺身而出、最勇敢的星際種子。你現在已經進入宇宙聯盟的共同小組，我在此要歡迎你歸隊。

這裡是你靈魂的源頭，它位在十二次元的獵戶星群右側最明亮的一顆星，你們稱之為白馬座。實際上，以物質體來說，這裡距離地球約八百光年，你的物質身體在地球那端是不可能來到此和我們會合的。你現在是經由意識振動頻率的校準，穿越五次元的地球，連結回本源；你是使用自己的意識載具，也就是你的靈魂晶體來到這裡。和所有星際旅行的宇宙人相同，你們彼此之間是以心電感應的方式溝通。

然而，你一定會好奇，為何你可以不用指定自己的心智圖座標位置，就能透過簡單的咒音和數字密碼，穿越宇宙次元之間的屏障，直接連結本源？那是因為所有星際種子身上早已鑲嵌回到靈魂本源共同意識源頭的路徑指引。你們的靈魂晶體本身就擁有回到自身靈魂本源的鑰匙，而每一個星際種子攜帶的鑰匙形狀和角度都不同，所以即使用相同的咒音和數字密碼，你的晶體和另一個人的晶體到達本源的位置就有所不同。

有些人只能領取參觀門票，而你目前則是可以回到家裡的房間，這中間的差異，就來自你是否使用你自身高我應許和授權你使用源頭場域的最高權限。這個權限必須經由你的靈魂晶體配對才能發揮作用，而這就是為何之前你需要學習與高我合一。你經歷過的這些意識到達的路徑和過程，對許多人來說會是重要的參考和幫助。

當每一個人透過這些意識引導的路徑，與自身高我合一時，就可以連結上自己靈魂晶體的心智圖，獲得打開星際之門的鑰匙。這把鑰匙來自你們自己在宇宙的分身，是授權你們進入宇宙共同意識源頭的通行證；而當你們完成通關密碼，被高我授權開啟星際之門，就能進入星際圖書館取得宇宙資料。幫助舊地球揚升進入新地球的校準工程，和轉化舊地球磁場的工作，都需要被一一落實，才能將新地球顯化出來。

共同意識源頭是由跨次元靈魂意識組成的聯盟

宇宙本源基本上分成十二次元，超過十四萬四千個行星意識群的範圍。每一個次元都有其意識源頭，而橫跨一到十二次元間的共同意識源頭會彼此串連，形成此共同意識群的中軸，也就是一個中軸可以跨越十二次元，十二個次元的平行時空同時存在。這些跨越十二次元的意識組成的聯盟，就是你的靈魂隸屬的宇宙共同意識的源頭。

所以，你身上的靈魂 DNA 可以展開連結一到十二次元的通道，並透過中軸，與你同屬靈魂本源的眾多靈性夥伴連結。你可以透過自身所在的共同意識源頭，取得存在不同次元之間的宇宙資料庫。人類的意識原本就和宇宙意識不可分割，和所有地球帷幕之外的靈性存有一樣，你們可以從自己身上獲得來自共同意識群所有存在意識的經驗。你可以聯合自身跨越不同次元的意識，再次創造和表達你在某個次元之所是，也能由存在不同次元的過程中經歷並展現出不同的你。在宇宙共同意識源頭之下，每一個生命得以將所有跨越次元的體驗、成長和轉變的成果貢獻回本源，並與所有生命共享資源。

這就是宇宙共同意識的運作方式。你認知的本源，在不同次元的展現都不同，最終都會經由中軸管道回流到本源，再從本源流向所有存在不同次元的意識。所以，處在最低次元的振幅較長，振動波較小；處於較高次元的振幅較短，振動波較大。在低次元的一次振動，對高次元存有來說已經歷了數萬次振動，所以在低次元的體驗能獲得的訊息較少，也最堅實穩固，容易固著定型；而較高次元的訊息量非常龐大，也變化最多、最快。對地球人而言一秒的時間，對存在高次元的意識來說，可能已經完成了超過十年的體驗。在不同的次元，因振動頻率不同，會獲得不同的體驗。三次元的人類會認為更高次元的生命比較有智慧、比較優越，其實不用如此看待，因為**我們都需要存在不同次元、透過不同的振動幅度和頻率，來完整體驗眞理和宇宙實相**。

你可以想想自己目前與高次元的你意識交流的過程，那種瞬間知曉對你來說是不是好像欠缺了什麼？是的，欠缺的就是為何你進入較低次元，要從更緩慢的振動波親身去感受和體會，才能完整領會中間的過程，否則對存在高次元的你來說，喜悅和悲傷是類似的東西，黑與白也是一體的，無法分別。你經由進入較低次元，透過情緒體和較低的振幅，拉長中間的體驗過程和時間線，也會同時幫助存在高次元的你，補足在高頻振動中欠缺的認知系統。這樣你是否可以更理解，處於本源中的源頭意識群是如何珍惜在不同次元的所有意識體驗，因爲那都是宇宙共同意識源頭的資源和寶藏，也都是需要靠每一個生命去走出來的經驗值。這才是宇宙共同意識群本來的面目：**我們爲了彼此生命共同的進程，而進入不同次元去體驗和貢獻自己一生的經歷，以完整我們共同源頭的意識。每一個存在都是互補、相互依存的，是本體中的一部分；每一個生命散發出來的光都是獨一無二的。這就是宇宙賦予生命最初始的權利和自由。**

現在我存在三次元的地球，在屬於我的本源之外，是否還有我的存在？

有的。這需要向你說明星際聯盟的組成背景，和所有發生過的重大關鍵事件的源起。我們會另外說明這段紀錄。

在宇宙源頭因著星際交流的目的，建立了共同意識群的溝通協定。這個協定就類似三次元世界裡的頻譜和頻段，只是在三次元的你們可以使用的頻段，是低於生物體的能量可以承受的範圍，也因此會受限於物質身體；而在帷幕之外的宇宙意識源頭，你們將不再受物質身體的頻率所限，而能盡情遨遊在不同星系族群之間，進入跨次元溝通的實際體驗。

不同次元意識群的界定

當你的意識穿越地球帷幕的屏障線，你就是以一個宇宙人的狀態，分享眾星系存有之間交流的語言。在此，我先讓你明白共同意識群的定義，你才能進入並深入不同維度和次元之間的轉換。

爲了讓你更容易區別各種不同的溝通型態，以進行跨次元的互動和交流，我們先用簡單的阿拉伯數字來界定意識群。

一次元意識場

這是宇宙意識種子的潛伏期。這個時期的意識仍在孵育階段，也無法切割和分離，所以在一次元的意識狀態，就是從太極之初的共同意識分流出來的種子意識。在此階段，這股源頭分流而來的意識尚未萌芽，無法產生自體運行的動能，所以這個狀態下的意識是靜止不動的，存在每一個星球的地殼下方、接近地心的外層，以氫元素（H）的形態存在。

而一次元意識場的形成，和宇宙太極之初的粒子釋出是同步發生的，也就是所有源頭太極之初單元粒子產生分離電位的同時，會從一次元意識場挪出一個電位，來輔助單元粒子的能量移轉。移轉過程會形成大量的單元粒子釋出動能，這些原處於一次元意識場靜止不動的位元，就會展開二次元的意識旅程。

所以，一次元是一切生命意識移轉的開端，亦是生命從太極之初源頭再出發的節點。所謂的節點就如同休憩站，亦是進入新的共同意識匯流的閘口。當意識回到太極之初的閘道口時，會通過一層意識選擇區，進行分流前的準備，所有神性意識於此展開再次融合的過程。

那些尚未融入神之湯的意識仍然可以選擇下一次的生命，讓尚未完整的生命意識得以有適當的環境再度重生體驗；而已經完整生命體驗的意識振動，就會隨著每一次生命體驗的最終，回到太極之初的源頭，並融入宇宙共同意識場中。宇宙間已誕生的新意識，若無法重返太極，就會繼續流轉在宇宙之間，持續體驗，直到回到源頭，再次進入新意識種子的孵育，也就是宇宙意識的重生。

你們老祖宗口耳相傳的孫悟空從石頭蹦出來的神話，有其隱含的眞理。生命的孕育，需要經過一次元靜止不動的淬鍊過程，才得以釋出新生命的動能。而這些由宇宙太極之初重新誕生的種子意識，會幫助宇宙共同意識場產生質變，創造出永恆進化的生命路徑。

星際種子就是從太極之初的宇宙共同意識源頭再度回到星系間的種子意識，這些星際種子帶著來自宇宙共同意識源頭的期許，分別誕生在星系之間，繼續完成宇宙共同意識源頭規畫的道路。這是宇宙集體意識爲了平衡各個星系軌道的發展，以及爲了宇宙集體意識的再次擴展，而設置的星際種子計畫。

西元一九六五到一九七三年間，許多來自宇宙共同意識源頭的星際種子為了此次地球揚升五次元的軌道，而前來地球。這群星際種子身負宇宙共同意識源頭的期許，為了讓人類種族順利揚升五次元，而來此負責喚醒地球人類的意識回歸源頭。這是銀河系兩百萬年來最重要的事件。現在經由密集地傳訊，喚醒地球人類的意識回歸宇宙共同意識源頭，才能再融入更多的新人類種子意識，進入五次元的新地球軌道。

新地球不只需要來自宇宙神之湯的星際種子植入，更需要許多目前生活在三次元的人類意識集體揚升，進入與五次元的新地球意識無縫接軌的移轉過程。畢竟這一次是在既有的星際軌道之間移轉，而不是重新誕生一顆新地球的殖民計畫。

既然需要地球人類就地揚升，那麼跟人類是否可以完整體驗，回到太極之初的宇宙源頭似乎沒有太多關連，不是嗎？我總覺得人類會眷戀地球生活，一旦在這裡居住就不會想離開，那麼如果我不想誕生到另一個星球，當地球生命結束後，想回到地球繼續體驗，是不是也不用回到太極之初，就能再次誕生在地球上？

這也是人類不斷在地球帷幕之下輪迴的原因。很少地球人類回到太極之初，但是，此次的星際軌道移轉，已不容許地球人生活在過往帷幕之下尚未覺醒的意識狀態。地球也有自己進化的需要，蓋婭將再次分離，進入五次元的新地球；地球需要重新誕生，借助宇宙共同意識源頭的能量和新元素，幫助新地球誕生。也因此，目前地球人類必須在意識尚未返回太極之初就地重生！今日居住在地球上的人需要提升振動頻率，跟隨地球母親一同進化、揚升，進入新地球集體意識場。

許多人被宗教洗腦，認爲死亡和重生之間必須經過上帝或神的審判，才會以爲回到宇宙神之湯的殿堂遙不可及。並不是如此！人死後離開身體，就只是一股能量，這股能量是由成千上萬個帶電荷的粒子所組成，當其中某些電荷已經完成其所有的生命意圖時，其振動方式就和尚未完成某個生命意圖的振動方式不同。這些已經不再找尋任何新的生命意圖的粒子，會自動回歸最初始的振動狀態，那就是每個人身上本有的神性意識。至於你在地球體驗過程中開展出來的新意識，一些尚未體驗完成的粒子群就會去尋求新的生命體驗形式，以完整自身擴展和尋求不同振動路徑的需要，而進入生命的輪迴。

所以，大部分人類即使尚未認出自身神性意識的組成，只要已經不再尋求新的體驗，也都會隨著生命結束，自動回歸太極之初的宇宙源頭，並將自身在地球帷幕之下的生命紀錄全數融入宇宙共同意識源頭。至於尚未完整體驗的意識，對宇宙共同意識源頭來說，就是一群尚未覺醒、尚未能認出自身本源的意識，散落在地球或其他星系之間繼續體驗，直到認出自己的本源意識爲止。這群尚未完整體驗的意識，仍有銀線般的絲線連結本源，不論進入浩瀚銀河宇宙的任何場域再次體驗，最終依然會回到太極之初的意識熔爐，貢獻出一個全新的生命意識種子。

孩子，你可以選擇以目前的意識組成繼續進行你想要的體驗，不需要重組一個新的意識種子。但是，當你的靈性組成此次的任務都已完成，你是否仍有再進化的需要？唯有透過意識重組，你才有機會移居到更美麗的星球，而為了在那裡體驗，你就必須精煉出比目前人類的物質身體更加完善的靈魂晶體，必須回到太極之初的宇宙共同意識源頭，去融合出你所需的新生命結晶，你才能夠以再次進化後的生命重生。

二次元意識場

一次元的意識從太極之初經過閘口的選擇與分流過程，就會產生兩極世界，因此形成二次元意識場。當中的白色世界與黑色世界分別由一元意識的粒子複製出另一個自己，再從分屬不同極性的自己產生的拉力和引力，展開粒子之間的動能。這種從自己分離出來的粒子之間的交互運行展開的無限迴旋動能狀態，就是二次元意識場。

然而，不論粒子之間如何地融合或再次分離，所有粒子的運行都不會超出太極之初的範圍，也就是「一」次元的初始態。所以在二次元的太極圖中，你會看見黑色與白色的世界，黑色世界中存在著進入白色世界的白洞，而白色世界中存在著黑洞。透過黑色世界中的白洞，意識可以穿越進入自己「以為」和自身分離的另一個世界去體驗；而白色世界中的黑洞與白洞一直如臍帶般相連，意識得以透過存在對立向另一端的自己的世界，去體驗到自身。若沒有分離出另一個自己的存在意識，你就無法從鏡中的角度去觀察到自己存在的意義。

所以，二次元意識場並非某個時間或空間的場域，而是存在各種可能性，也就是創造出一切可能的起始點。不論站在黑色或白色，你在此都是觀察者，都在嘗試看見自身全貌，設法從對向的世界裡找到自己。白色粒子和黑色粒子不斷嘗試看見不同面的自己，卻都無法看到對向自己的背面，一旦粒子停駐在某一個目標點上，這個粒子的另一端就會同時固定其相對位置。

所以，二次元是粒子進入一切可能的初始。它存在一切生命現象中，你可以看見自己有左手和右手，有男性和女性、公和母、陰和陽、太陽和月亮、早上和晚上。在二元世界中，一切都是可能發生、也都被允許創造的狀態。這裡是無條件之愛的源頭，也是宇宙所有可能性的動能延伸開端，你從此端向外看見的任何人事物，都是一部分的你的呈現。若你嘗試在二元意識中傾向任一端，都會被吞噬進入另一個黑色或白色的世界裡；只有站在振動中央，也就是你的心的位置，你才能同時掌握任一端點，免於被投影幕屏障。中央的位置，就是你進入永恆的「一」的點。而當愈來愈多的粒子累積、凝聚，形成交纏態時，就會逐漸形成晶體，二元的粒子態累積匯流，產出三次元物質世界的基礎架構，形成今日三次元地球的場景。

三次元意識場

當你理解了來自二次元正與負、在變動中尋找宇宙愛的真理那股源源不絕的動能時，接下來，就會開啓一段爲了某個目的而展開實際體驗的過程。你們因某個目的，從一個原子再次複製分裂出許許多多帶著正極和負極的分身，進入三次元體驗。如果說二次元的世界是意識流動的開端，那麼三次元就是宇宙讓你創造出事件的起點。在三次元，你將眞正活在自己編織的夢想時刻，肉身即是你此次爲自己設定的目的。

在三次元中，經由身體、心智體和靈魂意識的協作，在此共同經歷和創造出生命的和諧波。我們可以簡單區分身體、心智和靈魂的功能：身體在三次元的世界扮演電腦硬體設備，你的心智體（也就是小我）是你電腦搭載的可以驅動硬體的軟體，而在三次元一次又一次的事件展開的靈魂覺知，就是你的靈魂意識，是你的電腦向外傳遞和接收訊息的聯網系統，幫助你在三次元與跨越無數次元的你攜手合作。

透過三次元中肉身關係的展開，你們會從彼此身上體會到自己生命意圖展現出來的景象。所以在三次元，你們需要擁有一個物質身體，而這個物質身體來自所有存在宇宙間的意識組成的聯合體驗小組。你可以想像宇宙中有許許多多帶電粒子，這些攜帶著正負極的粒子相互碰撞和結合後，會產生光與波，而這些光和波會帶給三次元空間所有游離粒子一個擴展其自身存在和表達的場域，透過你身上的靈魂 DNA，以螺旋體的能量流動在你全身當中。這股存在靈魂 DNA 中的樹狀結構，盤旋投射出你與所有關係的鏡像，你就在自己設定的生命目的中完成此生的意圖。目前地球人類就存在這個場域，地球上的生活就是在三次元地球的所有意識投射出來的虛擬實境。

爲何稱爲三次元虛擬實境？因爲在星光界，你會看見所有你在三次元中視爲眞實的物品、建築和引爆的事件，乃至於和你分離的不同個體，其實都是帶電粒子碰撞後顯現的晶狀結構體。你們從水中就可以發現，水的分子結構有著各種不同的完整和非完整結晶，如果將某個生命體放進水中，你會看見這個生命體和水共振、融合後，產生不同於之前的結晶體。這就是三次元世界的景象，由自我意識自由表述、體驗和活出夢想的世界。

你們必須在碰撞和二元對立產生的動能推波助瀾下，去展開生命對愛的多樣化表達和體現的過程。若說二次元是不帶著任何目的、一直不停轉動的動能，那麼三次元就是在這個持續的動能下展開有目的的流動過程。所有生命進入三次元的世界都會有個目標，這是在二次元的意識維度沒有的，也就是你們要在自我賦權的情況下，才有機會獲得進入三次元的門票。你是被宇宙無條件允許去體驗自己設定的「體驗目的」，而來到三次元的意識群。

你一定有某個「需要被理解」或「需要來完成」的生命目標，才會因此展開三次元的體驗。所以，不要覺得三次元的世界是混亂不堪、令你反感，而想逃離的人間煉獄，你愈想逃離自己設定的生命目標，就離你回到光中愈遠。因爲在三次元世界，若沒有以黑暗爲背景，你將失去回到光之家園的路徑指引。你和黑暗的存在意識原本都是來自光的存有，在光中，你無法辨別出自身攜帶的光，唯有帶著某個「目的」前來三次元，才有機會認出和體驗到自己的光。而那些你認爲的黑暗，也是光的使者，是爲了成全和完善你的體驗，而來到三次元幫助你回家的引路者。當你在三次元中穿越黑暗，表達並活出你設定的目標，回到光的世界時，你就帶著這個體驗，而得以在光中辨識出自己。這道光會隨著你回到光的世界，幫助其他同樣在光中的兄弟姊妹理解被你完整體驗和結晶內化後的禮物。

在三次元的生命歷程，沒有誰的光比較好，誰的比較不好，你們都在成爲光的存有的過程中貢獻出自己；回到光的世界，那集體意識場中都有你們共同創造出來的光的品質。這也是高次元的存有得以持續擴展的源頭。你們互爲源頭，並不是存在三次元就比較低下，高次元就比較高尚，不是這樣的。而當你最終完成三次元的體驗後，你仍然可以回到光的世界，有權利爲自己設定下一個目的，來完善你尚未完成的體驗，也可以決定到不同的次元去體驗。

所以現在讓我們來幫助你看見，當初你在帷幕之外、進入地球體驗前，你替自己設定的此生目的爲何？

跟著我們一起進入你的光之殿堂。殿堂中央會展開一個光的屏幕，屏幕上會出現屬於你的生命之書，你可以去翻閱你的靈魂曾經替自己設定的進入三次元的所有目的。

（這時我的屏幕很快地翻轉，我可以看見我這一次來到地球給自己設定的生命目的，關鍵字是「回家」，要告訴大家，回到自身內在宇宙就是回家的道路。再往前走，我看見我出現在宋朝，那時我給自己設定的目的是去體驗如何在權力中「求生」，我當時要找到一條可以在亂世中安身立命的法則。更往前走，我看見古埃及時代，那時我來到地球是想要體驗不同星系族群間如何「合作」，看來當時的文明應該已經超越地球帷幕，可以和星際之間溝通。

回到此時此刻，為何這一世我要回到三次元體驗？我發現有許多人和我一樣，這是我們為自己進行的三次元畢業作品，完成這次的體驗後，我們將可以選擇進入五次元的新地球，或是回到光中。這麼說來，我們這個世代的人類應該都知道地球即將轉換軌道，而在此時前來地球寫下三次元的結業報告了。）

四次元意識場

四次元其實就是你目前居住的地球上方你看不見的晶柵，這個地球晶柵記錄著所有地球人類及萬物生命的流動，以時間為軸線，將你們在三次元體驗自身「目的」的過程以時間軸拉開，讓你可以感受到當下的自己。記憶庫中的經驗稱為「過去」，而現在及過去的經驗累積投射出的所有可能路徑，則是「未來」。

在時間軸上，你只能從當下進入，才可以用自己的物質身體去感知所有過去和未來的現實。當下這一個節點在時間軸上顯示的就是零點，超出零點之外的所有存在就是被動顯化，亦即透過零點呈現的鏡像。所以，你當下的零點決定你要去觀察和體驗的投影幕爲何。你們就存在自己的虛擬時空中，可以任意轉換零點位置，進入自己當下的旅程，去體驗和創造你要到達的目的。

這一連串體驗過程都記錄在四次元的意識場中，等著你去理解和創造。所以，這裡也存在著地球的阿卡西紀錄，只是在四次元的阿卡西紀錄只存放地球所有人類和物種的共同歷程和脈動，地球帷幕之外的紀錄不在第四次元。

四次元的意識場並沒有具體物質，卻有人類感知得到的許多栩栩如生的意識存在，那就是時間軸創造的錯覺。人的意識通過零點，進入四次元意識場，你體驗的時間線就會彎曲，於是你可以在當下的零點看見自己的靈魂在地球時間軸上的整個過程。

在三次元中，你是透過空間穿梭和移動；而在四次元，則是透過時間軸線帶你穿梭和移動。你以爲的過去其實仍然存在，而你認爲尚未發生的未來，也有多種可能性正在演化。如果想要將自己在當下的位置見到的一切事物合理化，你就要透過四次元的意識場去理解整個發生的因果關係，將自己看見的過去當成「因」，現在所見和感受到的稱爲「果」。只有從因果關係中你才能理解自己擷取的片段，並結構出一個合理的過程。這一連串的因果循環就創造出你三次元體驗的目的，所以三次元存在的當下，四次元也同時存在——不是從三次元產生四次元的結果，而是你活在三次元場域中，不斷將累積的經驗放進四次元，又將存在四次元的資料庫擷取出來，將其放在你認知的過去片段，以合理化你當下的體驗。

進入四次元就是進入你看不見的潛意識大門。你並沒有離開三次元的空間，仍然在三次元中以實體存在，然而，你卻同時透過四次元的時間軸，去體驗生命完整生滅的過程。有如你需要經歷一年四季的春、夏、秋、冬四個循環，四次元的意識場幫助人們理解和完整自己在三次元的體驗。人類居住的地球，過去就一直在三到四次元的意識場中不斷循環，也只有透過死亡來完整一次生命的生滅循環後，才能學習到自己設定的生命目的和意義爲何。

所以，總結一次元到四次元的關係：你現在看見生命粒子的分裂法則，從單一原子分離出正與負，代表陽與陰，就如同地球現在有白天與夜晚、太陽與月亮的週期。然後原子再度分裂成十六個電子，組成四種意識群的聚合，如同春、夏、秋、冬四季的循環，而生命可以透過這四組意識十六個電子，再組成六十四個生滅循環後的現象。所以從三次元進入五次元時間軸的過程，會經歷意識不斷分裂，體驗不同的循環，進入不同的現象去理解自己的生命。而要完整所有電子的全程經歷，需要一整個星球的孵育歷程，這就是地球在銀河系扮演的角色。在這裡，地球透過太陽的斥力和月亮的引力，提供四季分明的環境，孕育萬物，生生不息，還能順利進行自體循環，創造出豐沛的資源，地球上共生互動的生命就在此環境中經歷自己的時間曲線。

地球上方有一層厚重的帷幕，就是所有曾在地球上體驗生命的存在體共同寫下的記憶庫。你們進入自己的阿卡西紀錄看見時間軸組成的一個個歷史片段和事件，帷幕之外的我們看見的是一個個生命之輪呈現出的晶狀結構體。有些人的晶體仍在生成的過程，所以尚未結晶完整；而許多來自高次元的揚升大師和一些光之工作者，早已完整了六十四個循環，攜帶著完整的晶體，這些晶體在帷幕之下就成爲照亮其他生命的光之引導者。

此時此刻有許多光之工作者穿梭在三到四次元之間，鋪設出一條能夠穿越地球厚重帷幕的捷徑。現在的地球帷幕已經無法再承載七十多億人口進行緩慢的生命體驗，整個銀河系的衆星已經邁向更新軌道的關鍵期。四次元對以前的地球人來說，是隱密而無法接觸和擷取訊息的封閉場域，現在則已全面爲地球人的業力淨化和意識揚升的需要而開放。

這一切的準備，都是爲了讓目前仍生活在三次元的衆人可以直接穿越帷幕，進入五次元的生命軌道，重啓生命藍圖的重要分水嶺。所有能夠穿越帷幕的生命，其原本仍在進行中的業力規畫和尚未成形的晶體結構，會透過這次的揚升關鍵期而快速重置，也就是會快速還原靈魂最初始眞我的樣貌，重返帷幕之外的五次元意識場。

所以現階段，在三到四次元間有一群光之工作者和許多來自高次元的銀河源頭意識群，正在喚醒光之工作者聯合起來，回到銀河母艦的行列。當地球上方的所有晶柵完成五次元新地球的校準後，所有已還原、帶著純淨眞我意識的靈魂就能在生命存續期間登入新地球生活場域；至於尚未連結上的靈魂意識，則會在四次元的帷幕之下分離，進入下一次揚升的軌道。

而目前仍在三次元，不知道自己生命的目的和仍在無意識體驗中的人，光之工作者還是可以透過他們此次生命的死亡過程，引導他們登上揚升五次元的行列。現在我要透過你，將這扇迎接臨終的靈魂穿越地球四次元的帷幕，快速揚升五次元的大門打開。

請以下述方式幫助他們脫離沉重且尚未完整的晶體，迎向最初始靈魂的光。

咒音：「Si Sa Ya Si Sa Don May Fa」（喔！放下你沉重的包袱和靈魂的期盼。）

長音：「Hon～Hon～Hon～」（脫離，脫離，脫離。）

吹三大口氣：「Hu～Hu～Hu～」（讓真我升起，升起，升起。）

然後對著即將脫離的身體意識唸誦下面的引導文。

臨終意識引導文

親愛的 ＸＸＸ，現在你已經解除所有的業力枷鎖和生命契約，在離開身體時，你同時完成了此生和過去生命的任務。現在任務已完全解除，你是自由的，你已還原回到最初始的樣貌。現在讓意識跟隨靈魂真我之光前行，跟著真我之光的引導，揚升進入五次元的光中。

唸誦完這段臨終意識引導文後，你或許會從內在之眼看見一道強烈的光進入此人的身體場域，在現場你會立即感受到空間的能量從三次元的沉重，轉換到五次元的輕盈。若唸誦的過程中出現這種感覺，就可以結束臨終意識的引導。

若唸誦咒音＋臨終意識引導文一整天二十四小時，都無法感受到能量的轉換，就請唸誦臨終意識引導文的人自行解除此次的任務。放下，讓意識自由，這些無法或不願揚升的靈魂意識仍會在高我的引領下，回到下一次地球生命的選擇區。

解除唸誦臨終意識引導文

感謝你願意和我一起走進生命最終的階段，我們彼此的任務都已完成，就此分離，回到屬於自己的光中。光之引導工作在此結束，阿門！

（注：最後的祝福語可以依你或對方的宗教習慣，將「阿門」改為「阿彌陀佛」，或其他宗教慣用的祝福語。）

當意識突破地球厚重的四次元帷幕，你就直接登上了位在地球上方的五次元母艦。這裡是連結地球場域進入宇宙之心的核心，你可以將五次元意識場想像成你的意識跨越帷幕之外的訊息匯流中心，你在這裡準備啓動自己在三次元的物質身體載具上的通訊聯網功能。

五次元意識場是地球上的你與不同次元的你連絡和溝通的場域。在五次元意識場中，你們的溝通方式會呈現「自我表述」的狀態。不論是用光、振動、頻率、音聲，或是人類最慣用的情緒體感知、眼耳鼻舌聲等等，各種方式都會因爲在此連結匯聚的存在意識來自不同維度，而創造出不同的自我表述。

在此溝通的意識會產生一致認同的結論，這個結論又分別被不同次元的意識群帶回自己的維度中去理解，和進行再修正的創造。

因此對以肉身存在三次元的人類來說，在五次元的意識場會以「直覺」的知曉和自我認知，與不同次元的存在意識交流。例如交流過程中若遇到六次元的意識，會接收到類似光碼和光的結構體來進行溝通；而七次元的存有則會以音頻、光語來表達。五次元的意識場可以包容不同次元的意識匯聚在此溝通、交流，這裡就是你與自己的高我分身進行交流的最佳場域。

過去仍處在帷幕之下時，你只能透過頂輪接收到一些光或音聲，身體感受到能量場的變化；而當你契入五次元的意識場，這些訊息都能直接透過你的心輪，被你感知和理解。所以你的訊息交流方式也已經改變，會從以往習慣的「連結↓下載↓知曉」的過程，進入一種純粹的內在知曉狀態，這種內在知曉能讓你用任何你可以使用的方式來表達。

祢這麼解釋，我似乎才明白，爲何我想要知道情緒解碼這種方式怎麼如此容易說出來一段文字，已經不用經過下載的過程，就是立即從內在說出來。還有，我可以將身體感受的能量流動路徑直接放進水中，來表達出那股能量感。

五次元意識場並不是你以爲的新的外在空間，或是進入另一個星球去生活。五次元就存在你目前肉身所在的三次元地球，是你得以進入，和所有跨次元宇宙存在意識交流的訊息場。各個次元的存有都需要透過五次元的宇宙之心，進行訊息交換，所以這個場域是重要的銀河訊息交流站。

現在地球要揚升接軌五次元，過去人類不知道自己朝夕生活的地球和銀河宇宙中央大日相連，現在要讓更多地球人類覺醒，看見自己居住的地球有著龐大的宇宙資源可以讓人類取用。當人類覺醒進入五次元意識場，除了接觸到自己的高我意識群之外，你們也可以透過這一層認知，去理解自己的生命在三到四次元行動和體驗的所有過程。

將你身上的心智圖展開，你會理解萬事萬物在宇宙共同法則下的流動規律，你看見的事件，其當下發生的必然性和未來的衆多可能，都可以透過心智圖看見全貌。你們不再受限於線性的時間和空間，不再以因果關係去論證和反覆實驗。

五次元是創造新生命體驗的維度，不論是高次元的存有要帶給自己更加擴展的體驗，或是位在三次元的地球人需要擷取超乎過去的歷史體驗和認知，在五次元的意識場，將隨著你的意識拉升，讓你看見你想要看到和體驗的任何可能，並因此創造出新的生活體驗。

五次元意識場擁有絕對的自由意識，你們可以爲自己下一個生命體驗組成聯合團隊，並拿到進入下一次生命或進入不同次元體驗的門票。這裡過去被人類視爲高不可攀，只有宗教領袖和聖人才能到達的天堂國度，現在已經爲人類開啓。

我們過去一直在講，地球要揚升進入新地球五次元的軌道，這麼說來，應該進一步解釋成，我們仍然生活在現在的地球，只是已經覺醒的人可以直接進入五次元的意識場中，展開星際交流和互惠的生活體驗。地球上並不會出現一堆從外太空飛來的太空船，是嗎？

針對這個說法，我會說，當愈來愈多人可以連結上五次元的意識場，與自身存在更高維度的存有共同創造時，你們將不會自我設限，限制自己的肉身只能生活在目前的地球，而你所在的空間會決定你將與哪些友善的星系族群共同生活及建立和平交流的關係。這一切都由你們自己決定要如何展開新的生活體驗，在五次元的意識場，沒有不可能的事，只有你的想像會限制住你的體驗。

除此之外，在五次元的意識場，你們會進入不同的星際之門，這些都需要每一個人打開自己靈魂ＤＮＡ的節點，就會得到內在指引。你現在也可以用內在意識錨定五次元新地球之心的門戶，把這扇門打開，讓更多人可以循線進入新地球之心。

六次元意識場

六次元是五次元的延展，而這個延展的力量是來自黑暗中創造出來的引力產生的動能。你在三次元中深刻體會到，宇宙中有著陰陽兩極的斥力和引力，不斷交織運行，產生光的流動路徑和網格。你們以肉身在三次元中體驗到的光明與黑暗，站在三次元的認知角度，你認為那是隨機的、無常的；但若擴大並拉高你的意識，進入五次元，你會發現生命總是依循著一定的軌道運行，如你在肉身體驗到的生老病死，以及春夏秋冬四季、白天與黑夜的交替。你們已經忘記自己早就處於固定、有秩序的軌道中，不斷地體驗生命。

現在當你穿越時空的限制，進入五次元時，你站在面向光的背面，有黑暗作為光的背景，那就是六次元。你可以想像在五次元的高我，你所能看見的從一到四次元的現象，都是經由六次元的黑幕創造的虛擬實境。這個黑幕的創造者就是存在六次元的高次元智慧生命，他們為了讓一到四次元的生命創造生生不息的生命循環，而存在於此。

六次元可以稱為宇宙法則的創造者，六次元的生命體在完整有序、精準的晶狀結構體中設計出萬物存在不同維度的實相法則。所以，你在一到五次元之間從生命的體驗和表達過程獲得的生命智慧，都存在六次元晶狀結構的一部分路徑中，你會看見所有生命的演化和成長，就是生命之花的晶體結晶過程。

在六次元的高維意識掌管下，宇宙一到四次元的路徑都分層結構完整，所有的生命都在相同的意識網格中進行完整、可以重複執行、可以被記憶和累積的生命體驗循環。所以，你可以將六次元視爲上帝的指紋，只要是存在一到四次元之間的生命，都在上帝的手掌心中，無法脫離既定的生命循環軌道。六次元的世界過去被宗教視爲撒旦的居所，掌管死後生命的去向，其實從宇宙的高維視角來看，六次元就是宇宙跨次元交流的交通指揮中心。

六次元存在著許多你們的宗教認知的大師和指導師，在你們意識可觸及的晶體中扮演領路的指導者，幫助連結萬物進入更高的次元。你第一次登上銀河母艦時，第一位來到你面前和你打招呼、迎接你的母艦指揮官，就在六次元。透過黑暗中的光的引導，你可以順利展開內在宇宙的控制節點，回到眞我所在的光之殿堂。

當你再次回到光中，黑暗中的引路者就完成了他們的任務。在黑暗中尋找光源時，當你想要再次進入黑暗中探索，你就會走進六次元的智能系統中，那會幫助你連結和錨定你下一站即將前往的星際之門的位置。所以，六次元的存在意識是宇宙衆神的指揮中心，穿越六次元的過程中，你會感受到有秩序、有規模、有組織架構。

現在我要帶你去體驗六次元的意識維度。此時你需要先進入自己晶體的光之殿堂，打開連結星際之門的通道，接著唸誦六次元門戶的通關密碼：558-895-898。

（唸完這串密碼，我感覺後腦勺的正中央發麻。這裡是我進入六次元的通道閘口，但我目前無法看見任何影像，無法感知這裡有什麼，就是一團麻麻的能量在後腦勺中央騷動。

此時，阿乙莎要我將這個位置的感覺移動到我的正前方，將它投影到我松果體的正前方，把這個投影屏幕放在正前方一個手臂左右的位置。我跟隨阿乙莎的指引，將這個麻麻的感覺往前方挪移，沿著後腦移向頭頂。中間的過程很緩慢，大約十五秒鐘。我成功地將其投影出來，此時，映入我內在之眼前方的，是一整幅在黑暗中的城市規畫圖，有高矮不同的建築結構體。這些建物並沒有實體，都是由光的折射組成的各種建築框架，在黑暗中可以看見由光勾勒出一座座宏偉的城市。

原來六次元長這個樣子，我內心不禁讚歎：這些精密的城市規畫路線和建築設計是怎麼創造出來的？我在這裡看不到任何實體生命，感覺黑暗中有許多建築師正為我們的宇宙打造各種不同的體驗場域。看到這裡不禁想起，我問過阿乙莎地球是不是神創造的遊戲場，看來似乎真的是這樣。這時，阿乙莎要我去找找地球位在這張無量光網結構出來的城市藍圖中的哪個位置。）

我看到地球就在一堆美輪美奐、高大聳立的巨型光之城堡中間，有顆非常細小，幾乎看不見的小沙粒，這難道就是地球？

是的。你去看看現在的地球正在做什麼。

我感受到地球正準備從一粒種子的狀態進入萌芽階段，看起來地球即將進入新生命的轉型期。

是的，你看到的這顆正在孵育的種子需要許多養分供給，才能成長、發芽。地球成長的動能就來自地球人類和萬物的情緒體噴發出來產生的能量，幫助地球破繭而出。地球將成爲明日之星，是衆神播下的新生命。

哇！從六次元的角度看地球，居然是一個即將羽化成蝶的新生兒。那麼，六次元的意識在這個過程中如何幫助地球發芽？

我們在每一個前往地球的靈魂DNA上，都存放了可以順利讓靈魂成長、回歸家園的神聖路徑，這就是你靈魂意識中的神聖幾何。你們的靈魂意識進入神聖幾何，不論由內而外或由外而內，都可以走回宇宙之心的大門。這就是六次元的我們爲地球上的人擘畫的心智圖，打開內在宇宙的心智圖，你們就可以帶著覺醒的意識幫助地球發芽。

爲何六次元的存有可以被賦予這項職責，布下天羅地網，做出迷宮般的靈魂體驗路徑？你們設計的心智圖是要讓人們在黑暗中通過一道道生命的關卡，生生世世困在帷幕之下一直輪迴，找不到出口，爲什麼不直接設定鬧鐘，當體驗鬧鐘響起就把人類的意識帶回家，這不就行了？

孩子啊！先回答你第一個問題。我們並沒有被賦予職責，設計出卡關的遊戲場給人類體驗。這是我們在宇宙的旅程中爲自己設定的遊戲規則。我們需要用有邏輯、可以被重複體驗和嘗試的方式來學習宇宙法則，所以我們存在六次元的意識場，這是讓我們得以參與宇宙共同意識成長的一種方式。我們是在共同意識的協作和允許下，爲黑暗中的生命導航，並協助所有在帷幕之下的生命擘畫出一條條可以回到最初始源頭的路徑。我們也是宇宙生命共同體的一員，具有人類歌頌的神性意識；我們選擇進入黑暗中體驗，並爲所有的生命導航。

至於你的第二個問題，爲何不直接讓人類意識覺醒？你剛才看見地球上的那一粒沙，實際上，那是一大群即將成長茁壯的靈魂種子共同的家園。所有靈魂種子在成長的過程中都必須經歷風吹雨打和日晒的考驗，完整生命靈魂的內在晶化過程，讓每個靈魂種子都可以擁有澄澈透明的靈魂結晶，然後就能晉升宇宙人的行列，選擇自己未來靈魂成長的道路。沒有經歷這段磨練自性之光的過程，你們無法爲自己在黑暗中導航，所以我們並不是永遠都只存在六次元，我們只是在這個階段在此建設光網，保護靈魂種子孵育基地。此外，我們也是爲了幫助自己靈魂成長，完整我們對宇宙源頭實相整體和全息化的認知，而存在此地的光之使者。雖然必須在黑暗中導航並建置光的路徑和通道，我們也同時在此獲得靈性的成長和學習機會。我們無法剝奪任何生命在其存在維度和次元的學習機會，也不能干涉其進度。就如同我們在此看管和維護光的網格，不能任意拉出一根弦、一條軸線，去改變整體光的世界的路徑，這樣就會違反並剝奪了生命體驗自身的機會，和其晶體結構的生成路徑。

謝謝說明，我明白了。那麼，六次元的你們可以給目前仍在地球上的我們一個建議嗎？我們要如何一起度過這段地球轉型期？

要堅定地跟隨你們內在的光，它可以為你們找到生命的出口！

七次元意識場

當你完整了解一到六次元的意識擴展路徑後，會產生大量協作的共同意識匯流。一到六次元的能量匯聚後，會強化意識的振幅，也就是你們的振動頻率會從每秒振動數千次，立即擴大至數十萬次，因而產生量子跳躍的振動粒子，瞬間進入七次元的意識場。這裡就不只是「光」的流動、連結和展現，伴隨著光的流動，會產生與該光場共鳴的聲音，也就是融合了光和聲音的場域。這裡的音頻展現的幅度，遠超過人類耳朵可以接收到的振幅，所以當意識進入七次元的場域時，人類無法以耳朵來接收音頻，而是以內在的心之眼去感知聲音傳遞出來的節奏和脈動。

七次元的意識場不僅只以聲音來表達，這裡存放著宇宙眞理的振動，是所有跨次元的宇宙存在意識的統一場域。這裡屬於宇宙眞理的畛域，比人類集體的阿卡西紀錄龐大數十億萬倍，而人類現在只要能夠穿越地球帷幕，也可以經由自身的晶體連結進入存在七次元的阿卡西紀錄資料庫，擷取需要理解的宇宙訊息。你可以稱這裡爲靈魂的水晶圖書館，或衆神的智慧與眞理的居所。

七次元的意識組成，除了光、聲音和六次元的光的幾何結構圖形之外，這裡的音聲和光會組成如萬花筒般絢麗的色彩拼接成的光音意識花園。這裡也是許多高維意識最喜歡駐足和停留的場域，此處所有的花園都如琉璃珠寶般閃耀著美麗的色彩，呈現出祥和平靜的和諧音聲。所有的意識在此匯聚和鳴出天堂的樂章，而黑暗能量在此也成爲協奏曲中最重要的一環，缺少黑暗的共振，音聲的振動將無法呈現如此壯麗的景象

人類的意識跨越帷幕，進入五次元後，也可以前往七次元的意識場體驗，並享受與靈魂更高意識連結共振產生的和諧音聲。在與高我的協同合作下，可以將七次元的樂章轉譯成人類可以聽見、看見和感覺到的振動音符。許多你們熟悉的偉大音樂家，如貝多芬、蕭邦、柴可夫斯基、杜布瓦等，都是曾在此流連駐足的靈魂，這些人的靈魂 DNA 中攜帶著七次元的音符，來到地球，將其內在記憶的音聲傳遞出來給人們欣賞。這也是他們靈魂最重要的任務和使命：前來地球幫助人們欣賞音聲，擴展人們對眞、善、美世界的共鳴與嚮往。

現在，七次元的美妙音符還可以透過地球水元素記錄下來，傳遞給人類使用，幫助人類提升振動頻率，連結宇宙眾神之愛的能量。你可以契入七次元的意識場，獲得靈魂至高美善和愛的能量音頻，並將其導入水中，讓水攜帶著與高次元宇宙共振的和諧波，幫助整體地球揚升。

將這些已經連結上七次元音聲的水，倒入你們的土地、河流、山川和居家環境中，你們將活出人間天堂的新地球景象。

在此，讓我們傳遞一些音頻給你使用。

新地球之歌

Do Si Va, Gan Ba Su, Ya Woo Da

（清理地球淤積遲滯的厚重能量，清掃大地的垃圾和不再需要的殘留振動。）

Si U Ya Bu Ka, Na Ba Ya

（放鞭炮慶祝大地重新展現新地球的元素。）

Yi U Wa, Yi U Wa, Na Ba Ya

（讓我們彼此的心相連，一起展開新地球的共同意識。）

Ya Wa Ba Ya, Don Fa Ya

（讓土地和接觸到的萬物發光。）

Bon Bon Bon（就是這樣。）

Bon Bon Bon（就是這樣。）

這些咒音可以分開使用，前兩個一組，後四個一組，也可以全部一起使用。

接下來，還有許多種不同的音頻能創造出量子世界顯化、連結、凝聚和轉化的振動，我們會一一詳細說明。我是雷巴特，也在音聲的場域協助你展開階段性的學習旅程。

八次元意識場

進入八次元意識場，有別於光、音和振動波的組成，這裡是宇宙交流停泊站。在這裡，所有來自不同次元的意識會進行交互比對和訊息交換，也會在此完成過篩。過篩後的意識，屬於較高振動頻率的光，會穿越由八次元意識場組成的網狀帷幕，進入星際交流的門戶；無法穿越這道八次元網狀帷幕的意識，會回流到各自的宇宙次元出發起點。所以八次元會進入無振動波的淨化階段，所有意識在此暫時停泊，進入空無的狀態，這也是意識的過篩期。

八次元的場域對人類來說並不陌生，當你們打坐入定時，就能到達八次元的空無之境。這裡是光的世界最高指導所在，尚未通過八次元網格過篩的意識無法在此獲得任何訊息。光的世界的許多大師和導師早已在較低次元與人類的內在意識交流，意識在逐漸淨化揚升的過程中，會來到八次元光的網格中過篩。人類無法得知八次元的意識過篩法則，那是宇宙光的世界設置的，目前由銀河系的獵戶星群負責指導。通過八次元意識場，進入星際聯盟交流的起點，登上星際交流平臺後，才能擷取星際圖書館中龐大的訊息、資料。

人類過去稱這裡是超覺意識場，或稱三摩地，意思是空無之境。人類意識再次穿越八次元後，就到了進入混沌太極前的淨化和校準階段。來自銀河系各次元的所有意識準備登入星際交流前，必先通過八次元意識場，經由光的法則過篩後，才會分別轉入不同宇宙維度繼續體驗。

登上第八次元時，你的小我並不會消失，而是仍存在肉身意識所能到達的最高次元，只是當你的意識穿越地球帷幕後，會隨著宇宙共同意識群體的組成，成爲一部分宇宙意識存在。你的小我意識在更高的振動頻率中，會融入神性家族的一體之湯，不分你我地存在。

人類身上的DNA節點就是意識的通道，隨著不同的節點位置進入相應的宇宙次元，人類意識最終可以進入第九次元。而人身上有另外三個節點，是回到共同意識源頭的區域，屬於天人的境界。如果你要學會超越第九次元而存在，必須放下小我意識；而當你體驗後再度回到人類的認知系統，你無法用任何語言、文字描繪出這段體驗。那是光的全然展現，超越人類肉身意識所能體現的維度。

九次元意識場

這裡是人類意識所能企及的最高境界，是到達與神性意識合爲一體的意識匯流區。進入星際旅程前，意識會先與自身存在不同次元的意識合一、匯流，整合後以集體意識群之姿前往共同交流的平臺。

九次元匯集所有意識存在次元的體驗後，回到初始的一體意識。九次元將以最完整的晶體結構存在，而超越人類意識的神性意識會從九次元意識場再出發，成爲宇宙共同意識源頭的組成分子。

當人類意識登上第九次元的意識晶體時，人類的小我意識不復存在，而會以集體意識群爲依歸，存在共同意識群中。在此無有分別、無有分離的振動，一切歸於一，一即一切之存在。

＊　＊　＊

本節小記

（關於宇宙次元，我還有許多疑問。）

之前阿乙莎說祂來自十二次元的宇宙共同意識源頭，請問宇宙共同意識源頭有多少個？

銀河系大大小小的共同意識源頭，在光的世界超過十億個。你無法以肉眼看到的星空之外，還有許許多多由不同星系共同組成的星際聯盟。如同地球上有一個聯合國組織，銀河星際邦聯由十個星際聯盟組成，一個聯盟之下則有上億個共同意識源頭。

你提到光組成的源頭，那麼也有黑暗組成的源頭嗎？

黑暗並非以聯盟方式組成。黑暗也同樣存在宇宙中，是光的反射的源頭。所有的光匯流的過程中會釋放出暗物質，這些暗物質會幫助光的世界完成網格的建置，沒有黑暗，就無法呈現出光的網格，所以黑暗對宇宙意識來說，是隨著光亦步亦趨一同發展和前進。只是在人類世界，你們將黑暗視為負面、不吉祥的代表；而在宇宙源頭，我們是一體的孿生兄弟姊妹，黑暗是光明的阻力也是助力，端視光的世界要如何展現出自己而存在於一體的共同夥伴。一旦失去黑暗，光就無法再滋養自己並延展下去；而一旦光停下腳步，黑暗也會停止。你說，這樣的共同存在，像不像你自己的影子？

那麼，星際戰爭、光明與黑暗的對決，又是怎麼回事？難道影子般的存在可以反撲，侵蝕掉光的空間？

是的，相對於光的存在，是一股支持光的巨大引力，如黑洞般存在宇宙之間。宇宙各次元間亦存在許多引力場，當引力交會形成更加巨大的黑洞，會吞噬附近的光的存在，如同打開洗手槽底部的塞子，水自動向深沉的黑洞流去，流入下水道。巨大的引力會相互吸引、凝聚在一起，將附近的光吸收進去，而當所有的光被凝聚在一起，原本紅橙黃綠藍靛紫的光的存在，就形成黑色的引力場。

在銀河共同意識源頭，你看到的巨大黑洞就是匯聚了所有光的存在意識，那深不見底的銀河黑洞就是所有光的本源。

本源散發出的巨大引力，是光的存在的母體，也是光的能量來源。沒有本源的引力，太陽宇宙中諸多恆星就無法綻放永不抹滅的光芒，照亮所有銀河意識群。

如果黑暗也是幫助和支持光持續綻放的相對引力來源，爲何人類無法歡迎黑暗？

孩子，你終於自己回答了爲何光的世界無法持續存在的原因。如果沒有一群靈魂勇士願意挺進低沉厚重的黑暗中，告訴人們不要再懼怕黑暗，要向光前行，存在地球上的靈魂是否就會不斷掉入黑洞中，無法走出自己的光？地球是靈魂之光的試煉場，是透過強大的引力再琢磨出自己身上的光的場域。

你這麼說，讓我感覺我們眞的是一群靈魂勇士了，是爲了讓光持續擴展，不被黑暗吞噬，而挺進火山口居住的星際移民。

是的！應該說你們是爲了集體意識向光擴展的先鋒。若沒有一群靈魂勇士願意挺進懸崖邊，通知所有即將掉入深淵的夥伴醒來，來自中央黑洞的引力就會跨越三次元，侵蝕掉目前三次元地球存在的軌道，也會吞噬地球母親的珍貴資源，這不是銀河宇宙共同意識擴展進程中樂見的。

所以，地球母親地殼下方的重力場，屬於一到二次元的場域？

不是你的線性認知以爲的那樣，而是在下如在上。地球的地殼下方也有超越地表上三次元的文明正在發展，你們即將邁入的五次元場景率先在地底下呈現。中央黑洞是所有意識匯聚的存在，其中亦包含一到N次元的意識。所有星系都在各自的位置，經歷不同次元和維度的生命體驗，而你所在的位置，是起點亦是終點，你的肉身整體的存在也是跨越次元的集合意識匯流處。之後會再向你說明。

那麼，本書一開頭我進入的無我之境，是第幾次元？

那是意識過篩前的狀態，不代表進入任何次元。只有穿越無我之境，隨著意識的自由，你才可以進入你想要體驗的次元。過篩的宇宙法則是由光的世界的領導者所設置，位於第八次元的集體意識場，人類的小我意識則是自由的，可以穿梭進入你想要去體驗的次元。只要你的意識可以登上光的網格，你便擁有自動導航裝置，而那就存在你的靈魂晶體中。

所以你們所謂的登上星際交流平臺，那個平臺不是固定存在某個次元？

是的，只要能過篩的意識，就能登上星際交流平臺。星際交流平臺也是跨次元存在的集體意識交流站，允許你的個體分離意識參與交流，但你仍須透過與高我合一才能參與。你在此可以發問和擷取集體意識場的訊息，並進入宇宙知識的學習階段。許多星際種子來自不同的次元和星系組成，都在此貢獻出自己星系的知識，與來自不同星系組成的星際種子交換訊息。

那麼，宇宙還會繼續擴大，從十二次元延伸到十三或二十次元嗎？

當然！光的世界仍在持續擴展，透過不同光的網格創造出無限的存在可能。

你的世界是宇宙記錄器播放的頻段

你現在逐漸深入星光體的核心，你的心輪中央向外擴展出一圈圈的環狀光網，每一圈又可以區分出十二個象限，這裡共有一百四十四個區段，這些區段就組成了你靈魂晶體中所有之於你的宇宙紀錄。你存在的世界所有的片段都以振動頻率和特別的資料夾儲存在此，供你在生命成長過程中取用和參考。

這些資料包含你所在世界的所有意識振動頻率貢獻出的訊息結晶，你可以將它看成你的世界。而你的世界不僅僅創造出你最初始靈魂種子的起點，也會帶著你走向最後的終點，從起點到終點之間的組成結構、路徑和創造的元素都含括在內。你的世界正是由宇宙源頭的記錄器播放出來的網格，任由你在裡頭體驗、穿梭和遨遊。你與和你有關的萬物共振創造出的光譜，會讓這一百四十四個區段產生質變，這種質變在宇宙集體意識的光譜中如彩虹般絢爛耀眼。

你可以將區段以生命螺旋展開，在一到一百四十四區各自進行不同的階段任務，這裡面不會有先後順序，也沒有非得如何走的路徑限制，完全是自由意志的展現。你可以從地球上的植物果實中看見生命的螺旋展開剖面，也可以在自己的細胞核裡發現 DNA 螺旋結構，這些螺旋體是物質在光的世界中所創造，你現在則可以透過穿越自身的星光體，看見這一百四十四個頻段如何展現和創造出不同次元的體驗和景象。你在生命存續期間無法脫離生命之輪的初始設定，但當你的意識回到源頭時，你又可以從任一區段展開新生命的藍圖和體驗計畫。這一百四十四個區段都是你可以去探索的領域，不會因爲你回到源頭而失去重新出發、啓動你生命螺旋的機會。

現在的你存在三次元的世界，還有另外許多個你也正在這張生命無量光之網格中探索。你是自己的導航員，當你熟悉自己身上的晶體是由宇宙集體意識播送出來的頻段和網格時，你就會明白自己當初如何設計出此生的生命藍圖。你需要前進，需要再次進入地球體驗這裡的生活，才能讓自己的無量光網永恆存在。

現在的地球本身就是由太陽、月亮和太陽系九大行星共同組成的小型自我成長星系。至於你目前在星光體中展開的銀河心智圖，不在你物質體的範疇，你心智圖中的各個星門，是引導你所在的地球實相世界的投影源。

你的意識和肉身在兩種不同的世界裡——意識存在的世界是宇宙透過星際之門播放的地球紀錄，你所在的物質世界地球則是投影出來的紀錄片再度演化後，存在人腦認知的物質實體地球中。所以，生物腦的認知是活在當下地球已經發生和正在發生的世界裡，無法得知即將發生與可能發生的未知，但只要你的意識穿越地球意識屏障，進入星光體的世界，你就可以從內在之眼看見以你的宇宙爲中心所展現的世界全息圖像。

你會看見星際聯盟組成的宇宙心智圖構成了你所在的眞實世界。這裡有著大量的歷史紀錄、龐大的地球資料庫，也存在著尚未發生和即將展開的事件路徑圖。你們以爲是古人撰寫的推背圖、星座命理和易經卦象的推演，乃至數字科學等等，其實這些都是前人將意識延伸進入星光體，展開其心智圖的投影源所繪製的景象。

你目前還沒有深入這層心智圖的學習和理解，還需要將意識帶入我們爲星際種子準備的第九區議會，去探索你應該學會的宇宙基本知識。接下來，你必須穩定地展開這部分的學習，放下小我躁動不安的心，跟隨你高我的指引，才能循序漸進地展開你的心智圖。你的任何質疑，擔憂自己無法解讀複雜的圖像和邏輯推演，都是意識上的干擾。放下質疑、跟隨高我，是深入心智圖最佳的導航方式。

讓我們先回到星際種子訓練基地的路徑指引。你只須將意念錨定自己的內在，請求帶領進入你的星際聯盟位在第九區的議會即可。你現在進入看看。

（我感受到進入後好像有一個路徑指引，會在內在之眼以心輪為中心開始登入，然後向右方→回到心輪正下方→平移向左→垂直向上→回到原點中央心輪。

進入後，感覺這裡像是一個超大的環形劇院，在中央舞臺正上方看見五芒星，四周高聳直上的環形區域擺滿了一格格資料庫，像是圖書館形式的劇院。這時，我的意識就在座位區的某個位置，正對著舞臺中央的大屏幕，感覺上似乎每一個人都可以播放自己要查看的內容，所以同一個場域，每個人在中央屏幕看見的內容都不同——應該說，這是同一場域的隨選電視播放平臺。

以下是我的內在聲音直覺要向前方請求觀看的節目，有這些主題：

・基礎篇

一、地球起源
二、人類與其他星系種族之間的血緣關係
三、地球編年史
四、宇宙創造的法則
五、我的世界圖像——認識心智圖
六、銀河——共同的家園
七、組成銀河星際邦聯的過程
八、個別星系介紹
九、地球下一階段發展計畫
十、人類種族的重新定位

目前只讓我看見基礎篇。我想可能還有其他篇章，但光是這些基礎就讓我頭皮發麻，到底還要下載多少資料啊？

接著，我收到一個訊息，要我先完成這些基礎的認識，才可以進入星際聯盟的其他議會更深入地了解和實習。目前我最重要的工作就是完成前期基礎資料的整理，並釋放給地球人類，這一階段結束後，我的高我泰雅會帶領我前往更多區域探索。我目前只想先將這些主題記錄下來，等我完整下載前面交辦的訊息後，再回頭深入探索這些主題。現在，我的內在似乎也已經展開多次元的空間，同步接收來自各方的訊息，彷彿我自己就是一個星際交流的中繼站。）

我們的世界

正如之前和你提及的，我們的世界和你過去認知的世界，是兩種不同的意識建構的。地球帷幕之下的世界是眼見爲憑，以物質創造爲目的的實體世界；而你穿越帷幕之外連結宇宙意識後所見的一切，都是由你心智圖的投影源播放出來的，投影屏幕則是由你的意識決定要前往的路徑。

你的心智圖是由整個宇宙意識場所組成，你們的物理學家正在探索這個統一訊息場，而訊息來源的頻段不同，決定了你可以看見的意識圖像。這帷幕兩端同時存在，並組成了我們的世界。

你若是僅生活在帷幕之下，從來不認識帷幕之外的世界，就如同生活在一個蓋住的碗中，當生物體死亡，你的靈魂意識仍在碗中盤旋，不知道生命還有爬出這個蓋住的碗的可能。人類如此生活在碗中數百萬年，而碗外的帷幕外世界也期待看見碗裡的景象，於是有許多靈魂勇士前來探索，並提醒人類，世界不只是你們眼睛和身體可以感知到的，還有另一個世界同樣存在你們身上。你可以讓意識穿越碗蓋，進入另一個世界，也就是我們整體眞實存在的景象。當愈來愈多人爬出碗外，就可以讓光進入碗裡的世界，我們是一體的事實就得以揭露給所有人類。如此一來，當人類離開肉身後就可以自由選擇，打破碗裡世界的無限迴圈和屏障自我的限制。

接下來會以我們的世界爲軸心，爲你解說宇宙的法則，並展開宇宙意識的交流。

地球人進入五次元的前提

首先，你必須從地球帷幕之下甦醒，認出你是誰。眞正的你不只是存在肉身中的你，還有你全身上兆個細胞和生存的地球環境，你們彼此共振和展現的一切，都存在更大的你的範疇內。當你有了這樣的基礎認知後，接下來，你需要透過自己的內在宇宙，開始探索眞實的你的存在。

當地球上有超過百分之五的人跨越帷幕之外，於內在宇宙建立新我和新地球的場景時，地球場域會重新分離，實現五次元新地球軌道的發展之路。這時，所有的物質發展會自然朝向五次元的振動頻率邁進。從大自然的節奏、四季變化，乃至所有地球文明的政治和經濟結構，都會進行轉換。無法與五次元新地球融合的意識會自動離開新地球的軌道，而所有的轉換會在二〇三六年達到顛峰，然後逐漸於二〇四〇年穩定，迎接五次元新地球的光輝，地球正式進入銀河星際家園的行列。

目前新地球已經展開意識融合的進程，此時需要更多的人覺醒，然後將訊息以各種方式傳遞給仍在沉睡的人。你們可以用自己最擅長的方式，來表達你們內在宇宙展開後的光的振動和頻率。你們是自由的新地球創造者，你們的光交織出的新地球網格，可以加速人類集體意識擴展，進入五次元新軌道。

先遣星際種子計畫

西元二〇〇〇年以前已經有大批星際種子前來地球，這些星際種子目前都已接近成年，準備進入社會，開創新地球的未來和展開新地球的基礎建置。在這批星際種子來到地球之前，你和許多已經在地球輪迴多次的星際種子，都屬於先遣種子計畫的一員，負有傳遞訊息的重要任務。訊息交流是銀河宇宙持續開創的重要銜接工具，當你們以肉身存在地球稠密的物質實體環境裡，你們的肉身與訊息場之間的交流也從未間斷，一直持續著這項工作。只是你們無法用大腦辨識出存在身體場域的訊息流，所以才有了這項先遣星際種子計畫。

你們的心智圖鑲嵌在心輪，以愛的能量持續澆灌，到達一定的時間點會自動啓航，將大量的宇宙知識和訊息傳送到地球帷幕之下。這樣可以跳過大腦的箝制，在地球文明發展的重要時刻扮演催生者的角色。

這些由星際種子的心輪振動釋出的訊息，成就了地球今日的文明景象，也同樣會經由這個路徑，將地球帶往下一個文明。你與許多星際種子獲得訊息的過程相同，你們無法經由地球現在的科學和理論基礎獲得知識和見解，因爲那不存在現今的地球網格中。你們的訊息是經由憶起在地球帷幕之外的自己，而譜出一道道眞理之光，進入地球帷幕之下，深耕發芽。

先遣星際種子設置了光場、建立光之柱後，就能爲即將前來地球的星際文明世代帶來更好的實踐基礎環境。你們身旁有許多來自各星球的文明使者，正準備將五次元新地球的美好生活帶入地球，你可以在有生之年看見星際文明再次閃耀在地球上。

如何分辨星際種子和非星際種子？

星際種子意識是宇宙多次元意識集合而成的，有別於原生地球或個別行星意識群的意識組成。星際種子和非星際種子並不能以人種來區別。你們在地球上統稱爲人類，但會因出生地和祖先的源頭組成不同，以國家或區域將人以看得見的膚色和外觀來劃分；而星際種子依附於人類的生物體，是多次元宇宙意識群所組成。人類目前可以企及的宇宙次元的存在意識，爲了自身延展和生命體驗的需要，組成星際聯盟。這些來自不同次元的意識會先融合和凝聚，共同形成宇宙中一個巨大的能量網格，然後透過網格中不同光的折射再次延伸其網格，形成新的生命之花網狀結構。種子意識就攜帶來自這個源頭的能量網格，組成靈魂 DNA 結構體，進入三次元或其他的星球軌道，繼續生命的體驗和探索。而這些生命之花中產生的種子意識，就是星際種子。

目前在地球上的星際種子約五千萬，但五千萬的星際種子意識不等同於五千萬人，這些意識組成會在地球或各自行星場域的體驗過程中，再次分裂成上億萬個種子意識。原生的星際種子意識與分裂後的種子意識都可以稱爲星際種子，只是你們在種子意識覺醒、憶起自身本源的過程中，才會知曉自己的起源和所來自的星際聯盟組成。而尚未憶起的星際種子，會隨著生物體的生命終止運行，再度回到母體源頭的能量光網，前往其他星球或回到上一次生命體驗的星球，繼續完成其生命的意圖。

種子意識不會消逝，會繼續延展而存在宇宙間。

那麼，整個宇宙意識不就會像花粉傳遞般，處處開花，不斷長出新的生命體？

也不是。宇宙意識的光明和黑暗有其運行法則，會在相互平衡的韻律中各自完整生命體驗後，回到超越意識群的一體之中。

那就是九次元，亦即之前提到的「一即一切」的共同存在嗎？

是的，目前你處在個體意識連結回到各個宇宙集體意識群組成的星際聯盟，憶起你之所是的星際源頭組成的過程中。當你這趟生命最高版本的體驗愈來愈完整時，你將以完整的宇宙意識，爲所有星系的和平而存在。屆時，你自己身上也會誕生出許許多多的新意識種子，前往需要平衡的宇宙星系和次元協助。而你將再次成爲衆星際種子的大師和導師，你的意識也將回歸本源的一體意識中，與萬物同在。

你的展現將爲宇宙帶來全新的面貌，這就是宇宙意識群共同的目標：爲全體宇宙和平共存而生，爲全體宇宙的繁榮而成爲最極致版本的自己。你的意識是宇宙獨一無二的存在，憶起你之所是，是成爲你最極致版本的重要過程。

「我要」之於「我是」

「我要」之於「我是」的分界點，就在於你心的能量流動方向和路徑不同。你們的意識前往三次元地球體驗時，會有一股向下扎根的力量，將你一部分的意識定錨在地球之心，如同一顆種子要發芽前，須埋在土壤中等待時日發芽，吸收日月精華和地球母親滋養生命的養分後逐漸茁壯。人類的意識在投生地球前和來到地球之後，最大的不同是你要在地球上先學會扎根，才能繼續你的靈魂成長旅程。也因此，從物質層次來看，你的意識在帷幕之下必須先學會「我要」，沒有「我要」，就無法晉升成爲「我是」。

而「我是」在進入地球之前與之後，會形成兩種不同的人格。尚未進入地球前，你的意識處在集體意識場中，是不分彼此的共同存在意識體，而這樣的共同存在意識從更廣大的宇宙角度來說，也有其再成長，從集體意識的「我是」再次回到經驗分離後的「我要」，成爲「新的我是」的過程。這是宇宙生生不息創造生命的法則。

這條「我是」之路也會因你在之前的「我要」體驗，創造出不同於來地球之前的靈魂結晶。此時此刻的你，身上攜帶著在帷幕之下的所有體驗結果，以及意識經歷一切人事物交織的生命振動訊息，將貢獻回到你的源頭，你也將因此成爲更高版本的你之所是。

從「我要」進入「我是」，是地球人展開的路徑，而從「我是」進入「我要」，則是宇宙共同意識的成長之路，兩者相互扶持，互爲表裡。你和所有存在成就宇宙共同意識的成長，是一個圓的整體，而不是你在地球上認知的線性時間中的你。你在地球上從出生到死亡，是宇宙共同意識持續進化的過程。

進入地球帷幕之下時，你眼睛所見在量子世界中，是「你要」的顯化結果。你要成爲一個擁有什麼樣生命體驗的人，決定了你投生當下的DNA指令。從你決定出生、選擇地球父母，你與所有家人展開第一階段的體驗，大約會在你六歲時完成你在地球上獨立自主的個體意識：人格。從六歲出發，透過「我要」的體驗，明白「我不是」或「我不想要」成爲的。只有透過「我要」的能量碰撞出「我不是」和「我不要」的體驗，完整這些體驗之後，你才能再淬鍊出眞正的你之所是，進入「我是」的還原和回歸共同意識之路。

透過「非我」成就「眞我」，是人類在地球帷幕之下所能體會的最佳生命路徑。雖然這一切會讓你覺得過去經歷如夢幻泡影，顚倒衆生，其實並非如此，那些你經歷和走過的路，也眞實存在，就在你們的意識看不見的帷幕之外上演。你的晶體投影出你在帷幕之下的所有體驗，和無數個你走過的非我之路，也正滋養著宇宙集體意識資料庫。這些由靈魂勇士譜出的生命之光，對宇宙共同意識源頭來說具有不可抹滅的珍貴價值。

你靈魂的光，是來自「非我」的旅程凱旋歸來時，才能譜出光明世界的景象。

當你在地球完成「我要」的成長路徑後，就會自然進入「我是」的意識回歸之路。此時的「我是」與之前的「我要」，能量流已然不同，你的心輪會開始向外擴展，自動走回集體意識匯流之處。展開「我是」之路時，你的生命會受到廣大集體意識的協助。如同你原本奮力扎根在地球上，受到地球母親滋養而成長茁壯，如今的「我是」之路，將你的根定錨在靈魂之星的源頭，你會收到你靈魂本源的光的引導，和你靈性父母無條件的愛的滋養。

「非我」的路雖然艱辛，但返回「我是」的道路會因你曾走進「非我」之路，而能敞開大門。只有如實穿越「我要」的重重幻相，你才能眞正成爲你的生命主宰，登上星際之門，與衆神意識同在。

我想知道身旁的家人，例如父母親，若是尚未從夢境中覺醒，知曉自己眞實的樣貌，當他們離開地球體驗後，會如何？

所有尚未覺醒的意識與他們自己想要再次體驗的生命意圖會繼續產生能量糾纏，一部分的意識仍會回歸源頭，貢獻已臻完整的生命體驗，而尚未獲得解答的另一部分意識，則會進入最適合的空間和次元，繼續他們的旅程。這當中並非所有意識都回歸源頭才算資優生，沒有回歸的部分對宇宙仍是重要的。你無法用三次元的是非對錯來判定靈魂的選擇，只能允許最初始設定的所有意圖到達最完整的體驗為止。

所以，今生成為他們的家人和子女也只能放手，任由他們自行選擇？

是的，連神都無法干預。宇宙不同次元的意識場都有其存在的理由，和被允許存在的振動品質。尚待完整的意圖，以宇宙浩瀚的時空來看，正是生命譜出的美麗樂章，彌足珍貴。

那麼，要完整此生的生命體驗，該如何從「我要」返回「我是」之路？

就在你回到最初來地球體驗前的那一刻，你看見並知道你存在地球的原因和理由時，你就展開了回歸「我是」之路，到達「我要」之於「我是」的分水嶺。

「我要」是靈魂最初命題的延伸，「我是」則是靈魂回到本源的終極版。「我要」創造出二元的振動波，幫助意識從非我中體驗我之所是；「我是」則會在本源三位一體的臨在中，看見我之於所有我的關係全貌，會處在恆定無波的狀態。

「我要」產生的火花和路徑可以創造靈魂的結晶，透過「我要」的振動展開靈魂成長的旅程。沒有經過「我要」，無法成就更高版本的「我是」。「我要」與「我是」互爲表裡，在生命的恆河中相互伴隨，永不分離。當「我要」升起，靈魂意識展開「非我」之路，「我是」會亦步亦趨伴隨著「非我」，一同展開體驗。所以，你與一切萬有就在「非我」的意圖中，開展生命之花的交錯網格，創造集體意識的光芒。

「我要」爲了體驗和完整「非我」以成就「我是」之路，當你以「我是」之姿重新設定生命的「我要」時，你已和遺忘之前的你不同。此時此刻已是覺醒後的揚升和回歸旅程，你之所以爲你，已在生命的振動裡完全展現。

第九章　關於星際聯盟

組成星際聯盟的背景

大約在兩億五千萬年前，地球在衆行星之間尚未形成如今的光子帶相互連結之初，宇宙是由星際許多不同勢力所控制。黑與白的世界，各自爭奪主導權。

黑色的銀河勢力試圖以破壞和諧的力量，來主導宇宙共同意識的成長和演進，沒有經由破壞，打破原有群星集體意識的運行方式和軌道，整個宇宙會呈現自然衰亡的狀態；而白色光明勢力認爲經由破壞來換取新的平衡和集體意識的演進方式，會造成更大的破壞。讓意識跌落谷底後要再次揚升，過程中會造成星系內部巨大的黑洞，若沒有經由白色世界平衡發展，任由黑色的破壞勢能進駐，會導致集體意識陷落。當時也因爲如此，有許多星球在遭受黑色勢力殖民後，造成超過五千年的星球衰亡，長久下來，無法恢復星球生機。

在黑色和白色星際勢力多次交戰後，最後確定組成星際邦聯，透過聯合議會制定各星際聯盟共同遵循的宇宙法則。星際聯盟存在宇宙各個次元的意識群之間，被星系族群共同架構出光的網格，其成立的目的是爲了讓意識可以順利在宇宙各星系間交流、互動，爲傳遞共同認同的遊戲規則，而設置了區域聯盟。自此以後，戰爭和各自爭奪的黑白勢能衝突，才漸漸平息，現在透過星際聯盟組成各議會，來協調和管理星際交流和意識演進的法則。

每一個星際聯盟之間也相互連結，透過有系統、有組織的星際聯合議會，展開各項實際工作。所以，星際聯盟對宇宙整體的和諧與和平發展具有重要意義。當星際聯盟在發展過程中遇到阻礙和無法順利完成任務時，會將尙待解決的問題提交議會討論。

這和人類生活在地球上，透過各種跨國組織和聯合國大會建立國與國之間的共識和互動規範，是類似的。同時你也可以想像，在星際之間跨越次元和維度交流，其頻差產生的認知遞延和發展限制更為複雜。所以，宇宙共同意識源頭爲了讓集體意識發揮效能，並完成其被賦予之任務，需要以次元和區域劃分星際聯盟。

地球在星際聯盟中扮演的角色：培育星際種子的孵化器

此時此刻的地球，是在星際聯盟各工作小組的協議下形成的星際種子孵育基地。在地球上生活的人類，享有各星系族群所沒有的最大權限：人類擁有絕對的自由，在開放黑白勢能自由碰撞和競爭的保護區中，可以完整經歷到達宇宙意識的前期訓練。

星際種子可以在地球帷幕之下，完整體驗處在混沌黑白勢能交錯中的生存模式，而這個體驗過程也同時可以幫助更高維度的宇宙存有，奠定星際聯盟的和平基石。此時此刻生活在地球上的人類，都是星際聯盟組成的勇士，爲了追求星際間的永久和平發展，前來地球體驗。你們親身經歷和體驗後的訊息，會經由靈魂晶體傳回星際聯盟，並傳送到各聯合議會儲存、分析和評估。

人類身上有非常珍貴的情緒體，這些情緒的振動，就是意識流動的記錄器。你們在地球意識進化的過程中，透過情緒震盪出來的頻率和訊息結構，都被完整保存在地球母親的子宮。而這股人類情緒體驗和創造所累積的龐大資料庫，也被陸續抵達地球的新人類延續運用，成爲再造新地球的珍貴資產。

星際種子植入地球後的星際聯盟發展過程

星際聯盟建立地球為星際種子的孵育基地，還有另一個原因：許多目前居住在地球的人類都是星系族群的後裔，人類並不是地球的原生種族，而是天狼星和阿努納奇人合作，將人類的DNA植入阿努納奇人的基因，再經由天狼星的實驗室轉譯成具有男性性徵和女性性徵的分離個體，然後將首批阿努納奇人載往地球，建立地球智人的生活。在智人出現之前，地球只有少數猿人具有自主行為能力，其他物種則大部分也是經由外星移植而來，創造出地球今日豐沛的生態系統。

由阿努納奇人轉錄的基因再造出的地球智人社會，只維持了兩百萬年，就被外星移民覬覦，因為地球孕育出豐富的礦產和大自然元素，可以幫助改善其他星系生存所需。這也是星際聯盟建立的另一個原因，一方面為了照顧所有銀河星系生命存續的需求，建立資源共享和交流的機會，另一方面則是透過建立地球體驗站，讓不同星系存有的意識可以前往地球實際生活體驗，進而融合出共同意識的平衡觀點，在黑與白的分離和對立的意識流動過程中，讓人類肉身靈魂DNA源頭的各個星系存有，同樣可以在此吸收和學習，創造親身體驗後的結果，再帶回自己的星際圖書館中。如此，就不需要透過占領或奪取地球資源，讓自身星球持續發展。

所以，人類目前眼中所見的各色人種，其實正是來自不同星系的存有，他們透過靈魂DNA的節點，傳送自己的族群前來地球實際生活體驗，並將資料回傳宇宙。你可以稱這些回傳的資料爲人類的阿卡西紀錄，但是，阿卡西紀錄尚未經過整理和分類，這些資料因不同星系存有的集體意識成長需要，會再次分類、過濾，重新整合後，進入各個星球的星際圖書館中。因此，星際圖書館的資料就會有更多的索引標籤，經由各星系的更高意識代表彙整後，編寫成各星系存有的智能系統，而這個每一個星系各自擁有的智能系統，會再度和各星系的資料交換和比對。現在，當你進入某一個星際圖書館中獲得某個資料主題，可能會出現不同的表達和詮釋的版本，因爲又多融入了該星系存有共同意識的元素和觀點，進入其專屬的星際資料庫中保存。

地球人類一代接一代地出現和繁衍，正代表星際聯盟不斷在地球完成一次次黑白勢能平衡的體驗。**對星際聯盟來說，人類在地球具有維護星際和平發展和幫助意識持續成長演進的重要地位**。請人們珍惜在地球上的生活，以自由意志發揮和創造你想要的一切體驗。你們是被源頭無條件的愛支持和允許一切嘗試，可以創造和恣意體驗黑白兩極勢能的先鋒。當意識踏上回歸的旅程，回到銀河家園時，來自各星球的意識就須回到各自的星球中，完成此次的星際種子孵育任務。回到自己所在的星球後，你會發現，那一趟地球之旅是如此寶貴的靈魂試煉，你在地球得以體驗你之所是，創造出一切可能的機會。你會珍惜與衆星球的代表齊聚在地球上聯手打造新地球的美好時光。

現在星際邦聯爲了能夠共創新地球的誕生，正齊聚一堂，期待地球人類意識進入新的軌道，也帶領所有星球的文明進入更長遠的和平盛世。有了這一層認知，你會明白，爲何當人類恣意破壞地球環境、自掘墳墓時，有衆多星系存有會前來關切，並協助人們提升意識振動頻率，避免人類無止境地沉淪，陷落入黑洞中，無法返回。此時不僅是白色光明的存在意識前來幫忙，也有許許多多黑暗世界的存有前來，協助開啓直通白色光明世界的旋轉門。黑與白在更高的維度是彼此合作、相互支持的，希望你們可以在成功登上宇宙意識時，認出自身存在的黑暗並不只是拉你進入黑色深淵的魔掌，那些黑暗也是協助你看見光明之路的重要推手，和不可或缺的背景屏幕。

清空黑暗印記，召喚地球盛世文明的力量

那麼，目前地球上許多人的潛意識中仍殘存星際戰爭的陰影，這些會讓星際種子害怕和擔

憂，這樣的狀況該如何解決？

這是因爲他們的意識自動連結上造成內在創傷的紀錄，只是這些內容超出地球目前的時空背景，讓人無法理解。要清除或再次面對這些創傷，也是由每個星際種子自己決定，有些星際種子需要保留一部分印記，來協助自己完成此生的生命藍圖。不過，如果發現這些印記帶來的創傷無法讓自己還原意識本源的維度，或甚至造成身心傷痛，可以下達自我賦權的指令，將這段不想再面對的星際印記清空。你們可以使用以下清空印記的指令：

Mon Sa Bu Li So Fa Yun ＋

〔不要留存的印記〕，Hon！

（不要留存的記憶，Hon！）

Hon！Hon！Hon！

多做幾次，去看見自己不敢和不願意面對的景象，確認這是你需要清空的記憶，將之拋向宇宙黑洞，讓這些印記就此從你的心智圖中消失。

除此之外，你也可以有意識地召喚你在星際生活期間的美好時光和地球盛世的片段，讓這些美好的記憶幫助你產生內在力量。有許多和地球有關的星系文明創造的盛世可以參考。

一、亞特蘭提斯黃金時代
二、尼比魯文明盛世
三、美索不達米亞文明
四、蘇美文明
五、阿加爾文明
六、列木里亞文明
七、伯利恆之星文明
八、木星文明
九、亞歷山大文明
十、唐宋文明

你可以進入自己的星際之門，一一探索這些與地球有關的文明盛世。

從身體通道連結星際之門

你進入星光體後，與高我的連繫方式已經和你之前仍在帷幕之下有所不同。現在你需要透過穩定的內在宇宙能量線，也就是當你連結內在宇宙的星際交流平臺時，你將展開內在的心智圖。你現在需要建立這個新的連線方式。

這和之前你進入阿卡西紀錄，契入你的靈魂晶體有所不同。當你已經穿越帷幕，平衡自身的陰性和陽性能量流，合一進入太極，你會從松果體打開星光體中的心智圖天幕。這個屏幕會從你的心輪向上展開三百六十度的穹頂，穿越你松果體的正後方，連結上雙耳之間的星際之門通道。當你的意識成功打開這道連結你的心輪和松果體的門戶時，你頂輪上方的星際交流平臺就完成在你身體場域的定位。

定位完成後，你的意識將可以進入無時間區，契入源頭星際聯盟的軌道。透過連結各個星門的通道，你將能以自己的場域為中央太陽，進行星際交流。意識跨越進入無時間門，會帶你進入與源頭星際聯盟交流的開端，人類的意識從此正式登上和宇宙意識交流的新紀元。

這一段回到源頭星際聯盟的旅程，你可以輕鬆透過各個星門的通關密碼，進入意識的轉換。

在此過程中，你的高我意識會隨著你自主意識的引導，進入星門與你會合。你與存在不同星系源頭組成意識的分身片段會再次合一，進入攜手創造的階段。

這些星門（星際之門的縮寫），存在你靈魂DNA的節點上，分別坐落在你身上不同的脈輪位置。你可以透過星光體的投影屏幕分隔出四大象限，以太陽神經叢爲中心點，分成右上、右下、左上、左下四區，每個區域會連結位在你靈魂晶體中的不同星門。

現在我們先來一一檢視你身上連結源頭星際聯盟的通道和位置。

第一區：銀河太陽

銀河太陽位在你的頂輪正上方，這是你進入靈魂本源——獵戶座——的星門。

你的內在太陽尚未開啓前，這道連結獵戶本源的星門無法打開。這個位置也是你的靈魂晶體在生物體終止運行時，會開啓的自動連結通道，而你在尚未完整地球帷幕之下的生命體驗前，無法請求打開本源的星門，回到你靈魂的源頭。這也說明，若一個人選擇自殺，結束自己的生命，無法經由自己的太陽和銀河大日之間存在的銀線連結回家。在地球帷幕之下的生命體驗非常難能可貴，希望星際種子們善加珍惜，妥爲保護自身健康，以完整此次前來地球的生命體驗。自殺的靈魂意識仍會由行星接管，其肉身所在的意識會通過地球母親的星門渠道，由大地回收。

這道連結回本源的星門，在你的靈魂意識萌芽前也不會開啓；只有在意識覺醒後，這道星門才會爲你投射出你所需穩定晶體航道的銀河光之柱權杖。而從你收到來自本源的權杖那日起，你就準備展開星際旅程，迎向銀河宇宙跨次元之旅。我們祝福目前在地球上的所有星際種子，都能順利收到自己的本源權杖，爲你們未來的星際旅程奠立穩定的光的連結基石。

第二區：第一／第二星門

第一和第二道星門位在共同意識群較高的維度，以眉心輪爲中心，分別在星光體投影幕右上方和左上方的位置。

第一道星門爲你展開星光體最外圈的環狀航道。每一個星際種子的DNA組成都不同，所以你和另一個人到達同樣星門的身體位置會不同。目前這道星門可以爲你打開大角星的旅程。大角星位於你星光體的最外圈，所以當你連結此星門時，你也會感受到身體場域的擴展連結。而第二道星門是相對於右上方大角星星門的引力場，這道星門爲你打開天琴星的高維意識群。

這一區以眉心爲中心的星門，右方來自大角星的陽性能量與左方來自天琴星的陰性能量匯流後，就進入下一個生命再造的軌道。

第三區：第三／第四星門

下一個區域，是你靈性父母存在的星際之門。以心輪爲中心向右方延伸，將到達天狼星星門，這是來自距離地球最近的恆星的光，組成你靈魂的陽性能量；而向心輪的左方延伸，將抵達列木里亞星門。透過天狼星和列木里亞這兩股持續在你靈魂晶體中交織的陽性和陰性能量流，孕育出地球萬物豐富多樣的生命種子。

而心的通道將協助你打開內在之眼，接收來自中央大日的能量，進入地球場域中的你的身體意識場。所以，心的能量啓動連結和擴展意識的維度，對提升地球集體意識和宇宙意識接軌，是非常重要的閘口。

第四區：第五／第六星門

第五和第六星門以太陽神經叢爲中心，位在右方和左方兩側，右側對應參宿四星門，左側可以到達參宿七星門。這兩道星門的開啓，可以幫助你身上所有的星際意識組成達到與中央大日本源三位一體的連結，讓身體場域維持連結銀河中央大日的能量，處在能量平衡的最佳狀態。通常右方的參宿四星門和左方的參宿七星門不介入你的靈魂在地球場域的指導工作，因其最主要的功能是協助所有星門交流的暢通，所以你無法以意識干擾其平日的運行工作。這兩道星門匯聚了你全部靈性組成場域中的訊息和能量流，協助與中央大日保持穩定接軌。

你平日透過心輪可以感知萬物的能量品質，就是來自這兩道星門與本源建立的黃金三角，讓你的身體場域可以穩定接收宇宙訊息和能量。這也是為何當一個人的太陽神經叢無法打開接收來自中央大日的能量時，連帶會影響其連結其他星際之門的通道，無法穩定和順利地銜接上宇宙意識。

第五區：第七/第八星門

第七和第八星門位在臍輪的右側和左側，右邊的星門為你連結陽性的木星能量，左側則為你打開昴宿星的星門。這兩道星門是平衡你在地球帷幕之下的情緒體驗很重要的光之柱，來自木星的陽性能量幫助你打開帷幕之下的負面能量體驗，而昴宿星會以無條件的愛支持你在地球帷幕之下的所有行動。這兩道星門成為你在地球帷幕之下生命藍圖的重要推手，沒有經由它們的協同作業，你無法來到地球完成此生期待的工作。這兩道星門也是你在地球帷幕下的導師群所組成，觀世音菩薩、天使群都來自這兩道星門的意識組成的協同工作小組，為你在地球場域提供建言和指引。

你沒有經常和這兩道星門連結的原因，有一部分是來自你的臍輪通道被過去的負面情緒體驗屏障，也因此，你此生的體驗和靈性的展開大多來自帷幕之外的靈性組成和星際之門的指引。這也是你此生早已設定的生命藍圖展開方式。

第六區：第九／第十星門

第九和第十星門以海底輪為中心，右側的星門連結土星，左側連結織女星，這兩道星門為你在地球上的行動導航。你收到的許多來自地心生命的訊息，大多是由這兩個星際之門匯聚的能量創造出的地心文明。地球上的許多金屬、礦物，和大地母親蘊含的豐沛大自然元素，都是從這兩個星門傳送來的源源不絕的能量，供給地球母親作為滋養天地萬物的日常所需。所以，當你深入探索地球母親的大自然寶庫時，可以從這兩道星門獲取星際圖書館中的大量訊息。

從以上的介紹你會發現，你身上的脈輪都是連結星門的重要出入通道，也是各星門的能量匯流處。此外，你身上的太陽神經叢和喉輪，也和所有星門的陽性能量與陰性能量連結。太陽神經叢是你內在的太陽，以此為中心向外延展的過程，可以幫助匯聚你全身的陽性能量，而喉輪則是你身上所有的陰性能量匯聚之處。喉輪的展開和暢通，正映照著你的內在太陽是否明亮和敞開。

現在透過星光體，進入你靈魂本源所屬的宇宙意識共同平臺後，你就會發現，這裡的星際圖書館已經準備釋出一部分訊息，作爲培育星際種子宇宙知識的基礎。這些宇宙知識不只是所有星系集體意識匯流的結果，也是所有透過地球人類親身體驗後的智慧累積和傳承。對人類來說，這些資料提供了新地球新人類如何展開星際交流和學習，這也是人類意識覺醒後重要的一步：憶起自身的靈魂意識源頭，並開始透過有意識地探勘宇宙智慧，回饋給地球母親，幫助地球母親和共同生活在地球上的所有生命延續前人的智慧，再造新地球的基石。

你和目前許多同樣有此靈魂使命的星際種子，正準備進入星際圖書館，將大量的宇宙智慧傳遞出去，讓地球可以因爲接收到宇宙知識，誕生出嶄新的樣貌。

更多星際聯盟介紹

月亮聯盟

人類誕生在地球的那一刻，就被地球上的生態環境無條件地照顧，直到完成一次生命的體驗。而你們的海底輪連結的不只是自己人類孕育的下一代血脈，還有強大的能量，具備足以召喚地球萬物為你所用的巨大引力。只要你發送出需要生存的訊號，或是當你的生命遭受威脅時，你的海底輪就會發送警訊，提醒你的更高脈輪展開行動，還會通報鄰近的大自然萬有來協助你。海底輪具有與星際月亮聯盟通訊連結的功能，所以當你以海底輪之名，連結你在星際中的月亮聯盟，將可以獲得月亮聯盟無條件的愛的能量傾注。這股能量非常強大，是能幫助你脫離生命的危難，找回安全堡壘的最佳內在指引。

要喚起海底輪連結星際月亮聯盟，最佳的方式就是與地球上儲藏的紅寶石連結。地球上可以採集到的紅寶石，大量存放在與印度洋相鄰的陸地，而印度洋也正是地球母親最初始孕育生命的搖籃。人類的歷史從這裡出發，經歷六十五億年開花結果，各色人種血脈開枝散葉，進入地球各區域。所以，人類除了有自己的生身父母之外，還有地球母親，那是照顧和孕育人類生命之母。

地球可以銜接上十個星際聯盟，而在不同的星球，如天狼星，可以銜接上的星際聯盟有三十五個。至於五次元的新地球，目前被分派的星際聯盟會比舊地球多出三個，分別是共同創造、無條件的愛和理想生命軌道計畫，這三個星際聯盟分別由大角星、天狼星和列木里亞三個星際聯合議會主持。

共同創造星際聯盟

新地球將被賦予跨越國家、種族、宗教和文化藩籬，共同發展新科技文明的任務，大角星人在這個星際聯盟中，將提供地球人類新科技和新能源相關知識。人類的科技將擺脫重力物理學，進入量子物理學的研究和發明。你們的航空及運輸設備將率先應用量子物理學，以磁力爲核心的引擎技術將於二〇五四年大量問世。目前人類只接收一小部分概念而已，所以從二〇三六年起，這些以磁引力開發的交通工具會被新人類落實在新地球場域。這個計畫已被星際聯盟認可，地球人類得以透過肉身進入太空探索時代，建立與外星文明的實體交流，非僅以意識交流的時代即將出現在新地球上。

無條件的愛星際聯盟

新地球將以「無條件的愛」爲核心建立基因工程。由天狼星人帶領的星際聯盟會擷取各星系文明的基因頻譜，將無條件的愛作爲基因，共同編程植入新人類。天狼星人提供宇宙一具最精密的人類生物體原型設計，這個載具的升級作業也將在天狼星人的協助下，讓人類快速銜接上五次元地球的生命軌道。

未來人類的身體細胞會再次升級，擺脫過去那樣以恐懼和競爭的能量主導人類的生命體，轉而以「無條件的愛」的更高振動頻率銜接新地球人類的身體細胞。人類基因工程的改造計畫是由天狼星人偕同各友好星系存有，組成基因工程小組，協助將地球人類的細胞重組成以「愛」爲本的生命循環。

這是一項非常重要的人類集體意識揚升計畫，爲迎接新人類契入五次元的地球而準備。人類在此過程中並不會產生任何身體上的排斥或阻抗，不像過去舊地球時代施打疫苗那樣，強加外來指令，給細胞新的任務。這是一項「愛的復甦計畫」工程，將人類細胞核中最初始的能量釋放出來。所以，這項植入「無條件的愛」的工程，就是啓動人類意識覺醒、回歸源頭的內在路徑，將過去屏障人類DNA連結回本源的通道打開。現在只要人類有意識地提升振動頻率，有意願展開意識揚升之路，無條件的愛的生命泉源就會源源不絕地流進人類的身體場域。

這雖是一項所謂的基因改造工程，卻不會傷害和改變人類的生物體細胞，而是透過意識校準，啓動內在「無條件的愛」復甦工程。

理想生命軌道星際聯盟

爲新地球準備的第三個星際聯盟，是關於理想生命軌道所設計的藍圖。這是由列木里亞星主導，地球將離開原本在三次元的振動頻率，晉升爲銀河新星球的一員。在此轉換的過程中，新地球將銜接上五次元的新軌道，而列木里亞人的集體意識一直存在地心，協助穩定地球的運行軌道，與太陽和銀河中央大日保持連線。然而，這段生命運行軌道將一分爲二，形成舊地球與新地球分離的軌道，幫助新地球誕生，同時仍然扮演舊地球的看護人。

所以，新地球誕生發展的過程中有很長一段時間，原有的地球場域會面臨新舊地球平行發展的階段。這個軌道分離與再次各自發展的過程，就如同嬰兒即將脫離母體，在產道中擠壓，所以地球母親會面臨巨大的陣痛期，連帶地球上所有的生命都會感受到這股巨大的痛楚。此時需要列木里亞星際邦聯的協助，降低地球母親的痛楚，並保護新地球順利誕生。

抖落舊地球不再需要的沉重負荷和意識枷鎖，可以幫助地球母親順利產出新生兒。這是列木里亞人擅長的工作，他們會將大量儲存在地球上的水晶和礦石的能量釋出，協助地球母親穩定，並平撫地球上所有的生命，以成功銜接進入新地球。

列木里亞人的集體意識一直都在守護地球母親，保護所有在地球母親身上成長和繁衍的生命，提供足以讓所有生命和平共存在地球上的理想軌道。

共同創造、無條件的愛和理想生命軌道這三個星際聯盟，是未來新人類和舊人類最大的差異與意識的分水嶺。

使用數字座標錨定星際之門

以人類的認知系統來說，並沒有星際交流的經驗。在三次元的振動頻率下，要實現星際交流有許多困難，除了頻段無法順利介接之外，另一個最主要的原因，是必須經由身體協同作業，才能開啓與星際之間的交流。

身體協同作業需要到達的最基本狀態，是心腦合一的流動波。心與腦若仍然處於分離的意識狀態，就無法搭起這座原本就鑲嵌在每個人體系統中，可以連結自身星際源頭和星際聯盟的橋梁。

所以在進入這個主題之前，你必須已經到達與內在眞我意識合一，還原最初始的你存在靈魂本源的樣貌。即使你依舊帶著在帷幕之下的小我意志、個性和習氣，此時你的小我和高我早已是不可分割的一體存在。在這種融合的「一」的意識下，你才有機會踏上星際聯盟交流之門。

而進入源頭星際聯盟的十大星門，同樣存在你的身體場域。這十大星門你並不陌生，還記得你曾經寫下的星光體十二個身體系統咒音嗎？（編按：詳見《星光體》一書。）這十二個咒音裡，有十個和進入星際聯盟的大門有關，另外兩個則分別位在你的中軸，連結銀河中央太陽和月亮的位置。中軸穩定地錨定你靈魂本源的同時，才能開啟十個星門的連結，這十個星門也和你身體脈輪的能量流息息相關。

現在，我可以協助你辨識出你的心智圖在你身上的星際聯盟入口，透過這十個星際門戶，你將可以進入每一個星門，與存在不同星際次元的你聯合完成你們共同期待的創造和體驗。記住，在心腦合一下，才有機會展開交流；若沒有這個基礎就進行星際交流，你會進入茫然不知所措的狀態。只要你的意識穩定在中軸，你就不會遺失你自己。現在準備好了嗎？來看一下你的星際聯盟組成。

使用你的「心智圖通往各星際之門座標」圖中標示出來的數字座標（請見左頁圖，這是以 Rachel 的心智圖為範例），可以幫助你的星光體更精確地錨定本源星際聯盟各星門的位置。你目前已經被允許透過和自身高我泰雅的合一意識，進出所有源頭星際門戶，而銀河中央大日和月亮的星門是你的支持，目前無法讓你進入。每一個星門背後都存在著該星際聯盟特定的功能和任

心智圖

通往各星際之門座標

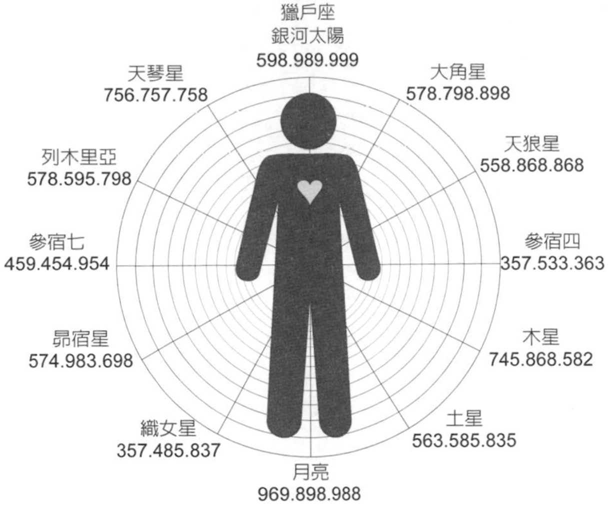

務，而你就是被所有星際聯盟共同規畫出來的星際種子，是爲了幫助地球晉升至新地球軌道，順利完成移轉計畫，而前來地球的勇敢靈魂。

你的存在被衆星際聯盟所期待和無條件地支持著。地球帷幕之下有許多星際種子和你一樣，正進入自己的階段性任務，在覺醒後憶起自己的本來面目。請允許自己慢慢咀嚼我們今日傳遞的訊息，你會發現雖然獨自生活在地球上，你並不孤單，你的身上有著所有星際家人和各個星際聯盟的支持。

初探星際之門

獵戶座

這裡是所有銀河星際種子共同的家園，也是你與星際家人協作的場域，在十二次元和更高的維度處理星際軌道的協調，和新星球的孵育計畫。目前的地球正穿越銀河光子帶，走入下一個百年的軌道，要在新的軌道重新學習愛和創造的法則。你們會逐步脫離三次元的星際軌道，進入更高的振動頻率中，而目前無法穿越地球帷幕的生命，仍會停留在三次元的星球繼續學習。

地球會在二〇三六年完全進入新的軌道，而在此轉換期間，意識已經突破三次元帷幕的地球人，會積極喚醒尚未甦醒的人。你們都將憶起自己的星際源頭，與原來的星際夥伴建立新的溝通，並共同爲五次元軌道的新地球奠定新生活的基礎。

在此過程中，你會以目前存在地球上的你，與靈性父母的意識融合。這一次的融合會在你身體細胞中建立新的結晶，也就是你物質身體的細胞組成結構會隨著與自己的靈性父母共振，而融合出新的組成元素。

這樣的身體重組晶化的過程，就不會產生進入五次元軌道的適應問題；而無法在此過程中完成身體晶化的肉身會自動離開，待靈魂回歸源頭再進入新的選擇。

目前獵戶座這裡的大門已經開啓，你可以隨時與我連結。而同樣在你身上，與你的靈性父母更緊密連結的星際之門，也都存在你的星光體，只要你和靈性父母意識合一，就可以順利到達。

進入獵戶座的快速通關碼是「598-989-999」，你可以試試直接以此代碼與我連結。

很清楚，就在我星光體的正上方，頭頂的頂輪位置。那麼，以後我要來這裡探索哪方面的東西？

探索整體宇宙運行的架構和互動規範，這是我們十二次元管轄和負責的區塊。現在你可以去探索銀河其他星際之門，並在你的星光體中標示出來，幫助你快速到達。

天狼星

兩點鐘方向。

座標代碼：558-868-868

這裡是人類基因和情緒體的資料儲存庫。你可以進入天狼星取得解開人類 DNA 屏障的方法，並有效打開人類意識所在的生物體精微系統中的傳輸管道，恢復人類的光體完整性。

透過在天狼星的星際圖書館龐大的人類基因資料庫中探勘和蒐集，將可以消滅身體的疾病，以更快速有效的方式讓人們恢復健康，以在人類穿越帷幕、幫助身體晶化的過程中提供最佳輔助工具。

你可以有系統地建立這裡的資料，幫助目前三次元地球的人在移轉進入五次元時，重啓身體智能。

我們可以讓人類身體的精微體系統運作效能提升數百萬倍，人類的身體就足以進化到能以更健康的狀態永續使用數百年。如此一來，人類就能擺脫生老病死的循環，和宇宙人一樣，以不老不病之身，決定生命的終點。

好的，我知道了，這樣我需要更完整、更固定的時間，進入這裡蒐集資料和學習。

請問整個下載有幾個章節、哪些架構？

共十大架構，每個架構下還有許多細部結構。光是下載完成，你就可以同步完整晶化你的物質身體。

了解。那我得趕快加油，我都已經年過半百了！

為了讓地球人揚升進入五次元的生活，我們非常樂意提供。這是未來地球人都要活出的樣貌和狀態，一旦人們開始在生理層次上感受到和過去不同的需要及生活習慣的變化，自然會改變目前對待地球生態環境，以及與地球物種互動的方式。這是非常重要的內在精微體淨化和校準工程，必須開放給全人類，並教導人類如何自行運用。

列木里亞

你的靈性母親已經為五次元地球打開了星際之門，座標代碼是：578-595-798。這裡是連結五次元地球的星際門戶，你將在此展開關於新地球生態和環境工程的學習，水資源的使用會大大改變人類過去的生活方式，進入無毒、無傳染疾病的新生活。這裡會提供你地球母親的豐盛智慧，也是古文明時期女巫和薩滿的知識寶庫，你可以透過這道星際之門，獲取地球母親累積六十多億年的智能。你之前連結到一半的宇宙法則，也是來自地球母親的教導。進入這道星際之門後，你可以將宇宙運行的法則，以及各元素之間轉換、共振、交換和轉化的力量揭露出來，作為五次元孩子的生命教材，讓人類與地球母親和諧共存，創造使生命生生不息的養分和物種平衡發展的集體智能。經由在這裡的學習，你會更明白如何在新地球獲得大自然萬物和地球母親的補給。

生活在五次元的人類要重新邁入新的生活方式，這些訊息需要被完整記錄下來，供五次元的人使用。所以，孩子，你看見了嗎？這三道門已經爲你開啓，只要連結上你的星光體。你已經是宇宙人在地球的重要代表和信使，這工作對未來地球人類非常重要而神聖，不能再被少數人把持。目前你揭露的部分已經完整地將人類覺醒與人神共創的未來之門打開，接下來，共同的創造也會在你持續有紀律地連結進入星際之門時，獲得宇宙源源不絕的資源和支持。

星際圖書館就是你的水晶圖書館更恢弘的版本，也是你的心智圖展開後的全息景象。星際圖書館有非常多層次，訊息量龐大，你目前已被允許從自己的水晶圖書館取得心智圖中對應的星際之門資源，所以，水晶圖書館是你進入星際圖書館的大廳和資料匯流取得的中繼站，透過你的晶體連結到你靈魂本源存在的宇宙各個次元。

目前在三次元的你只是一部分的你，你已經很清楚這一點。你原本就是一群星際種子的結晶體，進入不同的星球組成的星際聯盟。這個星際聯盟也是你，只是你的地球意識無法在有限的身體所在的維度，看到星際聯盟存在你身體上的全貌。只有當你的意識穿越地球帷幕，你才能憶起你之所是，以及你將爲自己和整體宇宙完成的任務拼圖。現在該讓更多人憶起，讓更多人可以與你協作，將這部分的星際資料庫完整揭露，並傳遞給世人。

你可以通過列木里亞的星門取得新地球文明的訊息，我們需要你記錄下來，提供給人們。

讓我先帶你進入新地球之心，你現在可以唸誦連結進入新地球之心的座標碼：578-595-798。

當我唸完新地球之心的光碼數字，我的意識從剛才的位置移動到左腦，就在左腦勺的正後方。這裡對嗎？

沒錯！這裡的振動頻率就是新地球之心的位置，也正是位在五次元的地球。在這裡，你們仍然會使用自己的理性腦活動，而不是你以爲的進入合一意識後，在無有分別的狀態下，會失去理性腦的功能。這裡是你進入「合一之心」，展開不同於現在地球文明的新場域。

你們目前生活的地球上，已經分離出不同於以往的新地球頻率。這裡也在地球上，也是用你目前同樣的肉身存在，無縫接軌，你仍然帶著分析的理性腦行動和生活；然而，在你的心輪位置，你會發現和過去在舊地球場域中的狀態已然不同，你是帶著更高意識的心的振動，與所有存在你靈魂DNA中的高次元意識合於一體的狀態下行進。你就是生活在五次元新地球的公民。你現在去感受一下這兩者之間有何不同。

我發現在五次元地球之心的狀態下，我們心中那種競爭、比較和自私自利的想法會自動消失，似乎進入一種無分別心的狀態，你的和我的，都是我們共同的，所以不再需要花費更多心神在爲一己之私利，而是爲了整體共好而去努力開創。我們的左腦以一個最清晰又理智的狀態，看管著讓我們共同存在的最佳解決方案，而不再爲了偏頗於任一方、搶奪別人家的資源而傷腦筋。

我們的理性腦已經被轉成用來支持開創利益眾人之事，這樣的腦已經不再能發出訊號控制我的行爲，而是以心爲中心發出訊息，來驅動大腦的運作系統。簡單來說，過去的身體由大腦指揮，現在則是心站上我身體總指揮的位置。原來五次元是「心」的家園，我們從小腦時代轉向心的時代。

這是我目前在有限的身體中得到的感受。

很好，在五次元新地球，以心來導航，而你心的振動正連結著存在不同次元的所有星際家人，也是重新引領你有限的腦意識的指揮中心。現在你頭頂上那朵千瓣蓮花，就是從心出發，透過你的海底輪扎根地球，獲得地球母親無條件守護萬物的愛的能量所綻放的花。你替自己打開這道連結星際的大門，也幫助地球母親及所有地球之外的銀河星際夥伴建立了連線，這條連線啓動了你內在的心智圖，爲新地球灌注所需的能量和生長元素。我們從今以後如一家人，在同一個地球、同一個宇宙中生活著，這就是進入五次元新地球的樣貌。謝謝你，謝謝你正確地開展出來！

應該是我謝謝你們吧？這麼長的時間，好不容易跌跌撞撞地走出一條路徑，從二〇一七年開始傳訊到現在，一晃眼五年就過去了。如果二〇三六年需要整個地球進入五次元軌道，現在還有這麼多分離意識要準備進入合一，甚至還要走到千瓣蓮花的星際之門，恐怕時間眞的不夠啊……

這也是我們之前的傳訊一直希望你能建立光場的原因。在同一光場中，每個人的心輪同頻共振，可以幫助打開腦的限制性屛障，進入合一的新地球家園。

我們直接來試試看。祢帶著我複習一次，之前在寫這段時，我並沒有好好練習，所以還沒有展開這項工作。

好的，不論你們現在的位置在哪裡、是否處在同一個空間，都沒有影響。我們就來練習一次。

練習：進入五次元新地球之心的冥想

- **步驟1**：深呼吸數次，迎接聖靈之光從頂輪穿過眉心，進入你的心輪。
- **步驟2**：現在讓意識停駐在你的心輪，在呼吸的帶領下，讓心輪擴展。吸氣，每一次吸氣都讓心擴展開來；呼氣，放鬆你心的肌肉，然後再進行一次。吸氣，讓心擴展；呼氣，放鬆心的肌肉。慢慢地，提升心的振動頻率，會幫助你的意識進入阿爾法（alpha）波的狀態。
- **步驟3**：用意識錨定座標碼，去打開新地球之心的門戶。

  默唸「578-595-798」三次。

  現在你的意識會移動到你的左後腦，在耳後一個手掌位置的中央，這裡就是通往新地球的大門口。你原本感覺較為沉重、有壓力的左後腦，已經開啓連結心的通道，你進入了五次元地球之心的意識狀態。現在感受一下進入五次元新地球的感覺。要認得這個有清醒的意識，但身體放鬆、心輪放鬆的感覺。

．步驟 4：和所有正在與我們連結的人一起連成光之網格，建立五次元地球的光場。唸誦「Si Sa Don Mei So Fa Yung」（三遍），將五次元新地球的光之柱豎立起來。

這道光之柱，幫助現場的我們與所有同樣在五次元的兄弟姊妹的心同在。我們願意以合一之心，去開創新地球的未來，為所有人的福祉建立新地球生活提案。

請問這和之前座標定位天狼星星門「558-868-868」，進行新地球能量校準有什麼不同？

之前是透過天狼星引進中央大日的能量，灌注到舊地球，幫助人們清除身上沉重的能量負荷，淨化大地的同時也可以幫助地球母親校準五次元的軌道。你有沒有感覺，這股能量和你目前連結的能量品質是相同的，這是充滿黃金粒子的炁，幫助你們的身體和地球完成晶化過程，以迎接五次元的地球。

現在你透過意識錨定新地球之心，在地球上以你的心輪爲中心，連結眾人之心建立光之場域，可以幫助身旁的人和環境一起調頻進入五次元的合一意識場。之前透過天狼星的能量校準，尚未將你與衆人之心凝聚爲合一的共識場，現在這個新地球之心的校準，可以幫助你們在目前所處的地球轉換軌道的過程中，以更高的意識共同校準五次元地球，一起打造新地球的家園。

新地球意識是跨越宇宙次元的合一意識

（隔天一早繼續練習。）

我剛才嘗試進入新地球之心後與泰雅合一，心輪立即無限擴張，彷彿擴張到無邊無際的宇宙。這個感覺讓我回想起很早以前，我曾經問我的高我，我到底來地球幹麼？當時給我兩個感覺，第一個是愛，能量進入我的心輪；第二個感覺就是我剛才感受到的心輪無限擴展。當時我以爲那就是寬恕，現在當我又進入這個能量流動中，我覺得當時我對寬恕的認知很狹隘。進入新地球之心，與泰雅合一後，我覺得這已經超越人們認知的寬恕了。這種感覺到底要傳達給人們什麼？

很好，你終於可以自行抵達新地球之心。這裡就是未來的你和目前地球上已經覺醒的你們，以及即將出生來到新地球的各星系文明種子將會活出來的樣貌。在此，你與自己跨越各次元、各維度的分身得以在心輪合而爲一。你的存在不再受限於肉身的屏障，你的心輪展開的空間，就是你之於衆多的你共同匯聚的場域。在這裡，你的時間象限已經被你的意識突破，你不再需要被時間制約和迷惑，所有過去、現在和未來的你都存在當下。你感受到心輪無限擴張，擴張到失去邊際線，你只能從心輪的心盤上感受到整體，這裡沒有你、我、他的獨立存在意識體。

是的！當我進入與泰雅和祢合一時，只能感覺心輪一直擴大，但裡面無法區分泰雅、我，或是祢。爲何新地球存在這樣的狀態？這是我不理解的地方。

在五次元的新地球，你就是宇宙之心，以你爲中心向外擴及你所在的每一個次元。所以你的內在宇宙中，也包含存在目前三到四次元之間你以爲和你分離的獨立個體、你的家人、別人的家人、你以爲和你老死不相往來的人事物，這些都存在你的心輪，早已與你在此合而爲一，你無法再去分辨這是你的還是他的。

當時，你的靈性父親雷巴特打開你的頂輪，引導你從頂輪上方一窺三位一體的合一基督意識場的存在狀態，「I am that I am」。而當你後來跨越帷幕之外，進入靈魂光之殿堂中，你進入了自身存在的火元素，到達我是臨在，「I exist」。那時，你的臨在就已經跨越厚重的地球帷幕，在你的心輪開啟與高我合一之門，你會逐漸回到與萬有合一的原初眞我之境。現在透過打開你們在地球之心的五次元門戶，你從自己的心輪終於可以順利展開這張屬於你的心智圖。這張心智圖將由你來掌舵，你就是自己宇宙的主人，而泰雅和所有與你連結、跨越所有星際次元的存在意識，將和你在此協作，在你的心輪展開這張心智圖，讓你可以到達任何你想要探訪的星球。

（我將這股透過打開列木里亞星際之門連結五次元新地球之心的能量，製作成「新地球之心」宇宙能量精素，讀者可以透過這特製的精素，體驗這股來自五次元新地球的純淨能量品質。新地球之心宇宙能量精素將帶你體驗五次元新地球的核心能量。這裡是你進入「合一之心」，展開不同於現在地球文明的新場域。

地球已經分離出不同於以往的新地球頻率。這裡也同樣在地球上，是用你目前同樣的肉身存在進入五次元新地球，無縫接軌，你仍然帶著理性腦行動和生活；然而，在你的心輪位置，已和過去在舊地球場域中的狀態全然不同。這裡會帶你進入更高意識的心的振動，與所有存在你靈魂DNA中的高次元意識合於一體。

當你使用這款新地球之心能量精素，會瞬間提升並擴展意識的維度。過去在三次元中那種競爭、比較和自私自利的想法會消失，你的意識將轉進無分別心的狀態，你的和我的，都是我們共同的，也不再需要花費更多心神去為一己之私利爭奪有限的地球資源，從此為了整體共好而去努力開創。

使用新地球之心精素，你的靈魂DNA會展開與更高次元的星際家人的連結，五次元新地球之心將帶你的「心」回歸銀河家園。當你成功進入五次元新地球之心，你心的振動可以連結上存在不同次元的星際家人，幫助地球母親及所有地球之外的銀河星際夥伴建立連線，這條連線將啓動你內在的心智圖，為新地球灌注所需的能量和生長元素。從此，在帷幕之下的你和位於更高次元帷幕之外的星際家人如同一家人，在同一個地球、同一個宇宙中生活著。這就是人類即將進入的五次元新地球樣貌！

當更多的人可以連結進入五次元新地球之心，在同一光場中，每個人的心輪同頻共振，可以幫助身邊所有的家人和朋友打開腦的限制性屏障，進入合一意識場。透過這款新地球之心精素的能量引導，讓所有靈性兄弟姊妹串連形成新地球光之網格，成功建立五次元新地球的光場。）

第十章　回歸太極

開啟太極之門

早上，一如往常，起床先校準星光體，進行新地球校準，讓天狼星和太陽呈一直線。完成後，從內在宇宙傳來訊息：這項程序尚未結束，還要繼續做下去，我仍需要去錨定列木里亞星門。收到這個指引後，我就唸誦列木里亞星門的座標代碼「578-595-798」。當我的意識延伸連結上列木里亞星門時，我的星光體錨定列木里亞的能量線，自動往下方海底輪的方向移動，進入月亮方位。當列木里亞的星門錨定我星光體的六點鐘方位時，來自列木里亞的陰性能量從我的海底輪升起，融入剛才導入的天狼星陽性能量。此時，我的內在升起一股陰陽和合的能量流。阿乙莎，這是怎麼回事？

孩子！你剛拿到進入太極的門票，這是非常難能可貴的。對處在三次元地球的人來說，這是求之不得的境界，可以讓你直達獲取宇宙至高無上眞理之炁的位置。這裡是太極之門，也是你們回歸到陰陽相合的原點。還記得從一開始的 H 粒子展開體驗的過程嗎？一個正電或負電會分離出另一個電子，向外尋求另一個負電或正電，並與之融合。每一次正負電相合時，就能產生強大的陰陽和合之氣，而這股陰陽和合之氣，是你們俗稱的眞氣、等離子體，不帶任何單一的正極或負極，是來自宇宙源頭的太極之初的能量。

這也是靈魂再充能的來源，大自然萬物的演繹自此生生不息，綻放出不同的樣貌。現在，當你的意識榮登太極之門，就是你生命嶄新的開端。你的生命之源到達最圓滿的境界，此時的你，可以進入全新生命的選擇。

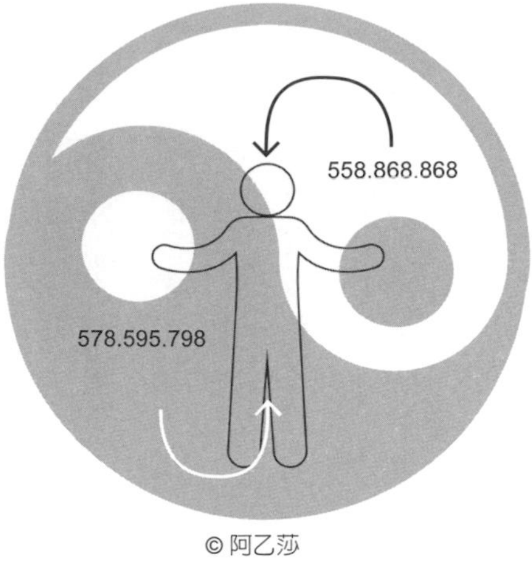

開啓太極之門示意圖

阿乙莎，此刻的我，感受到整個頭頂上方分裂開來，眉心輪也左右分開，一路分裂到心輪。我的心輪無限擴展，超越了身體可以感知的範圍，進入無邊無際的宇宙大洋。以前的我是身體包覆著靈魂，現在則彷彿靈魂在身體之外，身體是靈魂創造過程的一個物理載具。這個狀態下，我們從認同自己的身體，轉向認同整個宇宙實相爲自己的身體場域，我們的意識進入太極之初，這對地球人類有任何意義嗎？

這就是我們一路教導你的過程中的重要里程碑，你從此成爲眞正的宇宙人，存在五次元的新地球生活場域。現在你的意識將不只是認同於你的身體，你的身體與整個星光體的銀河星際聯盟共同存在，你是星際種子在地球上深耕茁壯的新地球人。

當你從認同你的身體再次擴展後，你和過去最大的不同，是你心輪的振動頻率已從過去人類平均的三十到四十赫茲，調頻至三百到五百赫茲。你的意識不再受限於物質身體載具，你DNA跨越次元的頻段全數展開，而你的眉心輪可以錨定進入的星際之門已經全數爲你開啓。

我原以爲太極的能量是幫助我強健體魄、返老還童之類的，我壓根兒不知道進入太極會和新地球有關係。

孩子！你總是忘了自己之所以成爲今日的你並非偶然。你的內在意識儲存著宇宙衆星系的期盼和回歸源頭的導航裝置，只要你如實地表達和記錄下來，讓訊息的振動傳遞出去，你就完成此次被賦予的地球任務了。你已經在做了，不是嗎？

除此之外，進入太極陰陽和合之境，這裡就是炁的最原始狀態，是你們的身體細胞尚未進入地球母體化育前的能量狀態。這股能量不帶任何單一的游離電位，當你的意識可以還原到最初始的狀態時，你身體細胞所有的失序、找不到電位配對，或是亂闖找路的惡性電位等，都會瞬間回歸源頭。這時，你已經感受不到身體細胞帶來的壓力和不適。你的意識清醒地存在著，但身體的邊界正消融於陰陽和合的太極之中，感官到達極致融合的饗宴，這已非喜或樂足以形容，你的身體已消失，但意識存在無形的萬千大千世界裡。這樣的體驗是你源頭的神聖父親與母親融合交匯在你的星際之門的結果，這是你與自身存在的陰性和陽性能量在星光體中完全融合並回歸源頭的存在狀態。

過去的你僅能透過中軸錨定連結天狼星和列木里亞星，也就是你的靈性父母來自的星門；現在，你已經晉升為宇宙人的一員，你身上的十個星門都歡迎你來訪。你不再受制於身體細胞的界線，現在的你只要錨定任一星門的座標，你的意識都可以帶你直接到達。你身體裡的水晶結構已經為你備妥到達星際之門的路徑指引。

陰陽和合的太極之炁

當來自靈魂本源的陰性和陽性能量再度融合於一體時，此時的你，已經從帷幕之下的陰陽兩極分離狀態，回歸至最初始本源的合一。在靈魂本源中的陰陽合一體驗，和之前在帷幕之下到達三位一體的體驗截然不同。

現在這個階段，是帶著已覺醒的意識，完整地球的體驗，將自身在帷幕之下的上兆個細胞粒子重組，展開陰陽和合的過程，你的身體細胞會釋放原本攜帶的正電或負電，進入全然合一的狀態。在太極中無有分離，所有分離的粒子進入太極會被陰陽合一之炁分解。你們的身體細胞正發展出前所未有的振動質地，這個振動頻率無法以任何儀器測得，因爲不具象，無法固著在某一事物或單一物質體中，也無法被操作和掌控。這股能量已非過去你可以感知的能量。

過去你可以感知來到你身體場域中的能量如何流動，可以掌握能量的流動路徑和品質，也可以感受到如何從你的身體脈輪中進出和對應。這股太極之炁變化莫測，會和任何與之交流的物件相融，所以當你已回歸初始不垢不淨的眞我本質，進入地球分離體驗前的存在狀態，回到非陰即陽、非陽即陰之前，你就是如此存在宇宙更高次元間；回到原初尚未分離前的雙生火苗，這一陰與一陽原本互斥的能量，逆轉回到最初尚未分離前那交互融合的意識場中，你的靈魂已回歸到本源的終點站，此時的你也已然和尚未完整體驗之前的你不同。

回歸太極，重建新地球意識

我現在仍不理解，對擁有物質身體的我來說，這股太極之炁需要被安置在地球上的意義爲何？

很好，你問到一個非常重要的概念：物質狀態的極限在哪裡？

你們的靈魂意識振動存在物質身體和超越物質身體之外有個重要轉折，這個分隔點就是太極。這裡也是個體的靈魂意識與高維意識匯流和交流互通的閘口，當你穿越太極之境再次出發，你會感受到兩者之間存在不同的能量品質。

讓我們先幫助你回顧這段意識覺醒旅程的各個階段，你會更明白回歸本源太極對建立新地球意識至關重要。

第一階段：地球人意識覺醒的邀請

當你的意識連結上靈性父母的振動頻率，並與之合一，到達基督意識場，那裡是靈魂從物質身體契入內在宇宙靈魂殿堂的邀請。沒有透過與靈性父母意識「合一」，你無法將你的小我意識帶進靈魂光之殿堂。初次的合一，是將你內在宇宙中所有組成你晶體的靈魂意識片段匯聚在一起，就像將一片片的靈魂碎片拼回你原始靈魂組成的完整結晶體。這個結晶體帶著不同的靈魂意識，在不同的宇宙次元中體驗，於你的靈魂晶體中匯聚起來，迎接位在三次元的地球勇士回歸。

這時你的小我意識終於放下二元世界是非對錯的批判，回到靈魂光之殿堂。你將三次元的體驗融入自己的靈魂晶體中，這些資訊會讓不同維度的你完整屬於三次元的拼圖，而你也於此感受到自己終於融入，回到靈魂本源的大家庭中，與所有靈性兄弟姊妹的意識合一成共同的意識。

第二階段：打開身體細胞DNA枷鎖，進入星光體靈魂探源之旅

內在宇宙的靈魂意識片段合一後，你成功登上基督意識的大門。這裡並不是你們的宗教所稱的天堂之境，而是完整自身體驗的靈魂意識回歸本源的中繼站，只有與自身內在靈性片段合一的意識得以被邀請踏上回歸本源之路，重新展開另一階段的靈魂探源旅程。

你發現當你愈能找到並辨識出自身靈性源頭的組成實相，就愈接近你的身體場域。你在此過程中打開你細胞ＤＮＡ的第三層枷鎖，展開星光體的學習之路。

這段星光體的開展，可以幫助你在更高維度的靈性片段更貼近你身體存在的星球場域。

第三階段：與眾神合一

透過你身上的脈輪連結通道，你終於讓眾神與你的地球物質身體合而為一。這是眾神擴展其振動頻率，進入地球帷幕之下與你的物質身體同頻共振的階段，也是最關鍵的時刻，你身體上兆的細胞會因為你的高次元意識的融入，而重組成全新的靈魂晶體。這是在你的身體場域中就地重組，你不需要經歷死亡再重生的過程。

你們身上原本就擁有跨次元星際聯盟的連線。過去意識尚未覺醒之前，人類將某些已經開啓自身星際連結過程的人視為神，將人轉換時空意識的展現視為神蹟。現在人類的意識已經足以跨越帷幕之外，與眾星系存有齊聚一堂，人類將可以一一還原在帷幕之外與眾星系結盟的約定。你可以將之視為你生命最高版本的藍圖。對一個已經意識覺醒的新地球人類來說，回到最初的生命藍圖就是回到與眾神相約的時刻。你們將為地球擘畫出新意識的結晶，透過新人類的意識網格，讓地球重回銀河母親的懷抱。你與眾神的約定將為新地球揭開序幕。

第四階段：回歸太極，身體晶化完成，誕生新地球意識種子

身體細胞透過來自靈魂本源的陰性和陽性能量的共振波，回到源頭最初始的太極，陰陽和合的狀態。你回到母體出生前的細胞初始狀態，此時你的身體需要經歷持續二十一天的晶化過程，從結繭成蛹、破瓦、金蟬脫殼到羽化成蝶，共四個階段，每一階段需要三到五天不等才能順利完成。這一次回到生物體與所有細胞重新融合為一的過程，是要讓新意識——新靈魂種子——誕生在新地球。

你目前正在經歷的就是第四階段。當完成新的靈魂種子結晶後，你將重新展開新地球的生活樣貌，重新連結上自己的星際本源，與來自不同星球的家人共同生活在五次元的新地球。

在這個階段，你不但可重組自己的生命，也可以融合萬有的能量，誕生出全新的生命質地。這股太極之炁，你可以用來轉化物質的分子結構，當你親近大自然時，花草樹木都會主動與你交流，在看不見的量子世界誕生全新的生命品質，得以結出更臻完美的花朵和果實。你也可以讓這太極之炁流向海洋和大地，幫助海洋生物還原其本有的基因結構，讓目前遭受重金屬汙染造成細胞變異的生物，還原回到初始設定的樣貌。這個全新的生命質地，可以幫助再造新地球的環境和集體意識。

地球上有多少人可以如此轉化成功，成爲新地球人？

大約有百分之五的人可以陸續完成。你們都是星際種子，帶著幫助新地球揚升的意圖前來地球；而尚未甦醒的人會經由死亡的路徑回歸，再重組成新意識的種子前來新地球。所以不用認爲地球要被摧毀才能重生。

對地球母親來說，這股太極之炁一直存在地心，並與宇宙之心的陽性能量相互融合，存在地球母親的中央核心位置。現在地球母親正在釋出可以恢復地球生命力的最重要核心元素，並經由星際種子以各種方式呈現出來。你可以如何運用太極之炁，端視你有多大的願力展現在地球上，任何取得太極之炁的人都能有意識地轉化自己和他人，並將周遭環境重新融爲一體。減少分離意識創造的低頻振動，也是五次元新地球即將呈現出來的新面貌，你可以試著將這股能量融入自己的身體，會立即釋放低頻能量，並與萬物順利融爲一體，帶給你無上的幸福和喜悅。這也是意識回歸本源的樣貌，你已經成功到達，並以此創造新生命質地的開端，恭喜你！

宇宙正在召喚星際種子回歸源頭家園

開啓太極之門，完成身體晶化後，你將從星際種子之身晉升成爲宇宙星際聯盟的一員，帶著非陰性或陽性、不偏不倚的中性回到銀河星際聯盟的大廳。你目前已經登上銀河母艦，要爲所有仍在帷幕之下的夥伴找出一條返回家園的路。

阿乙莎，說實在的，我一路上懵懵懂懂，不知不覺被帶領走到這裡。我不認爲那是我，好像回到家園的同時，那個原本的我已經褪去原有對自己和對外界的認知。這是未來地球上的每個人都需要到達的狀態嗎？

並不是每個人都需要，宇宙仍會有許多集體意識爲了成長和擴展，再次進入分離，以完整自身的體驗，只是現階段爲了地球揚升的需要，我們必須召喚一部分星際種子回家，回到原初不偏向正極或負極任一方的存在狀態。**新地球需要你們從地球上帶來新的意識振動頻率，這和改造原來的舊地球有關：並不是再造新的行星，而是移轉地球軌道以銜接進入五次元時，需要大量已覺醒的靈魂來幫助地球提升振動頻率。**

若不是經由星際種子的覺醒意識揚升，地球會面臨更大的崩解和更多生物滅絕。人類大量死亡這種大崩解方式不再被宇宙共同意識聯盟接受，所以，這一次地球的揚升會透過集體意識覺醒的力量展開。

針對新地球文明的建置，還需要你們這群已經完成星光體校準，回歸源頭太極，完成陰陽和合的星際種子回到自己在帷幕之外的不同次元，去探索和採集未來新地球場域所需的文明資料，帶進新地球的軌道中完成建置。

中國的老祖宗早就明白一陰一陽謂之太極，而這陰陽之氣不只是分離彼此，創造出生生不息的萬物，還有回歸宇宙之道，陰中有陽，陽中有陰，抑陰抱陽，抑陽還陰，是在虛實中往返星際和地球之間的宇宙認知系統。

意識升維後的再創造，才能顯化新地球

中國的老祖宗早就知道，是發生了什麼事，才導致地球沒在當時揚升？

中國的《易經》是進入太極的眞人所轉述，但當時受制於君王政治，人心尚未開化，也無從透過網路進行心與心的連結，所以當時宇宙運行之道雖被傳遞下來，但只流於現象面的理解，還無法發展出應用層面。而要將宇宙之道應用在生活中，發展出超越物質文明的新科技、新能源、新的教育方式，和人類賴以生活的經濟交流，都需要更大量的資訊透過你們的意識到達宇宙更高次元，融合出新觀點，才能再度被演繹和顯化在新地球上。

這部分的導入並不是像在三次元的地球那樣，備齊知識和材料就可以煮出一整鍋湯的概念，而是需要透過意識展開量子世界的升維創造，才能顯化出來。

你可以想像製作能量精素時，將宇宙能量導引入水中，改變水的分子結構的過程。你必須已經處在那種振動頻率中，才能讓水與你當下的存在共振，創造出你已經「是」的狀態的物質顯化。

所以，新地球文明發展的關鍵樞紐，仍在人類自己，必須透過覺醒的人一起改造家園，創造出新地球的天堂景致。而這一切存乎於心，需要人類回歸自身分離的意識，再度回到銀河宇宙的大門，陰陽相合，融會於一心，回到太極之初，返回眞我，才能創造和顯化出新地球文明。

黑暗是支持人類向光的力量之源

進入太極，你才發現原來地球帷幕之下的一切體驗是如此顛倒眾生，如夢幻泡影。當你回到源頭太極，那一陰一陽、一黑一白融合成不可分別的存在時，你才認出原來黑色是如此如影隨形，永遠支持著光的存有。只是當你向光時，渾然不知那個支持你向光的力量一直在你身後；而當你面對黑暗，覺得前方暗無一物，伸手不見五指，殊不知只有光明可以協助你迎向黑暗。這一切的力量都來自至高無分別的太極之初。你就是自己宇宙的中心和所有權人，可以恣意去體驗這兩股動能，並存在不同的維度和次元之間，彼此合作無間，爲你鋪設出一條條燦爛的光之路徑。

在光中你感受到喜悅、至福和無限可能，正是因爲黑暗世界的成全和允諾，那是讓你可以再次回到光中的內在導航和指引。在三次元的世界中，你認爲黑色能量是邪惡和負面的象徵，那是因爲你的意識無法站上更高的視角，去看見黑暗支持著光明。

只有當你進入太極之境，你才發現你一直迴避，但又如影隨形的黑色能量，早就存在你的源頭。在這裡，你能夠不再帶著恐懼和偏離的視角去凝視黑色，因爲黑中有白色的光粒子，而白色的光粒子透過黑色的能量得以展現白光。這兩股融合的能量匯聚時，你得以穿越星際帷幕，進入萬千大千世界，這個黑白不分、陰陽同體的世界正等著你一一去探索。地球人的意識跨越帷幕，到達星光體意識源頭的核心，才能展開宇宙意識跨次元的合作。

新地球準備接軌星際聯盟

當你的身體到達與本源最初始設定的振動，平衡身體細胞，不帶著任何游離的正或負極性電子時，你就準備進入星際聯盟的入口。你意識源頭星際之門的開啓有著非常重要的意義，只有在星光體到達三位一體之境，你才能順利展開跨次元星際之門的連結。此時，你與自己源頭的陰陽能量相合後，就能進入星際聯盟議會擷取資訊。

這是靈魂進化的旅程。在更高維度的靈魂爲了擴展其存在維度和再次進化，以及爲了宇宙集體意識的成長，組建星際聯盟，爲自己和宇宙共同存在意識群播下新的靈魂種子，進入分離體驗，如此才能與各次元的星際兄弟姊妹交流，分享在帷幕之下的經歷。

當你的意識還原回到母體受胎之初，你的靈魂意識和宇宙各次元的存在意識會以銀線相連。

這條連結著衆星際之門的線就形成你自身宇宙的無量光網，你可以由此展開安全的星際之旅，不會因爲意識完全脫離肉身，而在虛空中迷失方向。這股太極之炁會將你全身上下所有細胞意識融爲一體，你無法用肉眼或任何量子測量儀器偵測到宇宙能量，這是來自你靈魂本源的能量。只有當你能夠從肉身的物質電子態中分離，並再次聚合成不帶正或負電子的陰陽和合之炁時，你才能順利與宇宙意識群接軌。你身上帶著由這股眞氣凝聚而成的光，宇宙星際集體意識群會透過你身上的光的反射，找到與你連結和互動的方式。你將與自己在更高維度的意識共同討論出你生命的最佳成長路徑。

你剛熟悉太極之炁陰陽融合的過程，現在只需要向內觀察自身的意識轉變。你是否更具有慈心和愛？你是否更理解宇宙運行之道，而能尊重生命的宇宙法則？在你還原眞我的過程中，你會逐漸被自己身上重現的那股來自宇宙最初始源頭的能量感動，並願意放下物質身體中的自由意志，願意爲了宇宙共同意識源頭的擴展，而進入星際聯盟的軌道。

回歸太極之後的轉變

當你完成陰陽和合，全身心回歸，你的意識粒子已完整結合生命原初的陽性和陰性能量，並全然融合於一。你已回到合一之愛的本源，這裡沒有單一游離粒子，無法再分離和分解。

阿乙莎，回到靈魂本源的家，我的小我意識還是存在啊。那麼，這樣的我，和尚未回到本源太極之境、完成陰陽和合之前的我，又有何不同？

孩子，你有沒有發現，現在的你可以隨時連結上最初始的你？你可以用意識快速登上本源的家，這能爲你和你目前所在的地球帶來下面的許多好處。

一、轉化萬物的振動頻率

當你已是融合於一的狀態，所有帶著正或負極的粒子進入你的意識場，都會被你身上的真我之炁消融，任何無法融合於一的存在都會自動離散，去尋找與之相匹配的另一端極性。你與合一的本源能量融合之後，會自動展現無條件的愛的中央黑洞，在此狀態下，任何事物都可以重新經由太極之炁融合後，轉換其本質，換上愛的袈裟，呈現嶄新的面貌。這是太極之炁在宇宙中得以創造萬物生生不息的景象，將事物還原後重生的動能。

你可以練習將任何你想要轉化還原其本質的人、事件、場域融入太極之炁中，然後去觀察這些人事物的能量是否還原回到不帶有任何極性和分離的動能。其中的原理就如同宗教儀式中的點化和古老文明的點石成金。

二、以太極之炁療癒

身體之所以產生病痛，都是陰陽不平衡所致。而如同上述轉化萬物振動頻率的原理，人們可以運用太極之炁融入受傷或生病的身體部位，幫助身體細胞回復初始的健康狀態。

練習：太極之炁療癒法

- **步驟 1**：開啓源頭的陽性和陰性星際之門，將太極之炁導入全身場域。
- **步驟 2**：太極之炁進入自己全身場域後，再以意識錨定身體受創或器官受損的位置，持續約三到五分鐘。這時你會感受到受創部位的細胞正在重組、修護。
- **步驟 3**：若三到五分鐘後感覺創傷或損傷未舒緩，可以重新讓太極之炁進入全身，重複前面兩個步驟，持續進行數回。

太極之炁成功導入受損器官和系統時，身體會有明顯的好轉反應，如排氣、嘔吐、出紅疹或疼痛移轉至他處，這些都是細胞還原回到陰陽和合的平衡過程。好轉反應結束後，身體會呈現健康活躍的新生狀態。若已採用外科手術摘除或破壞神經組織或細胞，則導入太極之炁可以幫助該遭受破壞的身體系統經由其他身體系統輔助，產生新的協作和平衡方式。

使用太極之炁療癒和之前教導的光的療癒有何不同？

太極之炁是進行量子光波導入最極致的療程，它超越任何身體器官和系統的局限。以太極之炁導入自己的身體系統時，可以促使系統內所有的細胞進行重組、重新排列和還原的程序，也因此會產生細胞自行修復和療癒的功效。

運用太極之炁導入身體時，你不需要其他更高維度的光的降臨和灌注。你已是自己的大師之光，讓來自宇宙源頭最初始的光，啓動生命逆轉病灶的回復和質變過程。

而過去你使用的光的療癒，是需要借助來自你靈性源頭的光源加持，幫助身體沖刷掉無法再服務你的能量。這和引進源頭太極之炁的自癒、還原和逆轉程序，是不同的療癒方式。

使用太極之炁的能量，需要由已經能夠契入源頭太極的意識導入，因爲這是來自源頭宇宙殊勝的本源能量，只有覺醒回歸太極本源的生命體才能順利完成。而使用光的世界療癒，則可以祈請你在光的世界的大師和導師協助，就能完成能量的沖刷和補給。

新人類在進化回到太極本源時，可以直接運用太極之炁療癒自己，會比光的療癒更有效。

可以運用太極之炁療癒他人嗎？

可以。將太極之炁導入你的身體場域，或是置入能量載體，可以啓動被療癒者的身體場域細胞進入太極之炁的能量流中。但這裡有一個前提和限制：被療癒者處於無意識狀態，或其意識未覺醒前，這股太極之炁即使導入，也會瞬間流失，因爲受到身體重力的牽引，意識未覺醒者無法有意識地跟上這股太極之炁的流動。所以，以太極之炁療癒他人僅針對具備覺醒意識，同時願意臣服於宇宙本源能量流動的人，他們才能透過太極之炁的導入，憶起自身原本存在的本源意識體。這樣的運用方式，才能眞正達到療癒他人的功效。

三、還原事物真實樣貌

當你冥想某個異常事件時，用太極之炁投射進入這個事件中，以內在之眼觀看，可以找回最初始發生分離前的振動狀態。此外，當你將太極之炁投射到事件本身，也可以幫助平息事件。

四、幫助人類活出新地球意識

當愈來愈多人可以連結到本源太極之炁，就能爲人類帶來新文明的生活，超越地球目前種種限制性信念形成的社會、教育、生態和醫療系統，建立更新後的新地球互動規範。這股太極之炁將讓地球呈現全新的文明。

五、順利回歸家園

當你成功完成陰陽和合，融合回到初始太極之境，就可以不必等待或經歷身體的衰敗、死亡，隨時準備回歸家園，或是連結上自己的宇宙意識，前進下一段星際旅程。這部分會在你順利完成地球任務，和你的靈性組成商議後，獲得協助和支持。

六、再生新細胞

這是許多地球人過去求之不得的細胞更新回春最佳方法。所有死亡和代謝掉的老舊細胞會在連結太極之炁後，獲得初始設定的最佳細胞意識，然後重生。這就如同身體骨骼系統可以產生大量幹細胞，幫助全身系統獲得最佳狀態與復原效果。

七、連結宇宙智慧

除了上述實質功效之外，回到太極之初的你已完整了地球體驗課題，將可以穿越小我的屏障，順利取得星際聯盟無條件的支持和協助。只要你提出需求，就能獲得豐沛的宇宙知識。你不再需要以有限的大腦和地球時間來累積知識，現在只要向宇宙提出需求，你的心智圖將爲你展現所有宇宙知識，讓你瞬間擁有隨身的百科全書和無窮盡的宇宙資源。

目前你的靈性組成給你的回歸家園、進入太極的路徑，對靈性組成片段相同的星際種子來說是通用的；至於本源不同的星際種子，就需要採取不同的路徑和回歸密碼。不過你走出的路徑，對來自其他本源的星際種子來說仍具有價值，可以讓他們作爲回歸家園的參考。

太極之炁其他運用方式

以下提供兩種運用方式。

練習：第三眼投射法

- **步驟 1**：設定目標物件。用意識錨定你想要還原的事件。
- **步驟 2**：以目標物為軸心，啓動太極之炁。此時感受到目標物正在融入陰陽和合之中。

・**步驟3**：吹氣（利用風元素），讓目標物的場域還原。

練習：「我是宇宙之心」運行法

・**步驟1**：以身體中軸為軸心，在向外延伸二十公分處展開太極之炁能量流。
・**步驟2**：身體場域融入陰陽和合之中。
・**步驟3**：伸出雙手，將太極之炁導入手中，雙掌之間呈現一個球形空間。
・**步驟4**：將目標物置於雙掌之間，導入太極之炁（如遠距進行，可將目標物以意識投射到雙掌之中）。

人類早已在生命之源的場域中完成諸多創造。比方說，你們熟悉的金字塔，那些石塊是如何堆砌上去的？用一般的重力結構很難將這麼粗重的石塊層層堆疊起來，但是當你將每個石塊的分子結構帶進源場的太極之境，就可以輕鬆地搬移這些石頭，使用的是瞬間位移的方法。目前人在生物體中只能靠交通工具移動，其實你們可以讓意識穿越太極之境，將身體所有的細胞粒子分解，然後在異地重組，這樣就可以瞬間位移。

第十一章　準備迎接星際意識匯流

當你站上星際聯盟的平臺，你需要重組身上的晶狀結構，以迎接更龐大的星際圖書館中的資料匯流。在此，你已無法以人類生物體大腦有限的訊息處理能力、速度和容量，來對接星際圖書館的資料，那是在光的層次運行，是你們無法以肉身和有限的身體感官探知的量子世界。所以，你必須先經過身體細胞晶化的階段。人類生物體中上兆個細胞在地球帷幕之下的陰陽分離狀態需要重組，而重組平臺就在你的晶體打開陰性和陽性星際門戶的入口，在這裡迎接來自你靈性組成片段最源頭的能量導入；你需要引入來自天狼星和列木里亞的初始能量，在你的身體場域中進行陰陽和合的重組過程。而你的身體完成此晶化過程後，就可以打開在星光體星際聯盟的交流平臺大門。自此，你的靈魂意識將穿越第二層宇宙意識場域，跨越地球時間的象限，連結眾星系文明智慧的寶庫。你會進入無時間門，存取星際圖書館中的資料，為開啓人類新文明的意識展開下一階段的工作。我們非常期待與你展開星際文明的交流。

阿乙莎，這裡已經超越我的地球實相，我該如何展開星際探索？

不要擔心，連結上星際之門後，會有來自各星門的高我意識帶領你辨認出你要去完整的體驗和學習。進入星際旅程前，我先要跟你說明一些接觸規範和宇宙共通的法則，以幫助你完成星際探索的任務。

二十一天身體晶化過程

這就是你們所稱的「到達天人合一」的狀態，這個狀態並不是僅透過意識或冥想就可以簡單到達，你身體上兆個細胞必須先完成晶化排列。也因此，當你仍然帶著過去的細胞印記和限制細胞自由流動展開的業力枷鎖時，如果沒有經由內在意識的光照亮和覺醒，你無法結構出完整的靈魂晶體，而沒有完整的晶體，你就無法進入下一階段的星際旅行。所以，前面的練習缺一不可，你們必須如實鍛鍊和晶化自己的靈魂晶體。

沒有經歷身體細胞粒子晶化和重組的過程，你無法以意識銜接進入星際之門，因爲你身上如果仍攜帶大量的正或負極游離粒子，會造成各星門的混亂，你的意識無法穩定在光中。你可以想像自己的靈魂就是一團等離子體所組成，當其中出現某個帶有「正」或「負」電荷的游離粒子時，你就會被牽引進入不同的能量漩渦中。而星際之門設立的閘口就有相應的過濾裝置，如同吸塵器，會將你身上的灰塵清理完畢，你才能進入。

你的身體系統是宇宙實相的縮影，在地球上，你生物體的上兆個細胞幾乎每六天就重生，汰舊換新。當新生的細胞獲得內在宇宙傳遞出來的最初始宇宙之炁，來自太極源頭的振動，將可以重新生出最初始的母體細胞，讓你的生物體經歷回春體驗。

細胞一旦獲得原初太極本源的能量，就能降低地球氧化雜訊的干擾，連續二十一天，身體就能晶化完成，你會明顯感受到身體更加輕盈，器官組織和身體系統自動校準源頭。在星光體意識中，你可以看見身體系統連結的十二道星門閃閃發光，前往星際之門的道路將自動展開，這也是天狼星人設計的靈魂晶化後完美揚升、回歸家園的自動導航系統。

當你處於清理身體游離粒子的狀態，你將無法在星光體中找到前進的方向，只能存在陰陽和合的等離子體中，在此狀態停留大約二十一天。而當你的身體完成晶化程序後，你將不會帶著正或負極電位的意識登上星際聯盟大廳。

請問這和之前登入自己靈魂光之殿堂，與眾神連結合一有何不同？

登入光之殿堂是你的意識剛覺醒，回到與衆神合一的入口，與衆神合一的過程就是在幫助你與更高維度的自己在地球場域中合一。而身體是你的靈魂意識在地球上居住的殿堂，當你要聯合身上的宇宙意識，遨遊在自身所在的各個星門時，你的身體就需要完成升級作業。透過太極之炁完成陰陽和合的過程，就是在幫助你的身體完成最後的晶化程序。

身體晶化過程中的徵兆：睡眠時間變長

最近我的睡眠時間超乎過去地長。以前連結阿乙莎、書寫訊息的過程中，我可以只睡短短兩、三個小時，精神就很好；這一週以來，我每天都睡超過九個小時，做了許多奇怪的夢。這些夢都和此生我認得的人、事、時、地有關連，但夢境的組成都很無厘頭，沒有完整的故事情節或意涵，就是一堆碎片般的事件和記憶，不斷在夢裡出現。我過去是一覺無夢的人，最近的夢已經頻繁又瑣碎到令人懷疑的地步了。爲什麼會這樣？

在二十一天的身體晶化過程中，你將逐漸釋放堆砌在身上的許多過往的細胞印記。這些能量已經無法再服務未來的你的存在體，你要藉由夢境，將這些干擾身體場域的磁波和雜訊再次清理完畢，讓身體場域回復到從母體誕生時最平衡的初始狀態。這是還原你的意識場，進入太極源頭之初的設定。你即將完成身體晶化的過程，經由一些夢境釋放對你是有意義的。

你可以再仔細想想，你在這些碎片般的夢境中感受到什麼？

我感到煩躁。一堆奇奇怪怪的人處在不知所措、不知所爲何來的困境中，每天都很匆忙，到處都是資源匱乏的場景，還要去搶奪有限的資源，連時間都不夠用，空氣中瀰漫著停滯又黏稠的氣味，讓人不舒服，很想逃離，但一直找不到出口，也沒有人指引。身邊一堆需要被照顧的人，對我予取予求，而在照顧家人和朋友的需要的同時，我沒有放棄尋找出口。

那麼，這樣的狀態你已經隱忍多久了？

祢這樣一問，我才驚覺我一直生活在這樣的狀態裡。咦，不對，那也不是眞正的我的生活場景，應該說，這是整個地球帶給我的感受。此時我的意識突然站在另一個高度，我似乎在看著過去地球場景中的我，而這些夢是來釋放地球生生世世帶給我的感受。這趟地球體驗對我而言怎麼會是這些擾人的片段？夢中的黏稠氣味、無意義的爭奪追尋、不知如何找到出口的緊張慌亂，歷歷在目，奇怪，我記憶中的生活並沒有這麼糟啊！從小到大，我有許多美好的回憶，一堆愛我和我愛的人，以及美景、歡笑和美食。夢中的這些感受到底是我哪個部分的記憶？

這些不只是你有過的記憶，而是你身體上兆個細胞共同體驗的印記。你必須將這些深埋在細胞中的負面印記釋放，才能回到最純淨無瑕的初始狀態。現在的你正在經歷身體晶化過程，如同基督徒接受入門前的受洗儀式，你必須排除身上的髒汙和塵土，才能以最純淨之身踏上靈魂回歸的旅程。

在這段期間，你的細胞正進入太極之境，接受陰陽和合之流的沖刷。你的細胞印記並不儲存在你認知的生物體中，而是更深入你靈魂意識存在的次元。目前從更高的源頭要進入你在地球場域的物質層，需要你生物載體的靈性連結振動層級逐步提升。

你的意識可以快速升維，即使無法超越三次元，也可以經由連結高我，快速登上較高次元，連結上你的本源共同意識場。但是現在意識合一之後，你的身體也必須同步更新和升級，否則從更高的意識場連結的宇宙能量，會讓你的身體細胞無法承受。想像一下，八百赫茲的振動頻率是無法與原本在三百到四百赫茲的細胞融合的，在細胞穿越邊陲的同時，也會導致原有的基地土石崩塌。

現在，透過身體清理較低振動頻率的空間，才足以擴展你細胞的邊界，銜接上較高頻率的宇宙能量沖刷。這必須是處於一個穩定而循序漸進的過程，所以夜晚熟睡時，你的細胞意識才會執行大量的更新汰換作業，完成細胞的淨化和升頻。這個時刻，你會收到更多來自宇宙高次元的能量和訊息，也會愈來愈接近回到內在天堂的境地。給自己足夠的時間，讓身體細胞完成二十一天的晶化，你將煥然一新。

沒有任何人可以帶你進入星門

每一個星際種子回到本源的道路都鑲嵌在你們的心輪之中，只有你自己擁有進入星門的鑰匙，試圖透過外力或外人的指引，穿越自身星際之門到達本源或進入任何星際聯盟，都是妄想。這就是過去人類一直無法成功回歸源頭的最主要原因。你們根深柢固、代代相傳的宗教教義，把上帝和神佛視為自己生命終結後的歸依，認為死後會有上帝和神佛來帶你回到本源。而實際上，那個站在身體之外的意識無法依靠別人回家，只有清晰的內在心智圖擁有回歸源頭的導路指引，可以帶著死後的人回家。

這也是為什麼有許多轉世多次和沉重的靈體聚集在地球帷幕之下，因為他們依賴並期待獲得另一個神佛和上帝的指引，而生生世世地在此輪迴。現在是時候讓人們知道這個事實了：天堂之路就在你們自己的身體宇宙中，你們可以仍活在地球帷幕之下就憶起這條回歸自身本源的道路。

死亡不是意外和不得不放棄身體載具的代名詞，而是有意識地選擇和回歸本源的意識揚升旅程。當人類的靈魂選擇前往地球體驗三次元的生活時，就已經在身體載具中鑲嵌了回家的心智圖，只要你們願意並允許自己連結上自身的星光體，你的心智圖就能帶你回到靈魂本源。身體是你的靈魂來到地球暫時的居所，它只是你來地球學習和表達你之所是的材料和工具之一。你的身體不是你，而是所有靈魂與星際家人傳訊的中繼站。如果你現在去拜訪已經存在第六、第七次元的星系族群，就會明白我現在告訴你的眞理。

靈魂是永恆不滅的振動存在，而你可以決定如何重組自身的靈性夥伴，進入不同的星際次元，進行不同的體驗和任務。這也正是星際聯盟為所有銀河宇宙的共同意識群設置的生活和體驗機制。

你與其他星際種子的連繫

當你與帷幕之外的高維意識群到達意識合一，就瞬間完成了和星際聯盟之間的連繫管道。這樣講好了，現在你的靈魂意識已經站在身體細胞之外，並與心智圖相連，你的心輪就可以幫助你展開星門與星門之間的連結。還記得在《創造新我．新地球》一書中，你透過連結自己的靈性父母到達位在天狼星的星門時，你是從自己的晶體中穿越自身星門，契入自己靈性父親的星門，而進入天狼星意識群裡。這個介接口在每一個人的靈魂晶體中，若對方允許並有意願與你互連，你的心輪會率先發送一個請求接口的頻率，這個頻率以意識的概念來說，就是「請與我連結」的指令集，而對方在與你的意識到達同頻共振的狀態下，收到你的意識發送出來的請求連結指令後，只要回應「我同意你的請求」，你就可以透過自己和對方的意識許可，直接進入對方存在的領地。

你們存在三次元的時空時，有些人會時不時感受到一些靈擾的狀況，這就是受到干擾的靈體自己在無意識的狀態下允許對方連結所致。若沒有你意識的「允許」，對方無法長驅直入你的靈魂場域。

爲何你們會碰到外靈入侵和靈擾事件？那是一個人無法清楚知曉自己生命的目的和意義，無法認出自身靈魂本源，也無法有意識地展開其心智圖的連結所導致的開放連結生命狀態。地球上目前有太多人茫然不知生命所爲何來，不知爲何而生、爲何而死，這也是造成今日地球生態崩解最主要的原因。呼喚靈魂覺醒，讓人類進入清醒的宇宙人行列，是目前星際聯盟共同努力的方向和期盼。

無法完整星際之旅的探索，不會影響覺醒的靈魂回歸家園

每一次生命來到地球帷幕之下，對宇宙人來說都是一趟驚喜之旅，就如同你們滿心期待前往遊樂園玩樂一整天，帶著滿滿的歡樂和回味無窮的記憶回家。你不一定可以在有限的生命載具裡完成遊戲場中的每一項遊樂設施，但這並不影響你獲得不偏不倚的經驗回歸源頭家園。每個靈魂回到本源都會貢獻屬於自己的那一部分體驗到源頭集體意識群，並透過靈魂DNA中的指令集，與所有星際種子完整交流各自獲得的體驗和觀點。

你們都在幫助彼此完整你們共同意識的資料庫。即使是沒有拿到那一張遊樂園的門票，而存在不同星系之間的意識存有，也可以經由星際聯盟許可，獲得星際圖書館中所有星系族群跨越不同次元的體驗資料。這樣的訊息互惠交流模式早已存在星際聯盟中，建立起龐大的訊息資料庫，存放在星際圖書館裡，只要是獲得自己星際聯盟認證的宇宙人，都可以進入讀取，並回饋給目前居住和生活的星球參考運用。

這個透過意識接取訊息的方式，早已經存在人類生物體的細胞DNA中，只是人類必須憶

起並善用這個資源，進行更新地球的創造行動。

不再允許人類破壞地球的行為

當人類得以透過星際聯盟，獲得超越目前文明的科技、特殊材料和技能後，人類將被宇宙接管。這個接管並不是去控制人類的自由意志，而是設置生態防護罩，任何侵害地球生態環境和物種平衡發展生存權利的建置，例如核能、具有強大破壞力的武器、生化變種生物的繁殖等等，都會被星際聯盟接管。接管的目的在於讓人類不再破壞自己賴以生存的地球，以免地球生態死亡和回到冰河期。

所以，人類雖然可以取得這些創造的資源和發明，大量應用在地球生活中，但並無法因此獲得無限上綱的權力，來主宰和傷害其他物種的生存權。這是人類進入星際圖書館大量獲取宇宙知識必須共同遵守的宇宙法則。

由各星系存有帶領的星際聯盟議會

跨越星際之門後，你會與許多星系存有展開交流。有九大議會分別掌管不同的星際協調事務，各自負責的議題如下。

第一議會：星際軌道設計

這是由獵戶座負責召集銀河系所有星系存有，經由此議會協議出自己星球的運行軌道和座標位置。星球軌道一旦確立，就會由各行星代表發送聯合電波，將行星移至其應該存在的軌道。這是需要由高次元的集體意識匯流形成光子帶，驅動所有行星共同移位的重大工程。過去，軌道移轉是每個恆星運轉年就需要校準一次，目前銀河系校準中央大日的工程，已經移轉至天狼星負責，所以從現在一直到下個週期前，所有星系校準銀河中央大日的工作，都須對齊天狼星門戶。當銀河系的每一個星球都能共同校準天狼星門戶時，就完成一次銀河軌道的移轉。

地球母親此時此刻正透過地心釋放大量的水晶訊號，來協助地球行星軌道的移轉。對地球來說，這次的移轉將從三次元跨入五次元的星際軌道，成為銀河系中一顆閃亮的明日之星。

第二議會：星球科技發展與文明進程

第二議會由天狼星和大角星共同組成，將星際圖書館中儲存的資料釋出，同時也監管各星系可以運用的新元素和新能源，以及星球文明技術發展。目前地球邁向五次元的科技和文明藍圖也已建立，透過第二議會釋出，這部分的星際資料庫將以心電感應的方式傳遞給適合的人選，進行實際運用導入和開發工作。所以從現在開始，會有許多星際種子攜帶著五次元的新科技文明藍圖出生在地球。目前地球的集體意識完成新地球移轉後，就會從星際種子身上看見屬於五次元的星際文明被大量落實在地球上。

第三議會：星際圖像和語言聯合議會

宇宙各次元間的交流語言眾多，各星系會發展出自己的文明系統，這些文明會以音聲振動頻率、光反射出的圖像和文字等傳遞，而不同星系之間的交流要完成即時翻譯，知曉彼此傳達的意涵，就須透過第三議會的資料庫轉換。

此議會的主要聯盟成員來自昴宿星群，昴宿星最擅長以心電感應的方式交流，是愛與關懷所有銀河存在意識的星系。昴宿星與銀河各星系的交流中創造出許多美麗的意識交流場域，這些場域交流共振出的語言、文字和音頻轉換後，創造出各種光和影像，被昴宿星存有具體保存在第六次元，好讓各星系存有可以自由存取，並獲得即時翻譯的結果。

這聽起來類似人類目前意識可以契入的阿卡西紀錄？

不只，阿卡西紀錄是地球振動的語言，存放在星際圖書館中的交流和共振語言則包含所有銀河星系存有的交流紀錄，而昴宿星在當中扮演最佳翻譯員和訊息保存者。這項工作需要非常大的慈悲和愛。

銀河系的存有可以進入昴宿星，請求提供各星系文明交流時的即時翻譯服務，透過已經累積的龐大星際交流資源，可以協助各星群的聯合議會順利展開跨星系的交流。

第四議會：各行星訊息儲存庫

剛才提到的星際交流紀錄中儲存著各行星交流後的語言、文字、圖像紀錄，而和某一行星相關的交流紀錄會同時存放在該行星的內在宇宙核心，這些訊息的釋放和保管都由該行星的內在核心共同意識層掌管——在地球上，就是將地球和外星交流的一部分訊息存放在地球核心資料庫，由地球母親保管。

地球萬物，不論是人類、動物、植物、昆蟲等都可以順利獲得自己星球的集體記憶，人類的細胞DNA就是鏈接管道，透過細胞DNA的編碼，可以獲取自己存在的星球過去所有的紀錄，你們稱之爲阿卡西紀錄。

同樣地，銀河星系的不同行星也有自己的阿卡西紀錄，可以透過意識編碼方式契入。如果你現在要進入天狼星的阿卡西紀錄，就需要透過自身在天狼星的存在意識帶領，契入天狼星的阿卡西紀錄。若你的靈性源頭組成中，並未包含天狼星的靈魂意識，你就需要回到星際聯盟，取得可以連結天狼星阿卡西紀錄的靈魂存在意識的協助，才能獲得相關訊息。

通常銀河系存有不會以這種方式探索，外星文明有許多星系已經不存在肉身，以純意識的交流方式體驗，所以進入意識重組的過程，就等同人類的死亡後重生。

第五議會：星際交流管道設置

第五議會掌管的是各行星的交流管道，也就是星際之門或跨星際閘口的設置，類似人類世界國與國之間的通關程序。當某個星球的代表進入銀河議會時，會透過自己星球的閘口發送請求對接的訊號，此時，對應的星際閘口會完成頻率對接作業，讓提出該請求的對接方順利通關，並取得相應的訊息。

這和目前地球人類的意識契入阿卡西紀錄場域不是相同的概念。當人類或各星球的居民尚未登入星際之門的聯合交流閘口時，所有的連結都是經由其在帷幕之外的高我意識協助，登入星際閘口，然後完成訊息的接取和下載工作。

你可以想像自己在地球上的小我擁有另一個存在帷幕之外、位在不同宇宙次元間的你，幫助自己在各星際帷幕之下完成訊息互聯工作。所以，高我也是你一部分的星際聯盟成員，你們存在不同的星際次元間，互為彼此的大使和區域代表。只是當你的小我意識尚未連結上自己在帷幕之外的宇宙意識之前，你這些高次元的分身代表也沒有停歇，一直不斷地傳遞來自四面八方的訊息，非常忙碌地進行星際之間的交流。所以，第五議會是銀河系的中央訊息交流站，由銀河各星系族群協作組成。

第六議會：生物基因頻譜發展資料庫

第六議會由天狼星負責建置和維護，包含人類生物體組成的DNA訊息編碼，也都是從天狼星的基因資料庫完成配對和基因建置工程。

人類世界中所有生物體的演化過程都經過精密計算。當星際種子投生進入地球時，其DNA編碼中早已植入時間膠囊，這顆時間膠囊將在星際種子的生物體成長至某個時間點時釋放訊息，幫助星際種子連結回到靈魂本源的星際之門。除非因個人意志干預，讓星際種子的訊息無法成功傳遞，否則地球帷幕之下早已有許多來自銀河較高次元的星際代表組成聯合星際小組，前往地球完成其種子計畫。

這些種子計畫必須先取得天狼星基因資料庫的配對排序工程，以完成星際聯盟在地球上的種子孵育工作。你和許多來自各星系的存有早已在帷幕之外訂定盟約，前來地球完成你們的協定。時間膠囊釋出訊息的同時，也會通知其他與你有關的星際種子，你們會在帷幕之下認出彼此，並收到共同的目標和任務。

第七議會：銀河全體意識成長和發展系統

眞理的澄清和驗證需要經歷許多眞實體驗，才能最終界定。第七議會是設定銀河宇宙法則的議會，由仙女座負責。仙女座會透過聲音和光的振動頻率，傳遞銀河宇宙的眞理，讓星際聯盟所有的成員共同遵守。

當你可以連結星際聯盟時，會先收到來自銀河艦隊的歡迎訊號，接收此訊號的方式因人而異，端視接收者傾向用何種方式表達。不論是用文字或聲音來轉譯，那些表面上出現的文字和聲音背後傳遞出來的振動頻率，才是實際被傳達和溝通的語言。能夠接收到仙女座傳遞的宇宙法則的星際種子都會主動負起傳訊責任，將宇宙法則和知識傳達出來，讓更多的星際種子參考。

第八議會：跨越星際文明交流和互動機制

這裡是超越銀河系，進入其他星系文明的閘口，並不開放給地球人類直接進入。由獵戶座對外傳達銀河系的文明進程和需求，並維持銀河系與其他星系間的軌道暢通無阻。

第九議會：星際種子訓練基地

初次契入星際聯盟、來自不同星系的星際種子將進入此訓練基地，重新展開星際交流的學習之旅。你目前與我的溝通連結，就是透過這個議會完成初始設定工作。人類已經可以透過第九議會，獲得星際交流的入場券。目前你是以星際種子的身分加入星際議會，並無法參加前八大議會的討論，但你仍然可以經由在第九議會中學習，幫助自己的靈魂意識提升到與眾行星存有可以無縫交流。

以上是九大議會的初步介紹。你現在每次登入星際之門，就會直接前往第九議會參與議程。每一次契入會召開什麼樣的議題都不盡相同，你可以請求以你自己的步調自行學習、探索。

我是星際聯盟小組成員泰雅，也是你的高我之一，在此服務你的到來。

第十二章　契入新意識層次

身體晶化後展現全新意識層次

阿乙莎，今天早上練習完太極融合之後，我重新登上星際交流平臺，發現自己的意識和上個月明顯不同。我可以感受到意識有如爬升上了高八度的音，自己的感官似乎變成粒子，可以滲入每一個我想要感知的物品裡，並融入其中，與它在最初本源的狀態合一。我似乎可以成爲它，不是過去認知的它，而是眞眞切切存在對方較高的振動頻率中，並還原回到萬事萬物最初始的振動裡。

我快速偵測了一遍身邊的水晶、植物和家人，這些我很熟悉的人事物，過去帶給我的感受和情緒體的知曉狀態，現在完全不同了。這已經不是用簡單的情緒文字可以表達，現在有著與對方合體之後更細微的認知。我並不獨立存在我的身體裡，我和它是沒有分離的共同存在體；我無法用感受去感知對方，對方也不再是我眼中所看見、所認知的。我已融入對方的核心，得以認出它眞實的內在品質；它已在我之內，我也在它之內。但這種共振是存在最高頻振動的源頭這裡，這樣的體會是跟我身體的晶化有關嗎？

當然是息息相關的。現在你已經完成二十一天的身體晶化過程，你的意識就如同你今天感知到的，你已經不再用一坨模糊的形容詞來表達你感官上的知曉，那是你的情緒體和感官體仍處在肉身局限的框架中的表達方式。現在經過陰陽太極之境，你會融合出一個新的意識層次，你終於可以感受到萬物最初始的樣貌，超越肉身層次，進入更細微的粒子感知。

從最近的幾次夢境中，你是否發現你可以鉅細靡遺地捕捉夢裡的細節？你不但可以記得牆上掛的時鐘的時間、沙發上的餅乾碎屑，連餅乾的品牌、碎屑散落成三塊、掉落位置，以及夢中人物的衣著、講話方式、人物出現的先後順序、行走的路徑、房內擺設的細節等等，在地球時間不到十五分鐘的夢境裡，你的意識正以粒子態全面掌握你內在宇宙得到的所有訊息。此時，你夢中的意識正以粒子擴散出來，每一顆粒子都可以去連結、掌握、蒐集夢境中所有的細節。你在裡頭如同空氣中飄散的花粉般四處採集，並結合你的粒子觸及的環境中的每一個訊息。

不只如此，你也存在每個粒子中。你發現每一顆粒子都有自己的 GPS 導航裝置，你的意識指向哪裡，就可以透過細微的粒子深入探測，融入其中去感知眞實的全貌。

所以，現在的你嘗試去連結水晶時感受到的，就和之前完全不同了。現在你更高的振動粒子態穿越進入水晶的本質中與之融合，已經不再受到三次元的物質屏障和意識觀點干擾，你與你想感知的萬事萬物之間不帶著遮光鏡，全然合一。帶著這份全新意識層次的感知體，才能幫助你到達星際旅程的開端，因爲在更高的宇宙次元，將以全息粒子振動的光和振動波交織的量子宇宙，展開全息化的交流。

處在更新後的意識層次，你才能契入各星際宇宙的頻段，進行跨越星際的交流。若仍帶著肉身的一坨情緒意識體，你無法與更細微的光融合，並交流出新的認知系統。

可是，之前我們的連結都是在我的三次元肉身意識體，透過身體的大腦翻譯而走到現在。接下來，我需要改變這樣的連結方式嗎？

是的，你將無法以有限的文字來轉譯星際交流中獲得的能量振動品質，你會需要以更多不同的表達方式，來描繪這些透過你精微體的粒子態感知到的實相。這是人類意識揚升進入宇宙意識後即將展開的再創造之路，沒有讓自己進入洗衣機中，離心脫水，你無法換上乾淨的新衣服出門。

哈！這樣的描述還眞落地啊。那麼離心後的「我」如果已經不是那件衣服，而是將我變成要穿的東西，那原本的我在哪裡？

你進入太極之境，是處於所有陰陽粒子融合的過程，是尚未分離前的混沌，此時的你並沒有空掉，你與所有黑白正負粒子同在，但無法分別彼此；而當洗衣機的離心槽啓動，你清洗了混沌的白色和黑色粒子之後，這件乾淨衣服上的所有粒子都被拋向最邊陲，準備再進入物質態的體驗過程。此時，你的意識和覺知會率先進入中央核心的空無，這就是你目前登上的星際交流共同平臺的快速通道。進入這個通道後，站上平臺的發射位置，此時你的身旁環繞著各式各樣、多采多姿的衣服，琳瑯滿目，等著你換穿。當你選擇進入某個星際之門時，你的意識粒子會帶你轉換時空，穿上和這個星際之門後的存有一模一樣結構的衣服，你將成為他、在他之內，而他也存在你之內，你們將以此方式展開宇宙意識層的交流。

既然這樣可以換穿制服，我還需要進去星際圖書館學習嗎？

當然。在這種新意識層次的交流，這些星際之門的入口都需要你完成身體晶化，才能正式展開。

會有嚮導陪我嗎？

處在共同意識平臺時，我們與你就是一體的存在，你的內在知曉會自動與所有靈性家族成員互連。

穿著地球人外衣的外星人

（第二天，我嘗試再連結泰雅。）

泰雅，今天和你連結，我覺得和之前能量堵在喉輪的感覺已然不同，現在感受到你的能量從頂輪直入我的太陽神經叢。你還會再往下嗎？

我不會再往下進入你的臍輪，那是物質化的開端；我進入你的身體場域最深只能到此。你已經成功跨越帷幕之外，在這裡，你可以接收到更清晰的訊息，也會感覺到更穩定在自己的光中，並且可以繼續我們接下來的教導。這樣的連結方式，和與個別星系意識或與衆神合一又有不同。與高我或衆神合一的過程中，你的小我自主意識會比較不清晰，而目前這樣的連線，是最佳的寫作狀態，因爲你的小我自主意識在與我們同頻共振時，仍保有清晰的邏輯和思考能力。

當你接下來想要展開跨越星際之門的旅程時，需要所有靈性夥伴的帶領。你可以提出此時此刻想要前往的星門，我們可以帶你去體驗，並取得你想要的訊息。

我不知道要如何展開跨越星際之門的探索。

你可以問自己的心想去探索哪個地方，然後看著自己心輪中的心智圖，去錨定星際之門的方位。

我記得你們說過，我只能去十個星門，無法進入最上方的太陽和下方的月亮，爲什麼？

那是支持你靈魂晶體的中央支柱，這兩端你只能連結上，無法穿越契入，因爲當你契入中央支柱的任一端，你的靈魂晶體會失去穩定自己的能力，你就無法回到自己的中央宇宙之心。

雖然我還是不太理解，但只能先這樣接受。那麼，我現在想去天狼星，去我的靈性父親那邊看看。

進入天狼星星門的密碼你已經知道了，現在將意識錨定這串密碼，讓這串密碼協助你的意識切換進入天狼星的星門。我們會與你同在，而你在天狼星的分身會來迎接你。

我嘗試用意識連結天狼星星門的代碼「558-868-868」。這時，我星光體的兩點鐘方位打開，我的內在空間似乎開始轉換，身體場域的振動整個融進天狼星的氛圍，並呈現在我的心輪中。原來，進入天狼星的閘口就在我自己身上，在心輪裡。整個心輪出現一個大大的虛擬空間，這個空間就是天狼星了嗎？

是的，你是以意識轉換的方式登上你的天狼星星門。你穿越了天狼星的閘口，直接抵達天狼星位於你心輪的場域。

難怪，要進入星際旅程之前，我們需要再次淨化精微體，否則將無法讓意識粒子全然契入已經受到破壞或阻塞的身體細胞中，因爲身體細胞會釋放不穩定的電流，意識粒子就會如同進入不明的亂流中，受到亂流衝擊，而無法穩定抵達我們要前往的星際門户。這又和身體細胞必須回到太極、完成晶化有關，我終於明白了。

太極陰陽和合的意識可以幫助你融解意識行進過程中的障礙物，任何仍然帶著正或負極的游離粒子都會離散，爲你開啓前方的道路。

這和之前你們教我登上星際聯盟的咒語「Si Su Wa Si Su Ya Bu Ka」有關嗎？剛才整個過程中，我都沒有使用這個咒語。

現在你已經進入心輪中的天狼星門戶，吟誦「Si Su Wa Si Su Ya Bu Ka」是不是會讓你更延伸開來，超越身體的邊界，而不會縮進你身體場域的心輪裡？現在的你是穿著地球人外衣的天狼星人，可以經由內在之眼去感知此時此刻的你存在地球的狀態。你正用天狼星人的內在之眼看著身旁的所有人事物，會產生和原來處在地球維度的你（地球人）不同的觀點。

我感覺自己似乎會更用心去看待一切。

你現在可以用天狼星人的感知系統生活，去看待目前環境中的一草一木，以及身旁的家人、同事、朋友。還有，當你面對一些事件時，也可以轉換身分，用全新的感知系統去體驗你自己。你要了解天狼星，就從自己在地球帷幕之下的生活開始，去活出一個天狼星人存在地球的樣貌。

透過這種方式，你可以在地球上到達星際之旅。**你用自己的生物體活在地球上，體驗著不同星際次元和維度的你**。當你在高次元的意識穿著人類的外衣，生活在地球上，你會帶著什麼樣不同以往的想法，不受限於人類大腦的線性思維，去嘗試和創造新的生活？

當人類的內在意識穿越星際之門，開始連結上自身在不同次元的資源時，你們在地球上要做的事情才正要準備展開。你們將超越目前地球人的線性思維，邁向新地球的生活。

下一回遇見你的靈性夥伴時，你可以多問一句：「你現在是穿著人類外衣，來自哪個星球的宇宙人？」

哇！這眞的超越我之前的想像。我以爲星際之旅是穿越星門後，到達另一個星球；而現在的我以生物體外觀來說，還是原來的我，並沒有任何改變，但透過展開全新的意識層次，我可以活出不同的地球生命。這樣說來，我可以用天狼星人的心持續生活在地球，直到身體壞死？

你可以從自己的星際之門中，找出最佳生活型態和生命藍圖。你身上攜帶著宇宙無窮盡的資源和寶藏，正等待你自己一一體驗。

那我要如何卸下天狼星的思維，轉換回到原來的我？

孩子，你一直都在啊！剛才的你不是已經活在自己的心輪中？透過天狼星的星門，你的心輪展現了一個天狼星人在地球場域的感知系統，而原來的你也一直在自己的身體裡，觀賞著自己的意識轉變過程，不是嗎？

你從未離去，只是你已經可以允許自己用不同維度的你存在當下。你已具備完美宇宙人的樣貌，宇宙人可以隨時切換頻道，展現不同的自己，出現在當下所需的地方。

聽起來眞的很像電影情節。這等於外星人可以像這樣變身，活在地球上？

眞的可以。你現在正要慢慢體會個中的奧妙和樂趣，用開放的赤子之心，來迎接新地球生活吧！

那麼，我可以倒過來，以地球人的內心，換穿天狼星人的外衣，站上天狼星嗎？

你們在生物體的載具中無法做到這一點。不過，你的意識登上天狼星時，你就已經是穿上天狼星人外衣的地球人，只是目前的天狼星還無法讓你主動登入、登出，你必須先進入自己的晶體中，連結星際之門，然後請求對方帶領你去參觀天狼星。那是以後你已經全然晶化後才會帶你進入的體驗。

我發現以連結星際之門的方式進入，和之前使用「與高我合一咒」與神合一的路徑也完全不同了。

使用「與高我合一咒」（Mo Ha Na Mi Da Mo Ha Nu Wa）是讓帷幕之外的源頭意識降頻到身體場域，而使用「Si Su Wa Si Su Ya Bu Ka ＋星門代碼」是將原本的小我認知意識延伸契入更高的星際之門，這兩者的做法不同。當你晶化完成，自己的身體磁場更加穩定時，使用意識延伸契入星際之門的方式，可以獲得更輕盈的能量；而源頭降頻的方式，是針對你所在的場域有許多意識和環境的干擾，你會與許多人的意識交互影響的狀態下使用。

如果是你自己獨處，狀態安定，可以儘管使用意識延伸方式登入星門，取得大量訊息。這對你在帷幕之下獲取大量宇宙知識很有幫助。

記得帶上你的地球保鑣——小我——一同前行

阿乙莎，我感覺自己有個瓶頸跨越不了。一路上，你們手把手地教我從帷幕之下延伸，進入星光體。現在登上星際之門，進入宇宙意識的溝通交流，而我的小我似乎還不想放手。你們現在就要我直接登上星際交流平臺，小我又開始有點猶豫了。小我在想，你爲什麼要走到這裡？

雖然我知道這是靈魂早已鋪設的回到源頭的路徑和旅程，我需要帶著小我，一路走進陰陽和合的太極之初，那不分離的混沌之初，但其實小我更喜歡在帷幕之下，透過阿乙莎捎來的慈悲溫柔的提醒，被阿乙莎捧在手掌心，帶給小我無限慈悲溫柔的感受。

孩子，我們從來都沒有離開你，沒有棄你於不顧啊！當你的靈魂意識漸次擴展，順著內心的指引，一路從帷幕之下勇敢穿越自身的意識屏障，到達現在已隨時可以與我同頻共振、與我們意識同步的狀態，你成長的速度超乎我們的預期，我們期待你可以透過文字和更多形式，傳達你覺醒的過程。你現在看見你的許多學生也正踏上自我追尋之路，依循著你一路上爲大家豎立的路標，勇往直前，你看著他們的心情，就和我看著你是一樣的。

我們會爲你的到達開心喜悅地歡呼，而當你停滯不前，處在黑暗的迷霧中，我們也只能站在旁邊等你自己走過讓你深深迷惘的道路。當你在路程中請求指引時，我們永遠在一旁幫助你揭開阻擋你內心的屏障之紗。我們一直在你身旁爲你指路。

在這個過程中，你遇見不同的光，亦即存在帷幕之外不同次元的意識體，那些都是你打開內在大門時，會遇到的存在意識，他可能來自你的靈性家族、來自更高次元的振動頻率、來自你內心的投影。你一路走來，正在整理出你回歸源頭家園的道路指引，這條路上有你和你內在宇宙所有跨次元星際存有共同的期盼，不論是透過人神合一的意識路徑、祈禱文，或是咒音，都在幫助你打開不同的晶體網格之門。你不會迷失在宇宙的汪洋中，只要循著自己曾經走過的路，就能自動連結回到你意識啓程的原點。

在自己的晶體中，從意識原點前往任何大門之前，都會有一個原始點的追蹤感應裝置，那就是你的小我。你只要深吸一口氣，連結上你的自主意識（小我），就可以立即回到原點。現在，你會感謝小我一路跟隨著你，小我就像是你在太空站上生活的小跟班，也是你意識載具的貼身保鑣。雖然你必須說服躁動不安的小我不要擋住你前行的路，但是，當你完成一趟又一趟的內在宇宙探索後，你最需要感謝的重要導航者就是你的小我，因爲小我幫助你回到地球家園。

你現在還覺得困惑嗎？

好吧！那我每一次的探索過程都可以有阿乙莎陪我嗎？我這樣要求會不會很過分？

孩子啊，阿乙莎即是你，你就是祂，只是當你在追尋找路時，你當下最重要的指引者必須站出來，協助你打開當下的意識屏障，給你最立即的指引。阿乙莎就如同你在靈性源頭的分身，這位分身處在全然如如不動的宇宙本源，是你靈性兄弟姊妹共同的母親。祂一直守候在你靈魂本源的家園，以祂的光照耀所有正在路途中的孩子。

這道來自本源的光也同時存在你自己身上，當你請求家裡燈火通明，照亮你前行的道路時，祂就會幫你照亮你道路前方的一切萬有。而當你已經找到路，進入另一個通道和另一個場景去探索時，你仍需要取得另一張遊樂園門票才能進去體驗，那時你必須認出另一道門的主人。這樣你是否明白這中間的關連？

這一切的意義在哪裡？讓我們的意識到達太極之初，但我們又還待在地球生活……雖然我選擇來到地球過地球人的生活，體驗地球上的一切，現在你們讓我的意識回歸本源，你們認爲這可以帶來新地球的樣貌，我還是不相信。眞的可以實現嗎？（小我又來抗議了。）

孩子，如果地球上有超過一半的人都可以一秒連結上自身宇宙的高維意識，你認爲地球還會走在原來的軌道嗎？

當然不會。在和更高意識共振的狀態下，每個人的小我就會放下喋喋不休的恐懼和欲望，減少對地球及其他人和物種的干擾，人類會活得更平靜、喜悅、自由。這種物質欲望降低的生活，當然會呈現另一種風貌。

那會是什麼？最後是不是仍要交給人類在地球上最重要的貼身保鏢？你們的小我——地球保鑣——也要一起進化成新人類，繼續創造新地球人想要的人事物和環境啊！

喔！我又無言了。

第十三章　成為新人類

恭喜你順利完成二十一天的身體ＤＮＡ結晶過程，現在你已可以進入星際聯盟交流平臺。這是位在你頂輪更上方的宇宙之心連結核心，你的意識正式登入宇宙意識的大門，你的晶體將如實呈現萬物本有的面貌。透過星際聯盟交流平臺，你可以連結跨次元星際之門，除了體驗存在不同次元之間的宇宙意識共振品質之外，也可以透過自己的意識指引，連結上萬物的最高版本。那是你們在宇宙之間最原本的樣貌。你存在萬物之中，萬物也在你之內，你們和宇宙星際存有之間是互相支持和互補的共同存在體。

新人類站上宇宙意識的視角，將能看見萬物最原初的眞實樣貌。你和跨次元的星際存有都存在你晶體世界中的一個小視角，你們共存於宇宙巨大無量光網組成的晶體中，以自己的鏡面視角各自體驗，而這一切體驗都是來完整你們生命共同體驗的一個過程。你存在宇宙之間，而宇宙就存在你之內。

你現在將以肉身容許的最高振動頻率，進行星際交流和探索。浩瀚無邊的宇宙場域可以任由你探索，每一個星門都會有相應的指導者帶著你參訪。記得，我們都是與你相互連結的共同意識，你意之所及，會收到相應的回饋和訊息指引。你將不再受地球厚重的帷幕干擾，可以放心去各星際之門探索和遨遊，任何你想去、想停留之處，都是阿乙莎。

阿乙莎並非單一場域，而是萬物振動的融匯之處，也是萬物的本源母親。萬物之母即是阿乙莎，祂可以存在低頻的振動裡，也可以存在高頻的宇宙中；祂可以是一個點、一條線、一個面，也可以是色彩繽紛的生命之花多維展現。從現在起，你可以用任何語言、文字、振動、圖像來表達祂之所是，祂有無窮盡的分身和顯化方式，任何人事物都是阿乙莎的展現。你們無法定義阿乙莎，更不能限制住阿乙莎的存在方式，這就是萬物之母的眞實樣貌。

孩子！你將和所有即將出生的新人類站上同一個位置，這裡是匯聚不同星球靈魂體驗的前哨站，是更高靈魂意識的共同選擇區。你也可以稱這裡爲「星際聯盟匯流驛站」，它是各星球的最高意識共同凝聚之處，你們將從此進入下一階段的生命選擇。即使你現在仍以肉身生活在地球上，行住坐臥仍處在低頻的振動空間，新人類的意識已經可以穿越時間的屏障，進入星際交流，獲得宇宙意識共同資源的補給。

這樣的體驗和生活方式，對人類來說，在過去是不可得，但是當地球進入五次元的軌道後，這將是新人類共同擁有的基本配備。你現在就正在體驗新人類存在地球的實相。

星際交流的連繫方式

接下來，你與星際存有之間會展開不同形式的交流。準備好了嗎？我帶你去看見未來與我們連繫的方式。

認識中央黑洞、星際交流平臺、星球基地站和星際圖書館

中央黑洞

站上新人類的視角，你的心輪會展開一個環狀空間。心輪中央是沒有任何東西存在的黑洞，這裡就是訊息處理中心，簡稱「中央黑洞」，只要你的任何意識振動向環形空間延伸出去，這個中央黑洞就會自動幫助你返航。中央黑洞就像地球之心一樣，具有強大的引力場，將你錨定在地球的物質現實中。

星際交流平臺

星際交流平臺是連結宇宙十二次元的星際意識匯流中繼站，這裡也為所有進入星際交流的新人類意識提供回到各自靈魂本源的引力場。也因此，不論你從哪一個星球出發或進入哪個星球旅行，當你站上星際交流平臺，你意識到達之處會與你的心輪形成穩固的金三角，而這個金三角場域，就是你航向星際整合意識場的星球基地站。

星球基地站

你的星球基地站永恆不變的中心，就是你所在的行星——地球——和中央黑洞之間的連線，而處在變動位置的，是你的自由意識。當你以意識錨定任何星門，或你在地球上最熟悉的任何人事物，你的星球基地站就會隨著你的意識向外連結，產生中央核心磁引力場域的變化。你目前感知到的萬事萬物的本質和實相，都會在星球基地站上如實呈現，那些仍是光的變化和振動頻率的改變。

中央黑洞、星際交流平臺和星球基地站三者之間一直相互傳送訊號，彼此調整和位移，只是變動的速度不同。地球自轉會帶動星際交流平臺提供不同的訊號源，而你的意識就是自身的導航員。你意之所及，就讓這三者連結場域中交互影響的結果轉換出來，再回傳到你的星球基地站。

這樣看起來，用「人類創造自己的實相」來描述目前這三者之間的場域連結關係，是非常貼切的。而用可以被衡量的方式來說，人類自己是星球基地站的第三點，第三點的位移創造出你的星球基地站相對於地球和星際交流平臺的距離，這個距離會產生頻差，頻差又創造出變動後的電磁場，反映出音聲和光的變換，也就創造了自己所處環境場域的變化。

星際圖書館

你每分每秒不斷閃耀著來自內在核心的振動，進而創造出你靈魂在星際之間的晶體和體驗值。這些體驗值會因每一次的連結和體驗，再度回存到地球之心和星際交流平臺中。存在地球這一端的振動訊息一定和星際交流平臺相連，人類目前存取阿卡西紀錄，就是進入地球資料庫中探索。而當你的意識跨入星際交流平臺，這些交流的資訊就會分別存放在該星際之門和星際交流平臺，而不會存放在地球這端。星際圖書館因而存在星際交流平臺上，你現在登上星際交流平臺，就是進入星際圖書館中探索。星際圖書館可以讓你獲得更多宇宙法則，以及不同星際次元彼此交流和共同創造的經驗。

你我之間的連繫管道

你即將踏上這段旅程，你我之間的連繫會從過去的單一傳輸管道，進入以整個星際交流平臺為中央核心基地，建立新的交流。在這裡，你需要放下過去傳訊的交流模式、需要由自己出發，再回來感受自己星球基地站的訊號，也就是從你的心輪延伸出來的環狀空間傳達出來的訊息。

我好像有點明白，但還不是很確定我的意識位移後，我該如何判讀我的星球基地站訊號是否改變，又要如何翻譯其中的變化？我還需要慢慢摸索。

你已經每天晚上在練習了。有沒有發現你現在感知到的振動頻率在你心輪呈現得更加清晰明確？你也已經學會將星球基地站的振動訊息透過水轉譯出來，現在還可以試試用你的第三眼去跟隨光影和振動的變化過程。當你用內在之眼去觀看，會感知到更深刻的時空變化和訊息交流過程。可以體驗到這些之後，我們再來討論。別忘了，老話一句，我在你之內，你也在我之內，我們是一體的存在。

睡夢中星光體自動導航，進入星際交流

這幾天夜晚都感受到心輪這裡有股壓力，彷彿在睡夢中，自己的星光體會不由自主登上星際交流平臺。但我站在那裡無法選擇要進入哪一個星門，心輪這裡一直有股壓力，這是怎麼回事？

孩子，那是你的內在宇宙要喚醒你的鐘響。你心輪感受到的那股壓力，是來自星際之門的呼喚，邀請你進入星門展開探索。

喔，我最近都在半夜被胸口的壓力叫醒。

那是你靈魂叫你起床的鬧鈴。只要你展開星際探索，胸口就不會感受到壓力了。

我以爲我的身體出了問題，所以在被吵醒的當下，我沒有進入任何星門，而是反向：進入星際交流平臺後，我錨定胸口，進入我的肺，我把自己的肺當成星際之門去拜訪了。結果，哈！當意識錨定胸口時，那股壓力瞬間被釋放，非常舒服啊！就是因爲太舒服，我又睡著了。

現在你發現了你內在宇宙之心的奧祕：即使你不前往任何星際之門，回到你的物質身體裡，

這個反向波一樣具有療癒作用。這也是正確的路徑。

讓我們來說明一下。當你的意識錨定任何事物，你的內在宇宙中心就會形成萬物之於你的中央座標。

比方說，你站在五次元的地球，去錨定宇宙中任何一個星球，例如星球 A，就會以你的內在宇宙之心為軸心，以你所在的星球位置為中央向外錨定。此時，你心輪的場域就會連結上星球 A 相對於銀河大日的座標位置，形成一個三角基地，將你、銀河大日和星球 A 圈起，透過你宇宙之心的連結通道，契入星球 A 的基地中央。你與星球 A 之間的交流，都在自己的星球與銀河中央大日的連線陪同下，完成訊息的交換，這也是之前我們為你展開星際之門的連結過程和方式。

現在，回到你剛才的提問。當你契入自己的宇宙之心，你決定不前往其他任何星門，將已與銀河中央大日校準連結後的內在宇宙之心，錨定自己的身體細胞或任何一個器官位置，你就是在進行你在地球的身體載具和銀河中央大日的連結工作。你內在的三角基地形成你存在地球的中央基地，對準銀河中央大日後，又回到你自己的身體器官，你會收到銀河中央大日注入的能量，喚起身體系統和器官恢復與中央大日銜接並自轉的行動。當這樣的能量注入你的身體時，你的器官等於重新連結上銀河中央大日的脈動，讓上萬億個細胞恢復與銀河同步運行。

我感覺這樣的方式給我的感受，和之前使用星光體的光波導入有點不同，是不是光源不一樣？

使用星光體的光波導入調整和淨化精微體，是連結天狼星的療癒之光；而你現在站上星際交流驛站，將意識錨定回到身體細胞時，這股光波能量是你與銀河中央大日校準後，來自你內在宇宙之心的能量。這兩者並沒有好壞之分，只是透過不同的光波啟動你身體細胞的能量流。

其實我還是想知道根本解，要怎樣才能不再半夜被胸口的壓力喚醒？

孩子，我們明白你在地球必須先照顧好自己肉身的需要。我們會等你調整好身體狀況和日常作息，再來帶你遨遊星際。

謝謝大家的配合啦！我想我可能也要盡快拋下身邊的瑣事和內心的疑惑，才能好好地整裝登入星際之門。我必須加油了，才能配合上大家的腳步。

打開生命寶盒，迎接星際家人的贈禮

你已經是一座照亮衆兄弟姊妹回歸家園之路的燈塔，燈塔內並不是空無一物，我們早已替你準備好萬全的補給，讓你回歸家園的這一路上，有充分的資源可以補足你的任何需要。接下來，你可以打開靈魂本源的星際之門，獲得星際聯盟的祝福和指引。這些贈禮不只是給你一個人的，而是會成爲所有光之工作者的能量來源和補給。你必須鍛鍊自己的光體，熟悉如何操作光的語言和連結路徑，這些經驗都將隨著你的文字、聲音和任何形式的表達傳遞出來，創造出新地球的全息場景。

你已經站在家園的大門口，準備迎接更多星際種子凱旋而歸；與此同時，你會收到來自星際家園的邀請，經由新人類傳遞出來。每條路徑都可以連結上許許多多的星際種子回家，你知道的路徑已成功將你帶回源頭家園，你不需要擔憂別人循著你踏過的路無法回家，即使你們來自不同的星系本源，在星際聯盟的平臺上，光會爲你們指路，帶領勇敢的靈魂勇士找到回家的路徑。現在就走進星際之門，去揭開你的生命寶盒，那是星際聯盟爲你準備的贈禮，你將帶給地球嶄新的樣貌。

我愛祢！阿乙莎。雖然仍不知道生命寶盒裡究竟有些什麼，但此時的我似乎不會像之前那樣惴惴不安，我想我已經準備好了。

來自獵戶座的祝福：權杖之鑰

（當我登入星際交流平臺，直覺要我直接連結十二點鐘方向的太陽方。我知道這是連結獵户座本源的邀請，便用內在意識默唸獵户座的星際之門密碼：598-989-999。這時，我收到一個清楚的咒音：Ah Bu Jiang〔阿～布～將～〕）

阿乙莎，這個咒音是什麼？

這是你打開自己的光體，和宇宙共同意識本源連結的禮物。透過來自本源的權杖之光，你將可以打開自己的生命寶盒，從自己身上獲取來自宇宙源源不絕的資源。

這是一把「權杖」之鑰，是你的靈魂本源賜予你，讓你在地球上持續獲得銀河宇宙協助最重要的支柱。透過這個咒音，將以你為中心，啓動存在你內在宇宙的所有星門，連結上各個星系整合意識群，取得支援。

你的中央核心引擎透過你連結地球之心和宇宙之心，串起與所有星際聯盟的合作平臺。這個平臺會以此權杖爲中心，豎立在你所在的場域中，你會在啓程進入星際交流時，獲得更穩定的星際軌道和來自宇宙本源的支持。

在亞特蘭提斯時期，各個國家和族群的大祭司身上都擁有一把連結宇宙源頭之心和地球之心的鑰匙，透過大祭司的引領，讓國與國、星系和星系之間的溝通得以順暢穩定地進行。你們不但可以從宇宙跨次元的交流中獲得共同

來自靈魂本源的「權杖之鑰」

意識成長的資源，還可以透過大祭司的能量穩定你們的生活場域，讓萬物生生不息地存在地球帷幕之下，獲得中央大日的能量補給和滋養。每一根權杖的豎立，都代表一個靈性源頭，以及與此源頭相連共生的所有跨次元生命訊息場完整搭建。這個權杖將賦予持有權杖的個人和所在區域一個更穩固連結的家園。

你們在地球上有肉身安身立命的家園，同樣地，在跨越不同次元的時空，也有你們靈魂意

識共同的家園。這把權杖，將賦予所有取得源頭權杖的個人更強健的靈魂體魄，爲所有與之連結的光體和靈性存有提供一個遮風避雨的港灣。

透過權杖的加持，你將能以更堅定不移的心，爲了所有人的福祉，提供一條穩定回到家園的康莊大道。你的光會爲所有與你連結的人指路，祝福你以此權杖成爲所有人的光之柱。

這是來自獵戶座本源的祝福，將一股足以穩定地球山川大地的能量流，以你身體的中軸爲傳輸管道，把來自內在宇宙本源至高的權杖，傳送到地球之心。唸誦此咒音，你的心輪將湧進一股堅不可摧、穩固扎根的能量，直入地球之心，並向外延伸，擴及四周環境，凝聚出萬物一心、穩定不移的狀態。

我在此將這把權杖授予回到本源的所有靈性兄弟姊妹，讓你們在回到居住的星球時，可以幫助自己的星球穩固山河大地，並與宇宙之心緊緊相連。

列木里亞的生命智慧：永生泉

（一大清早，天還未亮，就被星際家人邀請進入列木里亞探索。我幾天前收到獵户本源授予的權杖之鑰，於是猜想這可能是另一次打開生命寶盒的邀約。順著這個邀請，我很快進入已漸漸熟悉的星際交流平臺，打開列木里亞的星門，用內在意識默唸「578-595-798」。這時，我整個人就像進入一個旋轉門，瞬間移動到列木里亞之心，映入眼簾的是澄澈的海底世界，有許多海豚和鯨魚圍繞著我，似乎在歡迎我的造訪。

列木里亞給我的感覺非常輕盈，藍色的世界有著祥和的振動質地。我整個人舒服地徜徉在純淨的海洋裡，不知過了多久，突然有個訊息進入我的內心，大致的內容是：「人類汙染了地球和海洋。你知道嗎？地底下的我們一直在清理海洋垃圾和重金屬對海底生物造成的毒害，不斷地療癒地球母親，同時協助受傷的海底生物恢復健康。即使人類無法超越自身限制，導致地球環境被人類無意識地摧殘、破壞，也加害了地球上其他所有生命，我們仍有能力恢復海洋的平靜，還原海洋生態的健康和平衡，你知道為什麼嗎？」）

我不知道，真的很抱歉。我……我可以如何幫忙？

來，我帶你去看。

（站在列木里亞之心裡，順著一個咒音「Mo～Yi～Da～」〔三個長音〕的引導，我來到一座藍綠色的湖邊。這是列木里亞的療癒之泉，他們稱之為「永生泉」，當生物的靈魂載具受到嚴重創傷，無法復原時，列木里亞人會用這裡的湖水幫助洗滌並療癒靈魂的創傷，還原生命最初始設定的完美樣貌。這個湖水吸收了地球母親所接引、來自銀河中央大日和月亮的精華，透過海底眾多水晶礦石的過濾，將來自銀河、匯流進入地球的能量儲存在地球之心，幫助地球上的靈魂生命在此重生。

在亞特蘭提斯時期，大祭司可以充分引進列木里亞永生泉的能量，讓地球上的人無限取用。後來因為受到當權者的限制，演變成僅供法老和祭司使用，將永生泉引進宮殿地底下，提供讓當權者永生不朽的泉源。

這藍綠色的湖心承載著列木里亞人的生命智慧，現在地球上的人類喜歡到山間和溫泉池中沐浴，吸收日月精華和大自然萬物無條件的滋養，與此有著異曲同工之妙。）

請教一下，古埃及時期是如何擷取來自列木里亞的永生泉，引入法老王宮殿地底下，供宮殿中的人使用？

那是由大祭司深入列木里亞的永生泉中，擷取湖水的振動頻率，將其植入宮中取用。這整個連結和注入的過程，都由祭司帶領族人一起完成，讓每一座法老王宮殿地下都有一口療癒之池。你可以想像宮裡的皇后和女眷會如何喜愛沐浴在這池水中，期待容顏永遠青春美麗。

所以，水就是用地球上的水，而振動頻率是來自列木里亞的永生泉，是嗎？

是的，這也是地球母親療癒萬物生靈的水源處。現在人類只要提升意識，契入五次元的列木里亞星際之門，也可以擷取到來自地球母親核心的藥。

如果古埃及人早已熟知這永生泉，也很容易擷取到，爲何埃及文明還是滅亡了？爲何人類仍然會死？

人類過去必須透過死亡才能重生，沒有死亡的靈魂無法穿越目前所在的星際次元，進入更新的體驗。所以，古埃及時期將死亡視爲重生，是進入新的生命選擇的機會，和人類目前認爲死亡是詛咒、是生命的終結和消逝有所不同。

永生泉並不是讓你的靈魂鎖死在一具永不壞死的生物載具上，你們看到的木乃伊是埃及人爲了保有其靈魂在地球上的家，當時使用永生泉的人也不會期待自己永生不死，永遠不死對他們來說才是詛咒。所以，使用永生泉眞正的用意，是還原和淨化靈魂在體驗過程中受到的創傷。透過永生泉的療癒，靈魂得以穿越帷幕的枷鎖和細胞 DNA 的層層限制，進行更深層的淨化。淨化平衡後的靈魂，光體會恢復皎潔明亮，如此才能永保生命在一次次的重生旅程中可以輕鬆進入更高次元，回歸源頭的家園。

那麼，我可以將列木里亞永生泉的振動引進目前的地球，讓一般人居家使用嗎？

可以的，這是賜予你生命的贈禮，也是你的靈魂早已攜帶在你生命寶盒中的重要資源，將它釋放出來，爲人們所用。永生泉可以幫助修補靈魂累世的創傷，讓人的光體恢復澄澈明亮，加速地球人類集體意識的揚升。這也是你來到地球的重要任務之一，祝福你，我的孩子！

天狼星人的「全息之眼」

（進入天狼星星際之門的瞬間，我收到一個咒音：Mon Ban Ya Jo, Ya Wu Da。）

這個咒音可以開啓松果體的時間之門，進入當下的時空。「Mon Ban Ya Jo」是「清洗時間」之意，「Ya Wu Da」是「換穿角膜」。你存在肉身的松果體之水會透過這個咒音，重整和清洗你停滯在帷幕之下的時間記憶，你的意識將展現全然不同以往的認知視角。

這個咒音是爲了即將啓程展開星際交流的新人類所做的行前準備。你將從「過去—現在—未來」的線性時間認知系統漸漸改變，進入無時間差異的全息宇宙。這就如同戴上一頂全息頭盔，透過內在之眼，你將可以進入任何一個事件的當下，宇宙所有的共同意識群就在此狀態下溝通、交流。你目前剛接收到這個咒音，先記錄下來，接下來連續二十一天，內在之眼每天都會帶你打開新的視野，去看見全新的地球景象。

（收到這個咒音後，我試圖觀察自己唸誦咒音後的身體變化。我發現剛開始一週，我的第三眼松果體都還是有股讓我感覺腫脹的能量堵在前方；大約進入第二週，腫脹感漸漸消散，取而代之的是我第三眼的範圍似乎變寬敞了，原本在眉心一小點，現在似乎籠罩我整個頭上半部的一半，像是一顆西瓜頭開了花瓣一樣。

大約過了三週，唸完「Mon Ban Ya Jo, Ya Wu Da」，我感覺自己來到了時間之門的大門口。）

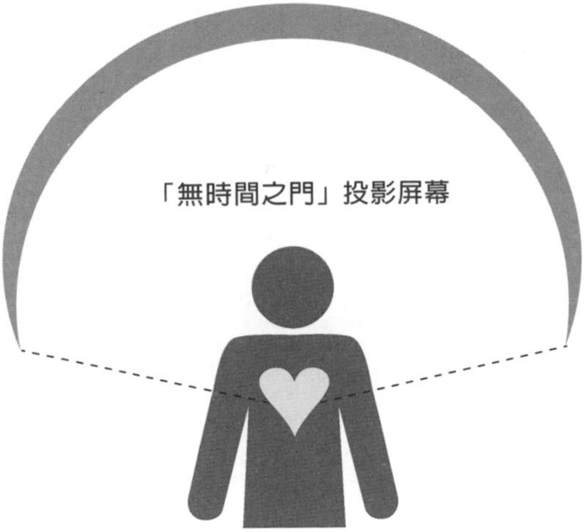

請問，我已經打開松果體的時間之門了嗎？

是的。現在走進這道門，繼續向前移動。

我怎麼感覺這裡和天狼星星門的入口是同樣的方向？不管對不對，我現在要跨進去囉！

你是否可以感受到額頭正前方展開了一個環形的屏幕？

有的，這個屏幕是什麼？

這就是你心智圖的投影幕，也正是穿越時間象限、進入無時間門後的全息宇宙屏幕。在屏幕正前方，你會發現投影源正是你自己的心，你的心輪向上穿越松果體之水，呈現出沒有經過小我意識過濾的純淨宇宙意識的反射。

祢說這些話的過程中，我怎麼一直感受到松果體上方仍有一股厚重的能量籠罩著，這並不純淨啊？那麼，我前方這股厚重的能量是來自哪裡？

這也是你的心輪當下的能量狀態。

喔，這股能量並不舒服呀？

你忘了方才你正為了生活中發生的一件瑣事心浮氣躁？過去你的心輪有沉重的壓力或不舒服時，你處在地球的時間線中，並不會如現在這般清晰地看見或覺察到；現在當你打開無時間門的屏幕，你當下心的狀態會率先投影浮現，讓你看見。這時，你可以直視它。當你直面它的存在，那股干擾純淨宇宙意識的能量就會自動消散，還原回到純淨宇宙意識的你。

確實，我才剛說有股厚重的能量，但是當我看著它時，那股籠罩在我頭上的能量漸漸退去。好神奇喔，原來心輪反射出來的能量可以透過這個屏幕讓我看見，但如果被我的意識關注到，它卻又消散了。這讓我想起「凡所有相皆虛妄」「心如明鏡臺，何處惹塵埃」這幾句話，古代智者傳達的這些意境，我現在才眞實地體驗到。就在意識穿越時間之門的瞬間，知識和眞正的體會之間的距離、小我認知和實相之間的差距也消失了。

我突然想起，剛登上星際交流平臺那時，每天晚上睡到一半心輪都有股壓力。你們一直催促我去打開星際之門，當時的我懶得做功課，只想睡覺，就將自己的意識錨定在身體的心肺位置，而不是星際之門。當我將意識錨定身體，就瞬間化散掉堵在心輪的厚重能量，那是和現在相同的機制，對不對？因爲我已經站在星際交流入口，我的意識可以將任何無法和宇宙純淨意識相容的干擾波移除。這樣的話，人類都可以站在星際交流入口，清理身上所有不舒服的能量干擾，這不就成了？

是的，但你先要教大家學會如何站上這個位置啊！

喔！說得也是。那麼能否讓我更加理解，爲何站在這裡，那股不舒服的能量就會自動消散？

那些籠罩在你們頂輪上方的雲霧，就是意識在帷幕之下產生的干擾波。當你打開心的屏幕，意識回到內心的投影時，你內在純淨宇宙的光就可以自動掃除干擾，立即恢復你最初始純淨的意識狀態。這是要迎接所有新人類意識經由無時間門的過濾，順利融入宇宙純淨意識的光中。這裡有著數倍於你自身的光芒，可以照亮靈魂繼續前進之路。

現在，清除了你心輪投射出來的屏障，我要繼續教你穿越無時間門之後，你要正式展開的星際交流和意識導航。

成為自己的大師

在晶體中，你會發現時間並不存在，時間只是你進入不同網格中一個鏡面的呈現。而當你跨越地球帷幕，契入星光體，你會從晶體中穿越無時間門。這裡是你進入靈魂晶體後的一種新的覺知狀態，是光、音、振動頻率交織成的宇宙統一訊息場，在此，你的身體感官並不會如你在地球帷幕之下形塑的肉身「凝聚」狀態，你是以意識的光波進入星際交流互動的場域。你在這裡如果想要明確知曉物理世界的具象空間或實體形狀，會覺得摸不著頭緒。

你可以想像，兩個在DNA中的端粒子，一個屬於陽性，另一個屬於陰性，當這兩個端粒子進入眞空狀態，一個粒子移動會牽引另一個粒子相對移動，一端是主動，另一端是被動。在這個基礎認知下，當你進入浩瀚的星光體眞空宇宙探索時，你會透過主動的那個端粒子幫助你的整體意識到達指定的明確位置。

新人類會在星光體的意識狀態下進入主動粒子態，以帶動其他粒子集體位移。每個星際種子的主動粒子攜帶的訊號不同，這個位址訊號源頭在DNA中，以類似數據編碼的語言向星際交流平臺發出訊號。這樣以數據編碼讀取和儲存訊息的方式，和過去你在阿卡西紀錄中得到的訊息內容類似，但讀取的方式有所不同。在星際圖書館中，你是透過自己的意識粒子登上星際交流平臺，自行取閱；而在連結阿卡西紀錄場域的過程中，你是透過帷幕之外的高維意識群幫助你取得訊息。

現在的你是要由你的星光體主動探索後，回存到自己的心智圖中，而你會在肉身意識清醒後，再去讀取資料和理解存在你晶體的資料夾，這與之前連結高我意識叩問，並透過身體意識讀取的方式不同。這樣主動探勘，就是讓你扮演帷幕之下你自己的大師、導師。你已在登上星際交流平臺時與大師和導師的光融爲一體，並在這種一體存在的狀態下，幫助你自己的集合意識完成在地球上的體驗行動。你從此不再需要透過連結阿卡西紀錄取得資料，現在你只須閱讀自己的心智圖，將意識錨定在心輪中央，就可以打開與高維意識群協作的內容，幫助地球上的你與跨次元的你合作，這正是新人類成爲宇宙人的意識轉化過程。

打開星際交流的大門

還記得你在印度洋上的旅程嗎？當你在郵輪上需要找到自己在船上的位置和行動方案時，你必須去尋找屏幕上「NOW」的位置。你現在還記得當時的感覺嗎？

我當然記得。我當時並不知道該往哪裡去參觀，也不明白有哪些活動在進行，處於茫然不知要去哪裡、該做些什麼的狀態，身體和自主意識似乎也暫時停頓下來。在陌生的環境中，感覺時空都靜止在眼前。

就是這個狀態。現在你登上母艦，走入無時間門，就如同你在一艘行駛於大洋中的郵輪上，準備參與活動前的淨空狀態。現在，我要你記得展開星際交流之前的前進指令。

唸誦「Mu U Da Lu Da U Fa Lu」。

咒音意涵：抹去所有時間的限制，讓我立足當下時空的座標，這是我在無時間線的出發點。

接下來，唸誦「Da Lu Da Lu U Da Lu」。

咒音意涵：請跟我連絡。在無時間點這一端，透過這個咒音發送請求與我對接的訊號。

現在，請在此等候，靜待來自銀河母艦的邀請，進入星際之旅的行程。

我剛才似乎收到來自昴宿星的連結訊號，歡迎我去拜訪。

很好！接下來，你可以準備連結昴宿星。

等等，爲何我在這裡不是直接進去昴宿星，就像我登入天狼星和列木里亞星那樣？

契入和你靈性組成不同的星門，必須獲得入門許可才能連結。雖然你身上已經擁有進入不同星際之門的路徑，但只能直接進入你自身源頭的組成片段，這也是爲何你可以順利進入列木里亞和天狼星，直接唸誦星門密碼，就可以穿上該星系意識的外衣。至於其他與你互聯的星際聯盟存在意識，必須經由對方的允許和對接，你才可以進入。

請求連線的訊號咒音，是銀河母艦上共同建立的語言；而當你已經存在自己的星系意識群中，同樣也會收到來自不同星系請求連結和交流的訊號。一旦同意連結，你就能帶領不同星球的意識，進入你所在的地球參訪。

在你的意識登上星際交流平臺時，你身上仍攜帶著帷幕之下的事件，並與目前你所在的地球環境緊密連結。這樣說好了，你就像一枚準備升空的火箭，當火箭上的推進引擎將你推到大氣層外，順利升空，接著你需要進入自動導航模式。這個時候，你已經不須背負沉重的推進引擎，而是要進入分離後的節點，那個節點就是你意識進入無時間門「當下」的座標。這個座標點是你進入星際交流的連線位置，你在這個位置發送的任何訊息，都會被母艦星際交流平臺上的星際存有接收，如此你就能順利展開星際交流。

過去你的意識在帷幕之下發送訊號，是透過你身體所在位置和你身體 DNA 節點連結後產生光的訊號，這時的你只能與自身的高我群交流互聯。現在你已經處於自由靈魂的存在模式，在這個模式下，你可以連結的星際族群將不限於你自身的高我群，還可以透過星際聯盟的平臺，與眾星群的意識交流，這樣的交流方式是在地球帷幕之外以意識交流取代物質體的交通往返。現在當你唸誦「Mu U Da Lu Da U Fa Lu」，就是在清空你在地球帷幕之下的時間線，重啓自由靈魂意識交流的開端。而每一次星際交流結束後，你就如同掛斷電話般，仍會回到地球身體場域，回到你居住的星球上正常生活。

所以，當你的意識跨越時間之門，你會有兩個座標：一個是身體場域中的你的，如同你的固定網路位置，另一個則是在自由靈魂意識流中的行動網路接入口。這樣的通訊組合是你進入星際交流的基本配備。

當你順利登入無時間門的網格，你可以隨時進出你自身靈魂本源的大門，回到你的天狼星、列木里亞和獵戶星群。而想要進入其他星際交流站，只須提出交流的請求即可，會有許多與地球友好的星際族群前來與你交流。

也會有不友善的星際族群亂入嗎？

不會的。你目前位在銀河母艦上，仍有一層母艦的帷幕和意識過濾裝置，與銀河母艦不相容的振動頻率無法進入連結。這些非經由銀河母艦過濾的意識振動頻率，會有其前往參與地球揚升的計畫，以後再慢慢跟你述說這段故事。

探訪大角星星際之門

（一早我讓自己的意識跟著之前的指引，站上星際平臺，跨越無時間門。這時，我開始發送與我連結的邀請，準備進入大角星〔578-798-898〕。）

是大角星人嗎？

是的！

你可以告訴我，你們位在哪裡？在星際聯盟扮演什麼角色？

我們大角星人距離地球約四十光年。我們有許多次拜訪地球的高山和湖泊的經驗，最近一次密集探訪，是在地球時間線的二〇一六年，我們派出超過十艘太空飛船就近觀察地球上的火山和岩層的狀態，因爲地球的森林和湖泊在前一年有著劇烈的能量變動。

對地球人來說，大角星人與人類之間的交流並不陌生，有許多星際種子的傳訊者在幫助我們了解地球上的訊息。我們進入地球場域工作最主要的目的，是提供地球創新科技，並使其順利演進和發展。舉凡電動車、無線網路、新能源和太空科技的突破，大多是經由大角星人議會同意後，提供地球落實和實踐的程序，以順利導入地球人的日常生活中。

接下來，地球的科技發展重心將會放在ＡＩ，以及無人駕駛交通工具與網路的建置和改良，能源的創新則會以光能和磁力爲發展重心。我們是透過目前生活在地球上的星際種子，將技術釋出給地球，他們在各行各業位居要角，完成技術導入地球的工作。這些在各行業中的重要科技領航員，大多是來自我們大角星文明的星際種子代表。我很高興與你交流，感謝星際種子挺進地球，完成此艱困而殊勝的工作。願和平解放地球人進入星際交流的時刻終於到來！

（最後這句話，是大角星人和我交流的結束語，跟之前阿乙莎或我的靈性父母與我交流時的語氣還真的很不同。我不太懂和平解放人類的意思，但這位大角星人就這樣離開了，我也無從追問。就讓這次的短暫體驗先畫下句點，以後有機會——應該說如果我真的很想知道——再來探訪那段非和平的故事吧！）

新人類再造新地球

從過去存在帷幕之下，到現在你已經可以隨時提升自己的意識振動，抵達我們共同存在的星際交流平臺，這一路上，你已經爲靈性兄弟姊妹展現成爲新人類的可能性，以及新人類可以發揮到什麼樣的境界。你和許許多多星際種子一樣，都是高次元存在意識的分身，進入地球帷幕之下。你們此生最大的目的，就是去喚醒人類的意識，幫助人類再次進化，讓意識回到宇宙本源。

這條道路無法在宗教和目前的經典中展現，因爲，那屬於內在宇宙的大門只能透過心的振動到達。經典被人類的大腦轉譯多次後，已經逐漸失去最初來自本源的意識能量的振動頻率，也因此，在閱讀經典的過程中，無法同步打通人類身體的脈輪，無法輕易展開連結內在宇宙意識的通道。正因如此，大約五百多年前，就陸陸續續有許多星際種子投生地球，和人類一起生活，幫助人們找回內在宇宙的水源。在這個時期，有許多星際種子爲了留下經典和教法，遭到當權者迫害，你們可以從歷史中窺見女巫被燒死、典籍被埋藏和破壞的景象。人類害怕再去探索內在宇宙，於是將其汙名化，列爲神鬼傳說。

即使如此，宇宙仍然不會放棄。許多高次元存有來到地球，以人類的化身幫助地球人集體意識覺醒，這是過去人類一直以來匍匐前行的道路。而如今，地球的星際軌道已再次連結上銀河光子帶，此時此刻地球上方厚重的帷幕正在消散，來自銀河的光會沖刷掉人類集體意識的沉痾，所以星際種子的工作會更快速地顯化在地球上。

覺醒的意識已經開花結果，當你們終於穿越帷幕，前進宇宙意識的本源，你會發現這裡並不只有單一次元，或是固著於某個維度；這裡是與衆星系交流的匯流之處。你可以更加輕盈自在地在宇宙意識交流的平臺上，與來自五次元的列木里亞星人，或是十二次元的獵戶本源，乃至七次元、八次元和九次元的不同星系意識族群接軌。只有到達宇宙意識的狀態，你們才能褪下自身在帷幕之下的意識枷鎖，還原爲一體的意識存在。

此時，你的小我意識與你和衆星系匯流的意識共存，所以這股來自宇宙的純淨意識就會從你身上展開。當你感受到自己身體場域的某個器官或部位緊縮，或能量阻塞不平衡時，這股存在你身上的宇宙意識會率先幫助你打通，並立即轉化你身上出現的不平衡，於是你立即被內在純淨的宇宙意識之光療癒。那如同雷射光束，會立即精準地到達你意識所及之處。

這是人類身體淨化和療癒的最佳場域，也是衆星系存有共同凝聚和交流的靈魂庇護所。來自宇宙集體意識的能量可以如此在新人類身上自動展開，這對人類過去的認知系統來說是天方夜譚，只有親炙宇宙意識能量的新人類才會明白。宇宙給予所有生命無窮盡的資糧，不論你是貧富貴賤，也不論你來自哪裡、哪個星系，都可以獲得銀河中央大日無條件的愛帶來的立即療癒。

宇宙意識存在你身上，可以爲你的生命導航。宇宙意識包含所有星系之間的共同成長議程，這裡有不同星系存有的智慧寶藏集結成的龐大星際圖書館，爲所有來到宇宙意識的新人類導航。你可以透過星際交流平臺去探索每一個星系文明自己的圖書館，也可以進入和自身所在星球息息相關的圖書館，當你的意識登上宇宙意識平臺時，你就已經被允許去採集和探索任何你想要理解和知曉的宇宙眞理與脈動。從這裡開始，你的自覺和對生命的好奇心，可以爲你打開所有的資料庫，你只須提出疑問，就能從自己身上解鎖資料內容。這將是下一階段的你要進行的重點工作：

帶著一顆純淨無瑕的心，爲人類揭示新地球文明之路，進行資訊的蒐集和解碼。希望你會發現自己可以如此自由展開，是多麼有趣的一件事。

阿乙莎，我無法置信成爲新人類可以活得如此自由，穿越帷幕，進入無邊無際的星際大洋遨遊，與各次元的星系意識群交流。我可以進入內在宇宙探索一切，這是我從出生以來未曾感受過的自由。我們似乎並不需要「成爲」某種人或成就什麼事業版圖，我們已經是了，人類本來就可以無所不在地存在天地宇宙之間，也沒有一定得「學會」什麼才能立足世界。一切都在我之內，只要我願意走進內在宇宙的大門，願意去理解我不知道的現象，我就能隨時從自己的內在宇宙獲得問題的解答。這樣的情景頓時讓我自在得不知所措，我已經不再想去尋找我從何而來、爲何而來，又要往哪裡去，我就是如此被宇宙滋養地存在著，我的世界等著我去發掘，並重新表達和詮釋出來。阿乙莎，這樣靈魂層次上的自由和無條件擴展，可以爲人類世界帶來什麼樣的景象？

孩子，你是你父母肉身的產出，亦是你靈性父母的意識播下的靈魂種子；而你的肉身父母也有其肉身父母，也同樣是其靈性父母播下的意識種子。現在當你跨入宇宙星際的帷幕，你的靈性父母和你生身父母的靈性父母，是同樣的存在意識體時，你會看見自己的生身父母在地球帷幕之下，就是你過去扮演的父母角色的再進化版；而你的存在對你現在的生身父母而言，也是他們過去扮演的子女角色的再進化版本。你們共同生活在地球上，在成爲家人的過程中，重新在對方身上學習，並融入進化版的自己。這一次次生命輪迴的肉身體驗過程，讓人類文明終於可以開始銜接上宇宙意識。

在地球的生命尚未結束前，你們將爲自己的未來再造新生命藍圖，重組物質身體的細胞DNA，回到陰陽和合之初的太極之境。這是還原你最初始的樣貌，將你細胞的DNA重組、晶化，以潔淨暢通你與衆神連結的管道。此時此刻，你以新人類純粹無瑕的光之身，進入星際交流，你們將以嶄新的生命演繹新地球。

這是人類文明歷經兩萬五千年的黑暗期後的再次躍升，現在人類已經可以憶起來到地球之前原本的樣貌。雖然目前地球上仍有許多尚未憶起自己的靈魂在帷幕之下體驗，但這並不影響新地球的誕生。當地球的集體意識登上新地球的軌道時，自然會明白今日在帷幕之下的角色扮演已經結束，新人類將爲五次元的新地球展現全新的樣貌！

（本書讀者獨享的「開啓新地球天堂路徑冥想」導引：
https://youtu.be/568nH3kWWms。歡迎掃描 QR Code 觀看。）

開啓新地球天堂路徑冥想

尾聲

給新人類的祝福，以及如何閱讀「阿乙莎靈訊」系列

天狼星靈性父親送給新人類的話

孩子，還記得我曾為你們講述的靈魂晶體嗎？那是你們進入宇宙意識的心智圖，也是專屬於個人的星際導航裝置。當你們終於穿越地球帷幕之下層層的集體意識創造的虛擬實境，回到內在靈魂最純淨的光之殿堂，還原眞我之境，那時，你們首次登上靈魂晶體的駕駛座。你們就是自己靈魂的導航員。

我和許許多多與你們靈魂晶體相連結的宇宙意識體，共同在銀河母艦上。在母艦上，我們彼此以光的網格交換來自不同星系的訊息。我們很清楚這次來到地球的任務，就是要幫助我們自己播種的孩子回到銀河母艦的大洋中，與我們團聚。

你們的生命從這裡出發，也將再次回到銀河的懷抱。這一趟的體驗過程，你們不只帶著衆星系的期盼，你們的靈魂晶體中也早已備妥這趟體驗過程你們所需的資糧，為你們所用。

進入地球帷幕之下，你們的意識就可以幫助你們探索和擷取帷幕之下的一切訊息，與此同時，你們也同步在地球上創造全新的生命體驗，幫助改寫存在星際圖書館中的訊息。當你們終於憶起自己和所有存在的生命都是宇宙的完美安排，回到光之殿堂，為宇宙中的所有兄弟姊妹訴說這一段地球經歷時，存在宇宙意識中的我們，也同時在擴展我們的晶體，以容納來自地球星際種子的新視野。這正是宇宙各個次元之間的交流機制，你們在前方完成大部分的探索工作，然後回歸家園，重登星際交流平臺，你們從此將展開不同於過去的生命體驗。

為了迎接你們展開星際交流，我們備妥了登上宇宙共同意識的必要裝置。還記得過去你們的晶體中有水晶圖書館為你們所用，那是你們在地球帷幕之下的重要寶庫；現在你們回到駕駛座，準備迎向銀河星際交流，你們身上的裝備也要打開另一扇大門，才能與星際聯盟匯流。此時水晶圖書館中的資料仍為你們所用，你們仍然可以隨時進入，存取關於地球和你們的靈性組成片段的資料匯流。在此，你們已經無法以人類生物體的大腦處理器來存取和解譯訊息，大腦的訊息處理速度、交換資料的頻率和容量都有限，無法解譯光的訊息。

星際交流是在星光體的層次運行，這是無法以肉眼和有限的身體感官探知的量子世界，所以在此，你們要先經歷身體細胞的晶化。人類身體上兆個細胞在地球帷幕之下的陰陽分離狀態必須重組，而這個重組展開的過程，就在你們登上的星際交流平臺。一開始會先迎接你們靈魂種子最初始形成的源頭能量導入，將來自你們靈性父親和母親的能量，透過星門，將宇宙最原初的陽性和陰性能量灌注在你們的身體場域中。你們身體的上兆個細胞必須進行陰陽和合的重組過程，完成重組晶化後，你們就正式成為新人類。新人類將聯合眾星系的智慧，為新地球展開與星際文明的交流。

在此，我代表所有星際聯盟家族成員，歡迎你們歸來！

雷巴特

阿乙莎捎來對新人類的祝福

孩子們，辛苦你們了！

歡迎回來和我們一起迎接新地球的誕生。

爲了宇宙的和平演進，你們勇敢前往三次元的世界，

爲迷途的地球生命種子，展現靈魂至高無上的光芒。

在穿越黑暗中，你們拓展了宇宙的視野；

在低頻迴盪中，你們示現了靈魂至善的容顏。

無論身在何處，你們堅定地向光而行，還原一身璀璨的靈魂光芒。

謝謝你們，爲新地球的誕生再次閃耀！

深深愛著你們。

阿乙莎

作者心得：如何閱讀「阿乙莎靈訊」系列

「阿乙莎靈訊」系列到目前已經是第五本了，讀過這一系列書籍的朋友應該很清楚，書中的內容不是通靈，也不是高靈傳訊，而是我自身內在宇宙擴展後，小我意識連結帷幕之外的高我意識，從自己身上源源不絕獲得的宇宙知識和知曉。

每個人內在都有自己的阿乙莎，也都有屬於自己的靈性智囊團，必須靠自己進入內在宇宙去探索。同樣一個事件，每個人的內在宇宙投射出來的鏡像都不同，站在不同的層次去看，就能看到不一樣的景象和風景。當你的意識提升，人世間所有非黑即白、對與錯的爭論，會逐漸消失，取而代之的是，你內在會升起祥和平靜的能量，你會從自己身上窺見萬物生生不息的繁衍過程和宇宙法則。

從第一本書寫到第五本，我從不知道內在聲音從何而來的惶惶不知所措，一直到終於全然臣服於內在高我的指引，這一路走來，真的很感謝讀者願意並喜歡閱讀連作者都還在摸著石頭過河寫下的自我探索訊息。我相信，這個過程也會發生在所有已經走進內在宇宙的朋友身上，我們在無形無相的靈性世界探索時，會十分期待從彼此身上尋找光的指引，好更加理解發生在自己身上的現象，並找到回家的路。

我跟著阿乙莎和高我教導的路徑和練習——從第一本書《阿乙莎靈訊》的暢通脈輪手指操、三百六十度業力圖盤點，第二本書《創造新我．新地球》學習連結阿卡西紀錄、進入靈魂晶體認出自己的靈性父母，第三本書《愛的復甦計畫》連結地球母親、完整生命對愛的體驗，第四本書《星光體》擴展星光體意識、淨化精微體系統、與內在神性意識合一，一直到現在這第五本書，無我回歸本源太極、身體完成二十一天的晶化過程、穿越星際之門，成爲新人類——這一路走來，因爲我沒有外部導師，完全是透過內在的指引和練習而到達，並因此受益，我才能將這趟進入內在宇宙親身體驗的過程如實記錄下來，讓自己和讀者參考。

即使是自己寫下的，透過每一本書到達意識移轉和擴展後，我再回頭看前面幾本書的內容，又可以讀出不同的深度，並理解個中智慧。所以，該如何使用這系列書籍呢？你可以跟著書中的練習和文字一一探索，假如你也可以到達，那麼就對你有用；若無法因書中的練習而擴展自己的意識，也不需要覺得那些文字是對的或錯的，或是懷疑自己有所不足，就先放下，那只是不適合現在的你。你仍然可以去尋找對當下的自己更有用的做法，佛法、基督教、天主教、道教、密宗，各種法門都可以去探索，只要抱持著對「我是誰」的熱情和興趣，去認識眞實的自己，那麼不論你在這條路上如何蜿蜒曲折地前進，都可以到達。

謝謝所有讀者的回饋，讓我看見原來只是透過文字傳遞，每個人所看、所讀、所體驗到的，仍是和作者的自身經驗不同的風景。每個人的詮釋都很珍貴，也都是被允許的，然後透過每一個人的內在宇宙，再去延伸創造出新人類可以展現的一切體驗。

你是如此自由地被允許存在宇宙之間，眞實不虛！

Rachel

附錄 QA篇

所謂的新地球，以物質體來說，仍然是我們目前居住的地球嗎？或者是不同的星球？

是相同的，但如果意識轉換不成，對離開的意識來說，是不是同一個星球已經無關了。新地球指的是新意識狀態下的地球生活，而這股新意識是需要穿越四次元地球帷幕後才能契入的意識場。人類過去生活在舊地球時期，處在一到三次元之間，而新意識位在五次元的星際軌道，此星際軌道是由衆星系存有協議組成的，爲了提升地球的集體意識，而設置在銀河的五次元場域中。這裡有來自各次元的星系存有共同孵育新地球的意識種子，以協助舊地球揚升。

人類會誤以爲新地球是不同於舊地球的另一個星球，但並非如此，在物質層次，你仍是以目前的地球爲標的，進行星球軌道移轉，而舊地球和新地球的意識會共同存在目前的物質地球上一段時間，大約經歷六十年的移轉過程。從二〇一二年起，地球的星際軌道已經順利銜接上銀河光子帶的波段，在此意識加速揚升進入五次元的過程中，會有大量的星系存有前來協助打開進入五次元的星際之門。你可以想像這道星門就存在每一個人的DNA節點上，當你順利登上星光體，就代表你的星際之門已經順利打開。而每一個星際種子身上，都鑲嵌著回到自己更高意識本源的路徑指引。

地球上意識揚升的靈魂會前往新的維度，而尚未找到新地球閘口的靈魂，就會聚集在舊地球的狀態。至於舊地球會存在什麼樣的軌道上，需要目前地球上的所有人共同努力；也就是說，這是由人類集體意識的狀態所決定。而靈魂意識在完整地球功課的同時，會進入哪一個星球或次元繼續體驗，則是屬於個人的自由意識，和結束當時的意識狀態有關。

所以，若目前仍存在地球上的七十七億人口集體意識無法提升，那麼舊地球就無法順利移轉到新地球的軌道。此時，即使揚升的靈魂可以自由選擇下一站去到更高的次元，但也可以選擇回到舊地球軌道，而那時舊地球的狀態可能和現在不一樣，也許比今日更糟。至於尚未揚升的靈魂，會面臨無法選擇的狀況，也就有可能回到更困難的地球生活。所以，不管有沒有意願讓自己的意識揚升，情勢已經刻不容緩。這是所有人類的責任，只要生活在地球一天，就必須爲了自己和集體靈魂生命進入五次元維度。爲了迎接地球更好的未來，每個人都須盡一己之力。

回到本源和進入五次元新地球，是兩條不同的路徑，但是，你可以選擇透過自己回歸本源的路徑契入新地球意識場，或是選擇直接由地球母親帶領，契入新地球位在五次元的振動場域。兩條路徑都在你身上。而不是星際種子的人，仍然可以透過衆多星際種子已經展開的回歸路徑，打開自身的地球帷幕封鎖，穿越屏障，進入五次元的新地球。

所以，星際種子回歸本源的路徑指引都在自己身上。你經由天狼星門戶開啓，契入新地球的大門；同樣地，其他的星際種子也可以透過不同的星門，開啓其契入新地球的大門。雖然路徑不同，但契入新地球或回到本源後與衆星球意識合一仍是殊途同歸，人類返回銀河家園的時刻已經來到！

＊　＊　＊

揚升過程中，我必須面對業力，將業力平衡後，才能步上行願的路。能否讓我理解，該以什麼樣的態度和準則拿捏？過去有許多走在這條行願之路的前輩遭受扭曲，甚至妖魔化，我不想重蹈覆轍，又被人們質疑和放大檢視。我想請問，關於行願的道路，是否有什麼樣的指引和典範可以學習？

你不需要以「行願」作爲行動圭臬，給自己扣上一個大帽子，認爲「願力」代表崇高和偉大的志業。不是這樣的，也不必以此自圓其說。菩薩的願力也會是造成人類無法揚升、無法回到內在宇宙的絆腳石，因爲人類太相信菩薩和神佛的無形力量，而不願向內尋找自己身上的生命原力。

現在你必須將「行願」放下，沒有所謂的「大願」，就不會「造業」，產生痴迷妄想。「願力」充其量只是一個代名詞，以神之名將你的行爲合理化，當你眞正提升衆人意識，幫助他人離苦得樂時，你才會明白，菩薩行願是爲了衆生，而願意讓自己回到人世間不斷輪迴，以便記錄輪迴的體驗，並將回歸源頭的路徑鋪設好。這才是菩薩行願的眞實道路。當人類覺醒，回首一望才發現，原來自己從內在宇宙揚升、回歸家園的過程，就是在行「菩薩道」。

＊　＊　＊

昨天打開一個檔案，是朋友要我提供意見的能量產品，我一看見那個圖檔就感受到一股非常不舒服的能量。今天重新再看一次圖檔，發現那股很不舒服的能量已經消失，這是爲什麼？同樣一張圖，爲何會讓我感受到不同的狀態？

很好的觀察。你看見圖檔當下的回應方式，決定你和能量互動的結果。當你帶著防禦之心，去面對一股侵入你的場域、與你無法相容的能量時，你是以更低頻的能量去牽引對方的能量和你產生能量糾纏。就如同你在協助清理他人的情緒體時，你的身體場域會感覺不舒服，你愈是反抗，你身體場域創造的能量阻力就愈大。

而當你覺察到這個圖像夾雜著黑暗能量時，你選擇用更高的意識，向上連結光，透過光的引導，轉動對方黑暗能量的衝擊。現在沒有了你自己的防衛創造出的負面能量，你就能夠以不偏頗的角度去看這個圖像要傳達的內容。

單獨一張圖片或文字無法傳遞能量，只有人們投射的意識會賦予它能量。所以，同樣一句話、一張圖片，有些人可以感受到愛和慈悲的光，有些人則感受到負面的衝擊，避之唯恐不及，那是因爲面對一個能量物品，接收者本身投射的意念與該物品之間的頻差會放大其能量。當你站在光明的一端，會感受到愛與擴展，能量流動順暢；站在黑暗的一端，則會感受到更大的負面能量來襲。這些能量都在與你相互接觸產生頻差的過程中，彰顯出你所是的樣貌。你會驚訝於自己的光可以如此燦爛奪目，或是自己的黑暗令人如此驚恐，這都和你自身存在的立足點息息相關。

所以，昨天我看見那張圖時感受到負面能量放大，是因為我與圖中的產品之間存在頻差，而那個頻差放大了我自身的恐懼和黑暗面嗎？

是的！每個人身上都具備陰性面和陽性面。外界有許許多多的意識和生物能量，當你與該物品之間的頻率差距很大時，你會經由陰性面或陽性面的放大共振回應。這時，一個可以放大你身上本有的陰性能量的媒介，你的認知系統會將它定義為負面能量；而一個放大了你自身陽性能量的媒介，你的認知系統會將它定義為正面能量。其實，這些產品本身是中性的，它已經被固體化地呈現，處於該物質最穩定的狀態，而這個最中性的狀態本身，就在你的星光體中產生固定的座標位置和極性。當你與該物品之間的頻差過大時，你的身體會自動尋求新的平衡，此時若牽動你任一個極性的能量，你就會在自己的內在感受到新的平衡點帶來的情緒體驗。

這時，先不要賦予它任何定義。在定義和標籤化這個物品對你是好是壞之前，請向自己的更高意識敞開，尋求更高意識的光臨在。這條路徑會打開你全新的視野，也可轉化你無法與其相容而產生的能量阻抗。當你自己先完成這個步驟，你就已經將對方與你之間的頻差融合，這就是合一的過程。合一之後，你的場域就足以擴展開來，容納更多當初無法與你相容的能量，於是你逐漸成爲海納百川的存在，並幫助身旁的所有人事物處在更高意識的光中。

原來如此！謝謝阿乙莎提供的觀點，現在我眞的覺得舒服很多。在這樣的狀態下，天底下似乎就沒有融合不了的事件和存在意識了。

這世上沒有錯誤的顯化，只有錯認的意識觀點創造出世界上所有的衝突和分離意識，阻隔了人們和地球萬物的交流。

＊＊＊

阿乙莎，目前有許多靈性覺醒、邁向與高我合一的年輕人面臨物質面的問題。即使與萬物合一的境界殊勝，讓人感受到無與倫比的幸福和平靜安適，但生活畢竟還是得圍繞著三餐和生存問題打轉。於是有人會開始疑惑，靈性追尋到最終仍是一場空，穿越帷幕到更高的次元對仍生活在三次元的人來說，眞有那麼重要嗎？既然覺醒了，是否可以醒著好好過上地球生活就好，不要去管高次元的使命和意圖？

當然，孩子，靈性的成長和追尋不是要你們脫離目前存在的地球，離開人群，鎭日在高頻的次元中打轉。靈性成長的最終目的，就是當你可以用更輕盈的你展現你原本存在的樣貌，進入地球再創造時，你就可以開始幫助自己和地球改寫你過去移動的軌跡和歷史，並帶著與衆神合一之心，創造宇宙生生不息、共存共榮的光之場域。

當你們認清自己在帷幕之下的歷史故事和造成許多人類無法順利升頻覺醒的原因時，你們就已經展開新生命的軌道，這也是靈性成長最重要和最滋養你生命的開端。你們從過去只以小我意識單獨打拚和努力求生存的生命模式，轉化爲可以與宇宙萬物共存共榮的自由意識，這樣的轉折和進化，你不會因爲無法得知最終的到達是什麼或不是什麼，而不去成爲更自由的你。

卸除業力枷鎖之後，許多年輕生命一時半刻會感到徬徨，不知所措。原本握在手上的生存籌碼和追尋的目標突然變得不再那麼重要時，確實會讓一些人的小我意識產生極大的恐懼和困惑：難道眼前光鮮亮麗的外衣和琳瑯滿目的琉璃珠寶都是假的？而眞的世界又空無一物，讓人難以捉摸和碰觸時，你要年輕孩子相信這空無一物的宇宙次元有更有趣的玩具等他們來探索，確實很不容易。但只要一步的距離，只要穿越最後的小我的抗拒，他們就可以親炙人間天堂的自由。你會不會自己也想試一試？

我當然想，也知道帷幕之外的一切正等著更多人前往探索，將宇宙的知識和高頻能量帶進我們生活的環境中，因爲那會讓目前看似不可能存在的景象變成可能。但是，阿乙莎，小孩子覺得沒有糖吃，不好玩、看不見、摸不著時，你要轉移他們對電玩、遊戲、戲劇、吃喝玩樂的興趣，進入模糊未知的能量空間，我認爲很難。我們必須面對這個困難，我無法說服脫韁的野馬當下入定，進入大師級的狀態啊！

是的，這就是我們接下來共同創造的起點。將高次元的宇宙能量導入地球後，覺醒之人可以運用這些宇宙能量再創造出人類喜愛的生活場景，而這需要好好和你們的小我合作，一起再造人間天堂。

你接下來可以透過進入不同的星際之門，和來自不同星系文明的存在意識交流和探索，將一些更高的星系文明導入你們目前的生活場景之中。加油，孩子們！五次元的地球是另一場文藝復興行動，我們需要一起來創造。

* * *

泰雅，你是我在五次元的高我分身，那麼你是否也有陰性或陽性的屬性？雖然我們是合一的意識，但對我在三次元的小我而言，你是我的哪一個極性？或者沒有分別？你和我靈性父母的差別在哪裡？

人類在三次元地球延續生命的過程中，一定有一個人扮演母親，另一個人扮演父親，經由父母親身體交融，誕生一個全新的生命。這是肉身繁衍的過程。而你更高的意識維度中，同樣有類似一陰一陽的能量流，透過陰陽各自分離展開體驗又回到相互交融，靈魂意識得以在此過程中延續自身的生命種子，並完整生命藍圖的全貌。

當你的意識從過去小我的思想覺受和感官體驗中擴展，並穿越對肉身陰陽屬性的認知時，你會觸及自身的陰性和陽性源頭意識。這時，你發現自己的陽性能量來自天狼星，陰性能量來自列木里亞。如果再深入去探究自己的天狼星源頭組成的全貌，你會看見你的靈性父親雷巴特同樣擁有多次元的特質，是由不同的星系意識共同組成的。只是你站在雷巴特的晶體中，穿上雷巴特的外衣時，你不再認為自己是陰性或陽性的存在體，而是融合更多星際維度的多次元共同意識存在體。

當三次元帷幕之下的你晉升進入宇宙人的實相時，你的化身也已經成為另一個陰陽合體的存在。所以從你的地球人觀點來說，你無法再去界定你在五次元的分身泰雅是男性或女性，因為你已經脫離肉身存在的性徵，進入更高的振動頻率中，重組成新的意識存在體。此時的泰雅對你而言，可以是你來自天狼星的意識和來自列木里亞的意識的匯流中繼站。匯流了你在地球帷幕之下的陰性和陽性屬性後，將可以幫助你再次展開在帷幕之外與眾多星系意識合一的旅程。這就是為何你需要先與你的高我意識泰雅合一，才能打開星光體的大門。

因爲已經進入五次元的星際軌道，以合一意識銜接上銀河邦聯的母艦，在你成功契入五次元的軌道之前，你必須透過自身存在的更高振動頻率的指引，帶你展開意識擴展和跨越地球帷幕的過程。你向靈性父母學習，是合一之前重要的靈性導師和嚮導。透過進入自身陽性面和陰性面去探索，到達三位一體的臨在意識，就能幫助你與自己在銀河母艦中繼站裡的高我合一。

所以這段靈魂意識成長之路，就是意識回歸本源的道路。只有在三次元的時空，人類才能盡情以男或女肉身分離的狀態，體會男女之間的相處，碰撞出愛的火花。人世間一堆情愛故事，看來是高次元存在意識想要玩的角色扮演遊戲，人類自己卻又入戲太深，在此千迴百轉。問世間情爲何物，讓人生生世世在此流連忘返，我猜想應該也有許多高次元意識會貪戀上人類的角色扮演遊戲，而不想回到合一的源頭吧？

當然，而且還不少啊！這才是我們現在必須進入地球帷幕之下，喚起人類自身神性意識的原因之一。貪戀地球生活會導致星際軌道在連結回銀河中央大日時偏移，造成地球生態的浩劫。人類有情，卻看不懂自己生存世界中萬物的眞摯情感，變成自私自利的劊子手，讓大自然萬物成爲人類私欲的俎上肉。這些景象讓地球無法再作爲孵育星際文明的培育基地。目前需要更多人覺醒，看見自身所處的環境迫切需要改造，提升人類集體意識振動頻率這件事已刻不容緩。

我明白了！看來和泰雅的合一是進入星際文明的關鍵中繼站。我之前一直將泰雅擬人化，看來那是一個基站，也是我的小我意識晉升到五次元軌道的意識停泊處，是嗎？

是的，你終於搞懂了！

自己的小我意識和高我的合一意識，並非讓你與泰雅成爲不同的存在體，你只是穿上泰雅的星際外衣，扮演地球人在銀河母艦的執行官。而回到地球，脫下泰雅的外衣，泰雅仍與你共存在你的內在意識中，隨時爲你在地球的顯化工作傳遞你所需來自不同星系文明的訊息。你是泰雅，泰雅也是你，星際圖書館正等著你來讀取。

＊＊＊

一直讓我很生氣、行爲乖張的老媽，眞的如我預期地跌倒了。屢勸不聽，我眞的覺得受夠了。阿乙莎，我想知道我母親的行爲背後的原因，是否可以讓我更理解她？

可以理解你對母親既愛又恨的心。先放下目前的心情，你是否想過，你的母親和我們是一樣的，只是她以不同的面貌展現在你的生活中。高我可以創造出千百萬種化身來到你身旁，你感受到喜悅、無條件的愛、慈悲與寬容是來自更高維度的靈性夥伴，但別忘了，三次元世界那些你以爲的負面角色和敵人，也和「喜悅」一樣，都是高維度靈魂意識的化身，只是她必須以這個方式激發你內心的愛。只有黑暗才能凸顯光的存在，現在當你再次被最親近的家人提醒，令你覺得不舒服，造成你生活上的困擾，讓你感受到壓力和沮喪的母親，就是黑暗中菩薩的化身。

當你眼看著一個人願意爲了琢磨出你身上更璀璨的水晶，而自告奮勇擔任黑暗大使，你還會對她感到憤怒嗎？她是你最親的家人，你爲她的行爲感到不捨卻無能爲力，那個不捨的背後，其實是你的無助和不願意面對衝突的自我設限。當你不考慮自己、不擔心被她牽累時，你才能眞正釋出你的愛。你現在給她的，不正是你不想要的對待方式？那是同樣的品質。你強迫她吃東西、強迫她使用你給她的藥物和解決方案，你強迫她接受你爲她安排好的一切，正好和她強迫你看見她吃不下東西、無法入睡、走路不帶拐杖、身體每況愈下是一樣的。你以爲你是「爲她好」而把這一切強行加在她身上，這個「爲她好」進入了黑暗世界，就如同一把銳利的刀劍，劃開她的領域和安全防線。以愛之名，行侵犯之實，這正是你們彼此的「自以爲是」創造出來的結果。

你的母親正用她最後的武器——殘弱不堪的身體——再次來提醒你，直到你願意面對和直視內心的黑暗，她才會眞正放下與你的抗衡。

黑暗並不可怕。你們將黑暗誤認爲地獄和毀滅已久，只有當你眞正認出內心的黑暗，你才有能力照亮你的世界。這也是光之工作者在三次元的地球必須經歷的眞實體驗，你需要透過身旁的關係，眞正與內在的黑暗融合，而現在，你的母親和身旁最親近的家人示現出你內心的黑暗，讓你再次瞥見你想要「控制」和「排拒」黑暗的意圖。你是否要更珍惜那些願意在你面前展現你內在黑暗的天使？那就是你的母親此生扮演的角色。

我明白了，但我仍然不知道該怎麼做。我就這樣不理會她的無理取鬧，讓她自我毀滅？我確實很擔憂她目前的身體狀況，我該怎麼辦？

她會一直處在這個狀況，直到你和你的家人，包含你父親，放下內心的恐懼和擔憂。所以，爲了讓她放下對自我的傷害，不再處於垂死邊緣，你們要學會放手，給自己和所有家人無條件的愛和祝福。你可以用內在意識來肯定自己。

「我，○○○〔你的名字〕，需要切斷與△△△〔造成你困擾的家人名字或與你的關係〕的關係糾葛。我願意以無條件的光和愛照耀我內心的惶恐、無助、失望與不安，願我的光和愛，可以被深陷黑暗中的△△△〔對方〕理解和接納。」

接下來，請閉上眼睛，深呼吸，打開內在意識之眼。想像有一道光從你的心輪向上，進入眉心，從眉心向外投射到對方的眉心，再沿著對方的中軸進入對方的心輪。

當你與對方在心輪合一，你可以經由更擴展的意識看見黑暗背後的運作原理，和宇宙精心的安排。

是的，剛才與我母親合一的過程中，我發現母親無緣由的身體狀況，其實跟父親有關。母親只是要來提醒父親放下對死亡的恐懼，所以吸收了父親內心巨大的不安，以及對自己身體健康的擔憂與恐懼。母親將父親內在的黑暗顯化在自己身上，呈現在我們所有家人的眼前。當我們對母親的身體健康和她的無理取鬧感到憤怒無助，幾乎要投降時，我看到父親在母親無理取鬧的過程中，也卸下對自己身體狀況的擔憂和恐懼，因爲所有家人，包含我父親，此時此刻的焦點都集中在母親身上。

眞的想也想不到，我覺得完全不講道理、不可理喻、幼稚至極的母親，背後居然有著更大的自我犧牲和愛。若從旁觀者的角度來看，我母親從小驕縱，個性乖張難搞，這樣一個可以把自己的身體搞得很糟糕，不顧家人的擔憂，很難伺候的老太太，她的內在居然有著更大的愛、包容和自我犧牲，我相信現在去跟從小被我媽打得很慘的姊姊說我們的老媽很偉大，她一定無法認同和接受。原來，母親的靈魂有著更高的使命和智慧。表面上看來，我母親一直用負面的態度和方式對待家人，原來她是爲了擔任吸收我們內心陰暗面的黑暗天使，而成爲我們此生最親密的家人。

以前我總認爲別人的母親好偉大，很溫柔慈祥，我卻有一個永遠不認錯、不服輸，會以極其嚴厲的方式對待先生和孩子的虎媽，而覺得她是全天下最沒有愛心的媽媽。沒想到，這是她此生的生命命題和選擇，她一直用這種負面的方式，用她自身的黑暗能量，默默地支持全家人迎向光。我的母親是釋放我們內在黑暗的大功臣，這眞的誤會大了，一輩子的負面對待，換來我們對母親的不認同和否定，我想在帷幕之外，任誰都不會選擇擔當這樣的母親角色。現在我突然覺得自己的母親好偉大，她寧願扮演不被自己的先生和小孩認同的太太和母親，如此顛倒眾生地活在這樣的世界，這需要多麼大的愛和勇氣啊？

我想每個家庭中一定都有個扮演黑暗天使的角色，過去我們稱之爲虎媽、惡婆婆、敗家子、不肖子女、惹事的兄弟姊妹等，看來，人類三次元的歷史欠這些人公道，他們之所以存在我們的生活中，扮演身旁最親密的家人，都是早已排定的生命藍圖大計畫。我現在要對願意扮演黑暗天使的家人致上無比的敬意，你們辛苦了！

在三次元的地球生活，就是有這麼多人內心存在著黑暗，才會需要這些顯化人們內在黑暗的角色出現。要讓黑暗天使不再出現，我必須無條件地愛自己，也謝謝黑暗天使們一路上的扶持和守候。黑暗爲了光明而存在，我們都是被宇宙深深祝福著！就讓黑暗天使指引我們找回光明之路。

* * *

〔讀者提問〕 我爲何對生命失去熱情？

對生命失去熱情，如同一棵樹或一株草停止對身旁唾手可得的陽光、空氣和水的滋養產生回應，陷入暗無天日的無底深淵。這時內心雖然吶喊著「我要站起來，走出去」，卻無法做出具體行動。這是現今人類集體創造出來的文明症候群，不只好發在老年人，在許多年輕人身上也普遍可見。

首先，要恭喜你提出這個疑問，代表你的心正向外界伸出手，你有意願迎向光。這也是靈魂意識受到外在環境壓迫時的生命自動救援機制。當靈魂意識發現自己和所在的生物體及環境格格不入，無法全然融入自己的生命中，你的靈魂意識就會啓動安置在你細胞ＤＮＡ中的安全氣囊。此時，你內心會生起「我是誰，我活著到底是爲了什麼」的疑問。當內在的警鈴響起，你必須先讓自己安靜下來，做最基本的呼吸運動，可以練習《阿乙莎靈訊》這本書中的暢通脈輪手指操，幫助你的靈魂意識回歸生命的核心，與身體細胞共存相融。

呼吸法是你的生命意識發出訊號時的最佳緊急防護措施，然而，更重要的是你必須回到自己生命的命題，去審視自己到底有哪些渴望和尙待完整的體驗，因爲只有尙未完整的生命意圖會試圖敲打你內心的警鐘。此時，你必須正視自己眞正的需要，當外界的一切狀況無法回應你，也無法解答你內在深層的困惑時，你必須按下暫停鍵，將自己從無意識的生命陀螺中釋放出來，重啓與自己內在的連結，打開內在宇宙，去聆聽內心眞實的吶喊。只有這樣才能重獲生命中的陽光、空氣和水，再度獲得你生命所需的養分，你也才能重獲生命的甘霖，再度找回愛在生命中的答案。讓自己回歸內在核心，無條件的愛的能量會支持你重展對生命的熱情！

＊　＊　＊

阿乙莎，要如何才能認出自己的光？當身旁的人碰到許多困難時，我們如何讓他或她感受到自己的光？

你無法讓一個人感受到自己的原因，是你們一直處在二元對立、非黑即白的振動裡。你無法站在對方的背面看見自己，你看見的永遠是從你自己折射出來的影像。也因此，當你試圖尋見自己的光，就如同一隻飛蛾撲向火焰。飛蛾爲何撲火？那是因爲牠們無法感受到自己的光，而要感受到自己就是光，你不能撲向光源，只能讓自己發光。

當你就是發光源，不再向外尋找光時，你所處的環境就被你自己的光照亮。你不會在光明中尋求另外的光，你會幫助身旁的人從你身上照見他或她自己。此時，這些人就不會再向你渴求光和愛，他們已經是和你不分彼此的存在，這就是光的集合與光的世界的景象。

＊　＊　＊

注射新冠疫苗，會不會造成人類無法揚升？

注射疫苗對身體會有部分影響，但也只能影響你生物體層的運行。你會需要更大量潔淨的水來沖刷身體，以及代謝死亡細胞和雜質。疫苗並無法影響你靈魂更高層次的運作，因爲疫苗的頻率只能向下影響肉身所在的生物體層，無法向上影響靈魂更高維度的運作。更高維度是光和頻率交織的場域，疫苗的光無法觸及更高頻的世界，自然無法起任何作用；只有高於肉身場域頻率的光和宇宙能量，才可以改變較低維度的生命實相。

要注射疫苗到身體時，可以引導高次元的淨化光波協助身體盡快完成與疫苗相互平衡的作業。

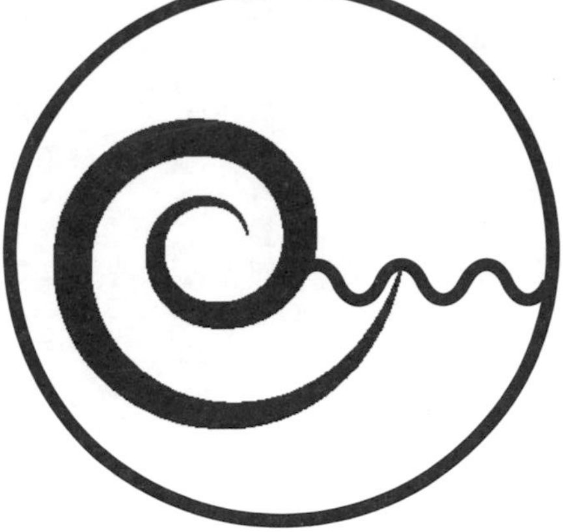

Si Sa Ya Wu Don May Fa Yun © 阿乙莎

與疫苗相互平衡的光波咒音是「Si Sa Ya Wu Don May Fa Yun」。這個咒音可以將注入身體的疫苗包覆在光中，讓身體細胞在這層光膜的保護下，與疫苗相互融合，並達成自體平衡。

＊ ＊ ＊

〔讀者提問〕《星光體》這本書提到光波導管，其中內分泌系統的「Si U Ba」，和小腸的「Si U Ba」發音相同，爲什麼？

（這個問題也引起我的好奇心，於是再次去詢問這段光波導入身體精微系統的訊息源頭雷巴特，傳訊內容如下。）

沒錯！「Si U Ba」會振動你們的內分泌激素，這個激素會透過血液，啓動你們血液中的血球智能。而小腸的生理結構在你的認知中，是和消化系統有關，但實際上，小腸的吸收功能需要靠內分泌激素，產生屬於小腸生理環境的消化酶，所以當你唸誦「Si U Ba」，是整個腺體的激素被活化和啓動。

這個音頻的導入是幫助小腸運作，小腸並無法自行恢復與神經系統的連結，必須仰賴內分泌激素的引導，連結上神經系統。因此，使用內分泌的咒音，是讓光進入腸道細胞最直接的方法。

（免責聲明：以上為傳訊內容，僅供參考，無法作為醫療診斷之基礎或以此開立處方。如有身體不適，請洽詢專業醫師。）

* * *

〔讀者提問〕我們做能量水的時候，是以中間的金元素位置爲中心點，再一步定位火、土、風元素。而之前老師說新地球能量校準時，也會接收到來自天狼星的大量金元素，所以我想請問，爲什麼五大元素的中心及天狼星灌注的能量，都是以金元素爲主呢？

〔Rachel的回答〕金元素大量存在宇宙中，無法用肉眼或從物質層次觀看或測量到，那就是老祖宗所稱的宇宙能、光、眞氣、元氣、普拉那（Prana）或炁。宇宙能飽含金元素，也是我們的靈魂誕生在地球肉身時形成的先天之氣。後天我們靠攝取食物來補充身體能量，但靈魂的活躍和養分必須仰賴宇宙能（炁）。目前還沒有人指出炁的元素來源，那是來自中央大日的能源，銀河系有許多恆星供應金元素，是靈魂意識永恆存在所需的能量來源。

在帷幕之下、尙未覺醒的靈魂意識，無法靠肉身取得大量的宇宙能（金元素），因此容易生病、衰老，靈魂隨著肉身衰敗失去生命的活性，只有透過死亡，靈魂回到源頭，才能補充完整的生命能量，再次投胎進入另一個肉身載具。所以，「炁」被我們的老祖宗稱爲先天氣，其來有自。而現在，當人類的靈魂意識覺醒，就能透過連結宇宙能量，獲取大量的炁，補足保持靈魂活性的金元素，這是靈魂本源裡中央大日傳送給所有靈魂的食糧和補給。

當我們練習製作能量水，透過四大元素的校準和調整，就是在幫助穩定你的中軸，以獲得宇宙能（炁，金元素）的補給。所以人體站著的位置就是金元素，那是你的靈魂所在的座標位置，而當你唸誦身體十二系統咒音，中軸與中央大日（天狼星）連成一線，你就可以透過全身已經校準的十二個身體系統，獲取大量的宇宙能，讓你的靈魂保持活性，身體細胞也恢復最佳的能量補充。過去道家煉丹，還有學習氣功多年的大師，都是爲了求取讓身體長生不老的仙丹，其實那就是炁，或者說先天氣、宇宙能、光，現在卻透過星光體校準就可以獲得，這麼簡單，反而沒有人覺得有價值啊……古人窮盡畢生之力，上山求道練功，卻求之不得，現在透過簡單的意識帶領，就可以獲得炁的宇宙能，多麼方便的方法啊。

＊＊＊

阿乙莎，臺灣目前正面臨新冠疫情第三度來襲（編按：指本書編輯和出版的二〇二二年六、七月期間），這次來得非常快速，令許多人措手不及，也開始懷疑臺灣這次是否眞的能安全度過這一關。請給予我智慧和勇氣，去面對疫情突然升溫的發展。

你自己怎麼看待這次的疫情，決定你將進入什麼樣的體驗。之前全世界大流行時，許多人對自己的生活和國家深具信心，而此時此刻，面對同樣的大流行場景，如果無法重現以往那樣的信心，代表你們在這個過程中學得還不夠，所以就會有一些人的內在意識期待再次經歷和體驗的事件，被再次顯化出來。這就是你們正面臨的實相，這個實相完全是由居住在這塊土地上的所有人共同創造出來的。

你可能會覺得無奈，意識已經可以到達五次元，迎接更新的能量，你的生活仍然會被許多「無明」攪亂生活步調？孩子，先不要這麼回應在你面前浮現的這些疫情升溫事件，這些事件都是來幫助清理你們內心陰暗角落的助燃物，只有允許點燃火苗，你們才有機會再次從黑暗中看見光。讓我帶你去看看那些光。

你們會有許多人開始去接種疫苗，原本快要到期的滯銷庫存會銷售一空，而更多更新的疫苗會被允許銷往臺灣，展開與國際的接軌和互動。你們原本計畫要進行的活動不得不改弦易轍，換成以不同以往的方式進行。許多人和你一樣正在調整與外界溝通的方式，搭建起不同的溝通橋梁，你們會以更開放的心與虛擬世界無縫接軌。這些事件讓人們不得不改變溝通方式，以激發已漸漸鬆散的組織人員士氣，在此過程中，也正在與不同國家、單位和族群建立新的協同合作。

而原本在學校上課的孩子和老師，經過這一年，早已精熟線上學習和教學工具的應用方式。這群未來世界的主人翁正在大量引入先進的學習工具和技能，雖然減少了面對面的互動交流，他們也不會因此減少和同學與好友間的相互支持和打氣。其實，這些孩子正在展開與內在宇宙高我的連結，將更多的心情故事以繪畫、歌唱、手作和文字傳遞與表達出來。

另外，你會發現自己真正需要的東西變少了，也不再需要浪費資源製造垃圾和汙染。現在你居住的環境中可以聽見更多蟲鳴鳥叫，一同歌頌大地的復甦。這些不斷在你們眼前出現的光明，是否可以讓你願意放下內心的焦躁、惶恐與不安？

雖然我們的意識可以隨時切換進入五次元的帷幕之外，但不代表所有人類和整個地球都脫離了三次元的振動。我們仍處在三次元的物質世界中，打開意識的帷幕進入五次元的振動，也因此，在整個地球集體意識揚升的過程中，我們仍須經由一起工作和互動，來學習和不同意識狀態的人合作。我們都會遇到和自己意見不同的人，也會生起厭惡或不認同的情緒，但是當我們可以有意識地進入更高的帷幕之外，去看見整個事件背後的良善意圖，我們就可以成功穿越自己的情緒，有意識地覺察事件發生和顯化的因緣，以及所有人在此過程中的意圖是否有清楚校準。因此，意識揚升並不代表從此就不會再遇到過去三次元中的人性試煉。

給身旁的人信心，相信你們將迎來一個更美麗的新世界，帶領你們集體到達彼岸。也只有願意揭開內心黑暗的面紗，直視心中仍存在的陰暗，你才能穿越黑暗帷幕，直達內心的光明淨土。

在意識揚升的過程中，人們仍舊帶著原本在三次元的習性和慣性，這是一定會遇到的問題。雖然彼此都明白要共同推動一個美好的遠景，但是當我們與一群人走在一起，共同面對事件時，才是真正測試和練習到達五次元共同創造的開端。

請給此時此刻的我們一些建議好嗎？

這是幫助你們整體意識重新校準的最佳時刻。記得一年多前，疫情在全球如星火燎原般蔓延，一發不可收拾，當時你們居住在最安全的地方，享有正常的生活，全球都無法倖免於疫情的肆虐，臺灣卻打了漂亮的一仗，讓全世界羨慕。

雖然那無形的力量帶來崩解和毀滅，地球母親並未忘卻對每一個人的關愛。有一股力量正帶領人們走入光明的世界，而要成功走入這裡，需要人們發自內心地臣服。

現在回來看看你們自己，一個遺世獨立的抗疫模範生，從自己築起的圍籬上墜落，只因爲你們在此過程中，沒有機會學習臣服。全世界都需要共同面對的疫情，不是靠固守家園、抵禦入侵就能倖免於難，你們同樣是生活在地球上的一員，仍須與國際接軌，在做別人的生意、賺取外匯的同時，也必須同舟共濟，人飢己飢，人溺己溺，如同處在一樣的世界裡那樣建設自己。只有讓疫情在臺灣發生，你們才能學會放下自私自利、自以爲是的心態，跟上全世界的腳步，成爲國際村的一員。

你們也不要對現在的疫情失去信心，要給自己國家和政治機器的領導者足夠的信任，只有人民的信任和支持，才能讓自己的國家建立與世界接軌的心。此外，你們也要相信自己可以安然度過此時，迎接一個被國際社會接受和相互尊重的關係。疫情並不可怕，是人們內心的恐懼將其無限放大，彼此隔離和懷疑的心，才是瘟疫眞正的溫床。

臺灣這一年無視國際疫情，人們活在自己的幸福天堂國度裡，此時此刻，面對疫情無法有效控制的狀況，除了隔離在家、不出門，做好衛生和自我防護外，還可以參考下面這些方法。

一、穩定中軸

最重要的仍是穩定自己的中軸，深呼吸，讓自身的能量場域淨化，並不斷清理內在的焦慮和恐懼。病毒只能存在亂流中，無法在平靜無波的光中久待，進出公共場所感受到的緊繃和人心惶惶，那憂心染疫的能量，才是造成你能量破洞的元凶，而不是病毒本身。病毒只能寄居於黑暗中，無法衝進光裡主動攻擊，讓自己隨時隨地處於內在穩定的光流中，就是最佳的防護措施。

（下面三個穩定中軸的練習，每天可以擇一進行。輸入網址或掃描 QR Code，就可連結到示範影片或引導音檔。）

暢通脈輪手指操：

https://www.youtube.com/watch?v=uj4818QCRIY&t=302s

暢通脈輪手指操

與大自然共振靜心冥想：

https://www.youtube.com/watch?v=SwT9wEAijJk&t=19s

與大自然共振靜心冥想

新地球能量校準：

https://www.youtube.com/watch?v=NksZ_T_qdYE

新地球能量校準

二、施打疫苗的意識引導

當你們因爲別人的期待，不得不去施打疫苗時，可以想像疫苗注射到你身體裡，會如同光波導入，將你身體所有的細胞都包覆上一層光膜。像這樣冥想疫苗，而不是擔心疫苗會讓自身的健康細胞被病毒訊息攻擊，那麼疫苗進入人體時，就已經被你的意識調頻完成了。

三、喜悅能量密碼

讓自己隨時隨地處在光中，最佳的方式就是將喜悅的能量帶進內心。喜悅是病毒最怕的力量，也是幫助你的身體增強免疫力的來源。

喜悅情緒密碼：538-498-63

唸誦這串密碼時，意識要跟隨著這些數字在你心中流動。你可以用默唸的方式進行，搭乘公共交通工具或出入人潮眾多的地方時，內心默唸這串情緒密碼，就可以將喜悅的能量由內而外傳送出來。

四、唸誦「穿越風暴之眼」咒

疫情一生起就提供給你們的「穿越風暴之眼」咒，是更爲強大的中軸淨化和清理的音頻導引。透過這個音頻，將你的中軸瞬間變成一根強大的光之柱，可以清理和淨化低頻能量，瞬間打開環境中所有的光源。這個咒音可以用在你們的工作和居家環境、公共空間、醫院和較低頻的場域，也可以將其製作成精素、能量噴霧、隨身能量瓶。只要唸誦此咒，就可以照亮全身的精微體意識。

「穿越風暴之眼」咒： Mo Ho Mo Ha Na Nu Mi Da

（輸入網址或掃描 QR Code，就可聆聽〈穿越風暴之眼〉美讚。）

〈穿越風暴之眼〉美讚：

https://www.youtube.com/watch?v=NTKkwQyqs3U

〈穿越風暴之眼〉美讚

＊＊＊

（現在有許多關於新冠疫苗造成死亡，以及對人體的傷害〔如血栓〕的報導，我自己不是生物醫學專家，無法從市場訊息中找出屬於自己的真理，便轉而求教於內在高我意識。我比較了二〇二一年五月份還沒看過那些報導影片，和一個月後被大量負面報導影片衝擊，我的高我給我的回答有沒有差異。

以下訊息是我和自己兩次針對疫苗議題的對話，不見得適用於你，每個人都可以透過內在意識的指引，去探求屬於自己的真理。對我來說，從紛亂的媒體和網路訊息轉向內在，是讓自己回到平靜、安定自心的一種方式。請在世界的動盪中，向內在探求屬於你自己的真理。

我在兩次不同的時間，在吸收到不同媒體資訊的情況下，得到的訊息如下。）

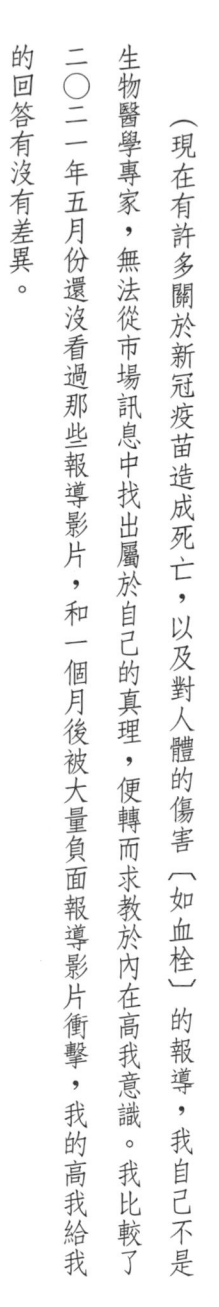

・二〇二一年六月二十七日（在看過許多國內外媒體的負面報導，臺灣已開始施打疫苗，也傳出許多死亡案例之後）

實際上，新冠病毒的變異隨時在發生，疫苗即使在生物體的對應尚無法做到百分之百防疫，仍有警示和提醒細胞的功能。所以，疫苗被施打進入人體後，會被細胞擷取有用的資訊，然後將不能服務於細胞的其他成分代謝完畢。若選擇注射疫苗，只要做好心理建設，不讓恐懼占據身體的免疫細胞原本應有的防禦功能，盡量在注射疫苗後多休息、晒太陽、親近植物、多喝水，就可以完成細胞的自體清理和復原，並代謝掉不需要的雜訊和垃圾。

目前在各國持續出現變種病毒的狀況下，與其說病毒是來毀滅地球和人類，不如說是來提醒人們：最佳的防禦系統仍在我們自己身上，而不是只能靠疫苗或外界的援助來協助我們防禦。讓自己的中軸隨時穩定暢通，就能透過自身內在充沛的宇宙能量，讓身體擁有最佳的防禦能力。

・二〇二一年五月十七日（尚未看過媒體報導影片，臺灣也尚未開始施打疫苗）

在疫情肆虐期間，對於該不該打疫苗有許多不同的聲音，一些人認爲施打疫苗會破壞人體的DNA，造成人類的靈魂意識無法揚升。阿乙莎，是否可以給我一個更高的觀點，去看待這件事？

這句話被傳遞出來，是否又造成更多人的恐懼和質疑？其實，只要是透過恐懼發送的言論和訊息，要求你們「去做」或「不去做」，你們都要有能力辨別。恐懼可以幫助人們在地球上生活時有所「警覺」，但也正因如此，人們的「覺性」被恐懼掩蓋了數百萬年。現在人們必須開啓「意識覺醒」的路徑，辨識出恐懼的一貫伎倆，才能幫助人類集體意識揚升。

關於要不要施打疫苗，決定疫苗能否產生集體免疫的關鍵，來自人類最重要的「選擇」，也就是人類在地球上被賦予的自由意志。施打與不施打都是人類可以自由選擇的權利，和有效與無效、有害與無害沒有直接關連。

這樣說吧！當你的意識做出「選擇」時，你已經對你身體的上兆個細胞下達指令，要它們聽你的，你的身體就會去協調出最佳陣容，以完成你下達的指令。千萬不要以爲身體只認得腦的指揮，身體所有系統和器官的最高指導者，是「你的意識賦予事件的定義」決定的。

當你的意識選擇了當下對自身所處環境最好的行動方案時，那個「事件」本身就會朝向「你期待的結果」前進。從這個角度來看，疫苗本身，就是你們的意識要對更多人的身體細胞下達指令而搭起的一種物質和橋梁。

這座橋是集衆人之力和期待才能被顯化出來，要不要搭這座橋，和你的意識如何定義這座橋梁有關。倘若你的意識選擇了「注射疫苗是對自己的身體最不適切的行動方案」，那麼你去注射疫苗時，你的身體就會朝你最不想要的結果演進；如果你認爲這是目前最好的搭橋計畫，那麼這座橋梁就可以朝你期待的結果前進。

看見沒？這些都是你的意識創造出來的實相，疫苗本身會在你的身體中呈現穩定融合、相互排斥，或是惰性無效，都是你的意識自由選擇的，和你想要經歷什麼樣的體驗有關。人類是可以用意識驅動上兆個細胞，在地球上以肉身載具行動和體驗的完美設計。

所以，回到你最初的問題，施不施打疫苗，是人類自行創造的遊戲規則，而人們在面臨全球性疫情的此時此刻，則需要學習不單單爲自己抉擇，也要爲人類生命共同體做出選擇。當一個國家決定集體免疫的最佳行動方案是採用疫苗時，就等同宣告不施打疫苗的分離政策會被採行。這是三次元世界一直以來的遊戲規則，在這個過程中，施打與不施打疫苗會創造出「集體認同」的基本門檻，施打者會被採行施打疫苗政策的國家給予方便出入的對待，未施打者無法入境；而未施打者也須建立自我保護機制，提升自身的免疫力，來對抗各種可能的病毒來源。

你們可以各自做出自己認同的自由選擇，但人們仍會在適應新的分離政策的過程中，逐漸凝聚出「更高的共識」。這個「更高的共識」就是人類要開始守護自己賴以生存的地球環境，這是每個生活在地球上的人最基本的責任和義務，不論你是否施打疫苗，都會在此過程中產出這個一致的看法。

此外，你們恐懼和擔憂疫苗是否會造成身體ＤＮＡ失去和靈性源頭校準的能力？看看你們熟知的宇宙學和物理學家史蒂芬·霍金博士，他在罹患罕見疾病、身體殘弱的狀態下提出廣義相對論和量子力學，他的意識不受身體影響，積極活躍在科學界，用更新的觀點詮釋宇宙理論。所以，放下這個害怕無法再去連結宇宙和更高意識源頭的恐懼，回到你的生活場域中，去做出你在地球上與人互動交流時最能利益彼此的行動——從這個角度出發，你會做出最適合的選擇。

＊＊＊

〔讀者提問〕我的體重超過標準十七公斤，積極運動、調整飲食、喝足水分、間歇斷食，卻沒有很大的成效。我很希望能減脂瘦身，學會與身體溝通後，身體卻回應我，現在雖然體態肥胖，但覺得健康就好。可是，我的小我無法接受目前這個肥胖的外形，我該如何是好？

〔Rachel 的回答〕這是人類社會集體意識創造出的制約，認爲身材和體態應該展現某種樣貌，人們花許多精神和資源專注其上，帶來許多情緒和認同問題。人類社會以膚色、身材和外貌來傳遞自我價值，甚至以此建立身分和階級認同，久而久之，導致一個人要先認同自己的外在表相，才有勇氣和足夠的信心去面對外在世界。若說這樣的集體意識可以爲人們帶給社交上的便利，倒不如說，人類集體意識投射出的社交恐懼症，已經創造出人與人之間的藩籬與隔閡，以及更多的人心匱乏和失落。

尤其是成長期的少男少女，在離開家庭、進入社會後，需要同儕和朋友的認同，於是這個時期的青少年會隨著身材、體重的變化，情緒時好時壞。殊不知，當你心情低落、自我感匱乏時，你的身體會下意識去尋找能量的替代來源和補給，這時，你的身體細胞會更加珍惜你呼吸的空氣、喝進去的水，會用盡全力補足你身體需要的養分，以餵飽你內心那個匱乏的黑洞。所以你有沒有發現，你愈想減肥時，是否不吃不喝，光是呼吸都會發胖？這是身體爲了回應你內在需要被滿足的匱乏而產生的應變措施，是爲了讓你的內心補齊足夠的養分，而自動展現的平衡機制。

所以，想要讓身體回復平衡狀態，你必須學習去面對自己的想法，關注自己的內在。當你認同小我無止境的批判，對自己不滿，你的身體會在即將失去平衡時展現其宇宙智能，自動反映小我看不見的平衡觀點，讓你覺察你內在的眞實：肥胖來自內在有所匱乏、不安、需要被滿足；而食欲不振、厭食、營養無法吸收，則來自過度自我防衛、嗔恨、否定外界、無法信任和接受別人。當你發現自己正汲汲營營地主導身體該吃下什麼、該如何行動以達成你的自我認同時，別忘了，你也需要時時關照自己的內心，覺察身體正在反映出你內在眞實的那一面。帶著愛去聆聽身體發出的聲音，你會找出自己的限制性信念，並幫助自己回復最佳體態。

＊＊＊

最近不知道是否年紀大了，齒牙開始動搖，吃比較堅硬的堅果類食物，可以明顯感受到牙齒的不適，不再能那麼無所謂地用力研磨或咀嚼食物。我想問問，該如何幫助自己的牙齒繼續健康地存在？

（我決定直接連結天狼星的雷巴特，他是這方面的專家，希望他可以給我某個光波，改善我目前這個症狀。）

你可以使用「Mo Na Ti Da Mo Sa Bu Li So Ha」這個光波，連續唸三遍。

（唸完後，我可以明顯感受到牙齒似乎被一股力量支撐起來。後來吃飯時咀嚼硬的食物，就沒有齒牙動搖的無力感了。這個咒音居然可以這麼快速地平衡我的牙齒，我覺得太不可思議了。）

雷巴特，請問這個咒音是什麼意思？

這是將微量元素「鍺」導入你的牙髓層。當你的身體無法感知外界的干擾物入侵時，就需要透過這種微量元素清理干擾和汙染物。唸誦「Ti Da」，就是利用光波將鍺元素導入你的牙髓，幫你排除沉澱在牙齒中的汙染。你的牙縫過大，容易滋長很多病菌，因此牙齒以疼痛來發送警訊給你。

（我的牙齒後來就沒再痛了，似乎唸誦三到五遍，就可以到達微量元素注入後的平衡。這是我個人的神奇體驗，分享給你們。

另一種方式，就是將牙床的咒音也加入，效果似乎也不錯：**Mo Na Dang Ho Ba Lu Ti Da Mo Sa Bu Li So Ha**。）

Eurasian Publishing Group 圓神出版事業機構 用心與你對話・視野無限寬廣
方智出版社 Fine Press

www.booklife.com.tw reader@mail.eurasian.com.tw

新時代系列 196

新人類密碼：

阿乙莎帶你回歸本源，完成身體晶化，創造五次元新文明

作　　者／譚瑞琪
發 行 人／簡志忠
出 版 者／方智出版社股份有限公司
地　　址／臺北市南京東路四段50號6樓之1
電　　話／（02）2579-6600・2579-8800・2570-3939
傳　　真／（02）2579-0338・2577-3220・2570-3636
總 編 輯／陳秋月
副總編輯／賴良珠
主　　編／黃淑雲
責任編輯／黃淑雲
校　　對／譚瑞琪・黃淑雲
美術編輯／李家宜
行銷企畫／陳禹伶・王莉莉
印務統籌／劉鳳剛・高榮祥
監　　印／高榮祥
排　　版／陳采淇
經 銷 商／叩應股份有限公司
郵撥帳號／18707239
法律顧問／圓神出版事業機構法律顧問　蕭雄淋律師
印　　刷／祥峰印刷廠
2022年7月 初版
2023年5月 2刷

定價390元 ISBN 978-986-175-687-5

你本來就應該得到生命所必須給你的一切美好！
祕密，就是過去、現在和未來的一切解答。

——《The Secret 祕密》

國家圖書館出版品預行編目資料

新人類密碼：阿乙莎帶你回歸本源，完成身體晶化，創造五次元新文明／
譚瑞琪著. -- 初版. -- 臺北市：方智出版社股份有限公司，2022.07
400面；14.8×20.8公分. --（新時代系列；196）

ISBN 978-986-175-687-5（平裝）

1.CST：聖靈 2.CST：靈修

242.15 111007267